0~2歲

跟美國兒科醫師學育兒

感動100萬父母的育兒奇蹟！
紐約專業照護團隊指導，
為你的寶寶打好全方位發展基礎

微信公衆號100萬粉絲 大J——著

野人

野人家175

0~2歲

跟美國兒科醫師學育兒

作　　者　大J

總 編 輯　張瑩瑩
副總編輯　蔡麗真
責任編輯　鄭淑慧
專業校對　魏秋綢
美術設計　洪素貞（suzan1009@gmail.com）
封面設計　周家瑤
行銷企畫　林麗紅

社　　長　郭重興
發行人兼出版總監　曾大福
出　　版　野人文化股份有限公司
發　　行　遠足文化事業股份有限公司
地址：231新北市新店區民權路108-2號9樓
電話：（02）2218-1417　傳真：（02）8667-1065
電子信箱：service@bookrep.com.tw
網址：www.bookrep.com.tw
郵撥帳號：19504465遠足文化事業股份有限公司
客服專線：0800-221-029
法律顧問　華洋法律事務所 蘇文生律師
印　　製　成陽印刷股份有限公司
初版首刷　2018年1月

國家圖書館出版品預行編目資料

跟美國兒科醫師學育兒(0～2歲) ：感動100萬父母的育兒奇蹟！紐約專業照護團隊指導,為你的寶寶打好全方位發展基礎 / 大J著. -- 初版. -- 新北市 :野人文化出版 : 遠足文化發行, 2018.01
352面 ; 17*23公分. -- (野人家 ; 175)
ISBN 978-986-384-251-4(平裝)

1.親職教育 2.子女教育 3.育兒

528.2　　106022630

跟美國兒科醫師學育兒
(0～2歲)
線上讀者回函專用 QR CODE，你的寶貴意見，將是我們進步的最大動力。

前言

每個人不是天生就會當媽媽，但每個媽媽都會因為孩子變得更好

在我人生的前三十年，我從未想到有一天自己的文字會變成鉛字。我從小文筆並不好，畢業後進入一家知名外企工作，每天都用英語回覆郵件和做PPT。那時的我從來不曾想過，自己會成為一個「學霸」，而且學習的內容竟然是如何育兒。

這一切都源自女兒小D的降臨，她太著急想看這個世界了，在我懷孕28週時就早早出生了。她出生時沒有自主呼吸，左右腦都嚴重出血。當時醫生問我們是否要放棄治療，我們說「不」。從那一刻起，我們的人生就改變了。

我辭職做了全職媽媽。小D肌張力異常，一開始認知、動作和語言發展都有延遲，還有很多其他問題也因為早產而變嚴重。很慶幸，我們在紐約遇到了一個非常好的醫療團隊。對於育兒路上的問題，我不滿足於只知道答案，而是想弄清楚每個育兒知識背後的原因。我們與病魔抗爭的過程，就像遊戲中「打怪」的過程，把這個妖怪打跑了，下一個妖怪又來了。在我們帶著小D一路「打怪」的路上，我發現自己竟然也可以和身邊的父母分享育兒經驗和心得了。

在小D1歲生日時，我寫下了一篇文章〈我們這一年〉，當時只發在朋友圈，想告訴很多還不知道我們故事的朋友們。機緣巧合，這篇文章被一個公眾號「奴隸社會」轉載，之後我們得到了很多網友的祝福，也認識了好多早產兒父母，他們告訴我，我們的故事給了他們很多鼓勵。那

時我第一次意識到，原來文字的力量竟然這麼大，原來不需要華麗的辭藻，只要用心寫，一樣可以打動人。

兩個月後，我創立了自己的微信公眾號「大J小D」。剛開始只有幾百個人關注，而且都是之前認識的早產兒媽媽們。我當時給自己定了一個小小的目標——寫滿二十篇育兒文章。如今，這個微信公眾號已經成立一年半，我寫了近四百篇原創育兒文章，關注我的媽媽們也達到幾十萬人（編按：如今已達一百萬人），不僅包括早產兒媽媽，還有更多健康寶寶的媽媽和很多準備懷孕、正在懷孕的朋友。

現在回想起來，覺得這一切都太不可思議。記得小D剛出生時，我每天都在哭，覺得上天不公平，為什麼我的孩子是早產兒？對於我們一家三口能否挺過來，我當時完全沒有信心。但是現在我們做到了！當初選擇做全職媽媽時，很多人為我感到可惜，覺得我不應該在事業上升期就這麼全身而退。現在回頭看這兩年的生活，我覺得自己得到的比失去的要多得多。也許這就是生活的意義，每個選擇都沒有絕對的好與絕對的壞，踏踏實實過好當下才是根本。

我想告訴所有即將打開這本書的朋友們，請不要把這本書當成一本教科書，而是把它當成一位普通媽媽自我學習的筆記和成長經歷的分享。每個人都不是天生就會當媽媽，但每個媽媽都會因為孩子的到來而變得更好。

大J

二〇一六年十月於紐約

【前言】每個人不是天生就會當媽媽，但每個媽媽都會因為孩子變得更好 003

CHAPTER 1

【兒科醫師教我的事】

寶寶日常護理篇——給寶貝最科學、周到的呵護 021

如何幫寶寶打造超強的免疫力？ 022
「在家修練」升級寶寶免疫力的三個方法
「出門挑戰」提升寶寶免疫力的四大原則

天氣轉涼，給寶寶穿多少才正好？ 026
3個月之前的寶寶，比大人多穿一件；3個月後的寶寶，比大人少穿一件
給寶寶穿太多的兩大危害
寶寶穿得少會感冒嗎？——感冒是由於病毒感染而不是天冷導致
寶寶冬季穿衣的三個原則

無菌環境對寶寶才是最好的嗎？ 031
幼年時期孩子被過度保護，長大後患過敏、哮喘和自身免疫系統疾病的機率較高
哪些情況是「太乾淨」？父母最容易糾結的五個問題
其他爸媽需要注意的衛生情況

早點給寶寶戒尿布省錢又省事？ 036
過早給孩子戒尿布容易造成的三個危害
對2～3歲寶寶進行「如廁訓練」的三個好處？

寶寶夏天在家裡是否應該光腳？ 040

要不要讓寶寶穿學步鞋和襪子？

——學步鞋的作用不是為了幫助寶寶學習走路，而是為了保護寶寶的腳不受到傷害

讓孩子光腳走路的兩大優點

什麼時候需要幫寶寶買第一雙鞋子？

幫剛學會走路的寶寶選擇鞋子款式要注意的四件事

如何確定寶寶鞋子的尺碼？

如何衡量寶寶鞋子的舒適度？

寶寶什麼都放嘴裡吃，這樣好嗎？ 046

嘴巴是寶寶探索和瞭解世界的重要途徑

為寶寶提供安全的遊戲環境

寶寶把不乾淨的東西放進嘴巴時，別突然打斷，先分散他的注意力

寶寶容易受驚嚇怎麼辦？ 050

導致寶寶感覺統合失調的原因

如何幫助感覺統合失調的寶寶？

到底該不該用安撫奶嘴？ 055

在寶寶出生後前六個月使用安撫奶嘴的四個好處

使用安撫奶嘴的三個弊端

適當引導孩子戒掉奶嘴的四個方法

寶寶愛吃手，該不該制止？ 060

寶寶為什麼愛吃手？

什麼時候需要制止寶寶吃手：「頻繁吃手」和「1歲以後」

三個方法幫助寶寶戒掉吃手的習慣
用對方法，讓刷牙不再是戰爭！ 064
寶寶口腔護理的要點
我為小D建立的刷牙三階段目標
其他一些協助孩子刷牙的小方法
掌握矯正黃金期，為寶寶塑造漂亮頭型 070
寶寶為什麼會出現頭型歪斜？
兒科醫師建議，幫寶寶矯正頭型的四個方法
關於矯正頭盔和定型枕頭的使用
寶寶需要枕頭嗎？枕頭真的可以讓寶寶睡覺更舒服嗎？
替孩子使用枕頭時要注意的三件事

CHAPTER 2

【兒科醫師、餵養復健師教我的事】

餵養與睡眠引導篇——寶寶吃好、睡好，才能身體好

077
「厭奶」到底是怎麼回事？ 078
造成餵養困難的生理原因
如何克服生理性餵養困難
造成餵養困難的病理原因
如何判斷寶寶真正需要的奶量？ 083
沒添加副食品之前，如何確定寶寶的奶量

添加副食品之前，應該多久餵一次寶寶
添加副食品之後，該如何給寶寶餵奶
美國營養師教我看懂生長曲線
生長曲線需要關注的三大問題
關於母乳添加劑

美國兒科醫師談嬰兒營養補充劑 089

維生素D——需要補
鈣、鎂、鋅——不需要補
鐵——部分寶寶需要補
DHA——不需要補
益生菌——不需要補

寶寶1歲後該喝配方奶還是牛奶？ 093

配方奶要喝到什麼時候？轉換牛奶的兩大補充條件
如果寶寶不喝配方奶，營養能否跟得上？
如何為寶寶選擇牛奶？
寶寶不愛喝牛奶怎麼辦？

寶寶愛讓人抱著睡，放下就醒怎麼辦？ 097

睡眠是種規律習慣，一開始就要用對方法
先解決放下就醒的問題：注意放下的方法和時機
打破「抱」和「睡」之間的聯繫

如何應對寶寶第一次分離焦慮？ 101

為什麼寶寶會出現分離焦慮症？
如何幫助寶寶應對分離焦慮症？

因為分離焦慮症而導致的睡眠倒退怎麼辦？

CHAPTER 3

【餵養復健師、營養師教我的事】

副食品添加篇——為寶寶學習吃飯打下基礎 105

美國餵養復健師解讀，副食品添加三迷思 106

迷思1 寶寶到了6個月就需要添加副食品——不一定

迷思2 1歲之前不吃易致敏食品，如海鮮、堅果等——錯誤

迷思3 寶寶吃了某種食物後出疹子，表示對這種食物過敏——錯誤

6～7個月寶寶副食品餵養要點 111

6～7個月寶寶餵養實際操作Q＆A

6～7個月階段，寶寶可以吃哪些食物？

6～7個月副食品餵養要點

8～9個月寶寶副食品餵養要點 117

8～9個月寶寶餵養實際操作Q＆A

8～9個月階段，寶寶應該吃哪些食物？

寶寶拒絕張嘴吃飯的問題根源

10～11個月寶寶副食品餵養要點 122

10～11個月寶寶餵養實際操作Q＆A

10～11個月階段，寶寶應該吃哪些食物？

寶寶手指食物全攻略 125

什麼時候引進手指食物？
寶寶還抓不好手指食物怎麼辦？
這麼小的寶寶吃手指食物不會被嗆到嗎？
替寶寶引進手指食物的三個階段
簡單、營養的手指食物推薦

1歲內寶寶不能夠吃鹽，不加鹽就行了嗎？ 132

為什麼要控制寶寶對鹽的攝入？
0～3歲寶寶每天需要攝入多少鹽
——並非不鹹的食物就可以給寶寶吃，愛孩子，請學會讀營養標籤

寶寶1歲後，怎麼吃才營養均衡？ 135

為什麼寶寶不像以前吃得多了？
如何確保寶寶每天的營養均衡？
解讀美國兒科學會推薦「1歲寶寶參考食譜」
小D的一日飲食安排

6～24個月，寶寶吃喝的里程碑 140

6～8個月：會從鴨嘴杯裡喝水
8～9個月：學會上下咀嚼
8～11個月：會使用大拇指和食指拿食物
6～12個月：從開口杯中喝水
11～14個月：會從比較軟的食物上咬下一小口
11～15個月：會旋轉咀嚼，可以咀嚼更加多樣化的食物
9～18個月：會使用吸管喝水

12個月之後：從寶寶食物過渡到家庭食物
15～24個月：可以使用湯匙或叉子獨立吃飯
24個月以後：能夠安全地吃下大部分食物

吃飯時狀況頻出，該教寶寶餐桌禮儀了 145
為什麼寶寶也需要餐桌禮儀？
寶寶應該養成的餐桌禮儀有哪些？
吃飯時大吼大叫怎麼辦？
吃飯時扔餐具或食物怎麼辦？
吃飯時玩玩具怎麼辦？

如何讓寶寶學會使用湯匙吃飯？ 150
決定寶寶是否能夠自己吃飯的因素有哪些？
使用湯匙的基礎——能夠用手指餵自己吃東西
如何訓練寶寶使用湯匙？
寶寶會用手吃飯，但為什麼不會用湯匙吃呢？

如何避免餐桌上面的親子戰爭？ 153
為何孩子越大越不喜歡吃飯？別讓吃飯成為一場權力鬥爭！
兩個重點，重新對焦，明確父母和孩子對吃飯的權責

CHAPTER 4

【兒科醫師教我的事】

常見疾病防治篇——父母懂得多，寶寶少生病 157

為什麼在冬季寶寶容易反覆感冒？ 158

導致感冒發燒的真凶——病毒
怎樣幫助寶寶安全度過冬天
寶寶感冒咳嗽該怎麼辦？
流感高發季節，如何讓寶寶防患於未然？
寶寶患流感以後怎麼辦？
如何預防流感？
關於流感疫苗的注意事項

關於發燒，比體溫更重要的四個問題 165
寶寶有沒有長牙或者打疫苗？——發燒是症狀不是病，需要找出導致發燒的原因
寶寶發燒幾天了？——大部分發燒都是自癒性的，連續三天不退燒要重視
寶寶現在的精神狀態如何？——寶寶的狀態比溫度計的數字更有意義
寶寶多大了？——3個月以下的寶寶發燒要重視

巧用加濕器，預防寶寶呼吸道疾病 169
冬季到底要不要開空調？
為什麼要使用加濕器？
加濕器會導致寶寶患肺炎嗎？
如何清洗加濕器？
如何選購加濕器？
關於加濕器的「白粉」現象

寶寶施打疫苗應避免的五大迷思 173
關於施打疫苗的五大誤解

如何淡定應對寶寶腹瀉？ 176
如何確定寶寶腹瀉了？

什麼時候需要去醫院？
寶寶腹瀉時的家庭護理要點
【認知老師、語言復健師教我的事】

CHAPTER 5

早教啟蒙篇——幫助寶寶奠定最佳的學習基礎 179
我從美國的音樂早教班學到的事 180
早教班給我的啟發是什麼？
你對早教班是否有錯誤的期望？
在家進行早教的三個原則
1歲以內寶寶認知能力發展里程碑 185
0～3個月寶寶認知能力發展
3～5個月寶寶認知能力發展
5～7個月寶寶認知能力發展
7～9個月寶寶認知能力發展
9～12個月寶寶認知能力發展
1歲以內寶寶的語言啟蒙 190
0～3個月寶寶的語言發展：被動接收期
4～7個月寶寶的語言發展：咿咿呀呀期
8～12個月寶寶的語言發展：愛說「火星語」的嘰嘰喳喳期
幫寶寶語言啟蒙的其他一些小技巧

聰明的寶寶會玩，聰明的父母會教 194
0～6個月寶寶，父母可以這樣跟他玩
6個月～1歲寶寶，父母可以這樣跟他玩

巧用角色扮演遊戲化解1～2歲育兒難題 199
角色扮演遊戲幫助孩子瞭解自己和世界
角色扮演遊戲幫助孩子釋放情緒
角色扮演遊戲幫助孩子發展綜合能力
幫助各階段孩子玩角色扮演遊戲的方法

1～6歲塗鴉期，別用成人的標準扼殺孩子的創造力 203
尊重塗鴉期兒童的發展規律
引導孩子進行塗鴉的四個原則

智商高的寶寶一定聰明嗎？ 208
智商和認知是同一件事嗎？
認知到底是什麼？

家長會不會提問，是培養孩子獨立思考的關鍵 211
思考能力的六個層次
布魯姆思考能力模型的應用：以《小紅帽》的故事為例

如何保護寶寶極脆弱的專注力？ 217
大原則：不要對寶寶抱有不切實際的期望
如何保護和提高寶寶的專注力

CHAPTER 6

【認知老師教我的事】

規則與管教篇——愛與規矩並行，讓寶寶成為更好的人 221

如何管教1歲以內的寶寶？ 222

1歲以內的寶寶無理取鬧怎麼辦？
孩子無理取鬧背後的祕密：爸爸媽媽，我需要你們的關注
寶寶無理取鬧時，大人正確引導的四個方法

孩子總是愛說「不」，怎麼辦？ 228

為什麼會出現這樣的情況？
第一基礎：家長自己不要經常說「不」
第二基礎：協助孩子擴展表達方式
第一招：利用遊戲化解矛盾
第二招：盡量給孩子選擇權
第三招：巧妙利用孩子模仿的天性

我的寶寶被人「欺負」了，怎麼辦？ 234

處理孩子被欺負時的兩個大前提
什麼情況下父母需要干預？——孩子覺得委屈哭了
孩子之間發生衝突時，父母的三步驟干預法

寶寶打人，你管得不對才是大問題 238

寶寶為什麼「愛打人」？
防患於未然：教寶寶如何表達友好
冷靜處理：讓寶寶明白自己的不當行為對他人的影響

父母永遠要起表率作用

倔強孩子正是「績優股」，關鍵是父母如何引導 242

為什麼說倔強的孩子是「績優股」
養育倔強孩子的禁忌
倔強的孩子需要體驗式學習
巧妙利用倔強孩子的掌控欲
利用規律作息來建立規則
花時間聆聽孩子的心聲

愛孩子就要先學會跟他好好說話 247

多用描述性語言，少用評判性語言
多給情緒貼標籤，少給個人貼標籤
多提供彌補方式，少使用懲罰工具

Terrible two：孩子的第一次獨立宣言，你聽懂了嗎？ 251

「Terrible two」背後真正的原因是什麼？
面對孩子暴風驟雨般的脾氣，父母應該怎麼辦？
建立規則與愛並行的親子關係

CHAPTER 7

【大動作復健師、精細動作復健師教我的事】

動作能力發展篇——四肢發達，頭腦才會更聰明 255

核心肌肉群：寶寶發育問題的根源 256

為什麼要訓練核心肌肉群？

寶寶會抬頭後如何鍛鍊核心肌肉群？
寶寶會坐後如何鍛鍊核心肌肉群？

如何幫助寶寶練習抬頭？ 261

轉頭：基本功
趴：大動作發展的第一步
拉坐（終極版）
總結：幫助寶寶訓練抬頭時，大人要隨時陪在身邊

如何幫助寶寶練習翻身？ 265

幫助寶寶練習翻身的前提條件
側身玩
跨越身體中線練習
上肢、下肢分開運動
總結：將訓練融入遊戲，有益孩子的身心發展

如何幫助寶寶練習爬行？ 269

訓練寶寶爬行的大動作前提
爬行之前的準備工作？
訓練寶寶爬行的三階段做法

不要盲目糾正寶寶的「青蛙腿」 274

嬰兒出現「青蛙腿」正常嗎？
強行拉直寶寶的「青蛙腿」會有什麼後果？
如何避免對骨盆關節的損傷？

「W」形坐姿對於寶寶有害無益 279

「W」形坐姿的三大危害
寶寶已經養成了「W」形坐姿，怎麼辦？
寶寶過了1歲還不會走路，怎麼辦？ 282
過了1歲還不會走路，真的晚了嗎？
什麼情況下家長需要注意
關於寶寶走路的三個迷思
到底什麼是肌張力異常？ 287
「肌張力」和「肌肉力量」有區別嗎？
關於肌張力常見的五個迷思
1歲以內寶寶，精細動作發展的重要性 291
0～3個月：讓寶寶的手掌打開，拇指不內扣
4～6個月：精細動作發展的關鍵時期
7～9個月：讓寶寶慢慢學會自己餵自己
10～12個月：單獨活動每一根手指
總結：大動作和精細動作要同時進行

CHAPTER 8

【兒科醫師教我的事】

早產寶寶護理篇——致早來的天使，相信奇蹟會發生 297
美國NICU醫生送給早產兒媽媽的三句話 298
不要相信早產寶寶
早產寶寶總是往前進三步，往後退一步

只看當下，只關注今天的事情
區分早產寶寶是「未發育成熟」還是「生病」
哪些問題屬於「未發育成熟」
哪些情況是「生病」

美國醫生談早產兒媽媽不願提的腦性麻痺 306
一般人對「腦性麻痺」的四個誤解

早產寶寶出院後注意事項 310
離開醫院前的準備工作
回到家之後：讓寶寶熟悉家人，先把餵養和睡眠問題做好
關於寶寶的餵養
關於寶寶的睡眠
家裡的環境
家長的心理建設
爭取外援支持

CHAPTER 9

【我的寶寶教我的事】

辣媽奶爸篇——養育孩子是父母的一場修行 317

幸福媽媽的祕訣：找到自己的舒適狀態 318
端正心態，認清定位：像對待工作一樣來對待「媽媽」這份工作
不要有犧牲自我的想法，照顧好自己才有能力愛孩子
學會找到自己的「舒適」狀態

請別叫我家庭主婦，因為我是全職媽媽 322
全職 or 上班，這是個問題？
我不是家庭主婦，而是全職媽媽
做一行，愛一行，在你的位置上綻放

生了孩子，不代表你要放棄美麗 327
第一步：尋找原動力——為什麼要瘦身？
第二步：打消顧慮——現在可以瘦身嗎？
第三步：制定目標——想達到什麼樣的瘦身效果？
第四步：拆分任務——我的瘦身之路

我如何將「豬隊友」培養成「超級奶爸」？ 333
當我們抱怨老公時，到底在抱怨什麼？
培養奶爸上位，像引導孩子那樣引導老公
及時的正面強化
不命令，多求助
可以吵架，但不要進行人身攻擊

【附錄二】我們的第一年 337
【後記】我們的第二年 342
【後記】以愛之名——「超級奶爸」是怎樣練成的 348

CHAPTER 1

【兒科醫師教我的事】

寶寶日常護理篇

給寶貝最科學、周到的呵護

如果你認為——

□寶寶手腳冰涼，應該幫他加衣服才不會著涼。

□小嬰兒抵抗力弱，周遭的環境都要用抗菌紙巾抹過一遍！

□地板涼，不要讓寶寶光腳走路以免著涼。

□孩子什麼都愛塞進嘴裡，太不衛生了！家長要制止！

□安撫奶嘴會讓寶寶嘴巴變形，不應該給孩子用。

以上任何一項如果你的答案是「YES」，那你可能沒跟上科學育兒的腳步。
在美國最先進的兒科醫師看來，以上都是父母最容易有的育兒迷思。
本章中，大J要與媽媽們分享紐約兒科醫師的寶寶日常護理知識，
給孩子最有助於他生心理發展的呵護。

如何幫寶寶打造超強的免疫力？

該如何為寶寶打造「黃金盔甲」等級的超強免疫力呢？
主要有兩種途徑：一種是自己在家修練升級；
另一種是透過向他人挑戰來提升自己。
其實，提高免疫力也是經由這兩種方式進行的。

小D是早產寶寶，剛出生時，因為細菌感染連續用了五週抗生素，身體裡的「好菌」基本也被殺光了。她剛出院時已經是秋天了，NICU（新生兒重症加護病房）主任特地關照說，小D本來就早產，加上用了抗生素，免疫力會非常弱，要我們格外留心第一年的冬天。

於是，對於如何提高寶寶的免疫力，成為我每次去看兒科醫生以及回NICU拜訪時必談的話題。如今兩年多過去了，總體來說，小D的體質還不錯，沒怎麼生病，也特別能適應天氣的變化。以下就和大家分享一下我這兩年來的育兒心得。

關於免疫力，我打個比方。我初中時特別愛看卡通《聖鬥士星矢》，其實免疫力就像聖鬥士的盔甲一樣，每個寶寶生下來都自帶一副盔甲，有些寶寶的盔甲是「青銅」的，有些寶寶的盔甲是「紙質」的（比如小D）。父母需要做的就是不管寶寶的起點如何，都可以幫助寶寶打造一副「黃金盔甲」，只有這樣才能保護自己，打擊「敵人」。那麼，該如何為寶寶打造「黃金盔甲」

等級的免疫力呢？回想《聖鬥士星矢》這部劇，主角打造黃金盔甲主要有兩種途徑：一種是自己在家修練升級；另一種是透過向他人挑戰來提升自己。其實，提高免疫力也是經由這兩種方式進行的。

「在家修練」升級寶寶免疫力的三個方法

〔方法1〕母乳是寶寶最好的營養來源

母乳中含有豐富的抗體，可以提高寶寶的免疫力。媽媽的乳房在產後最初幾天產生的黃黃的液體，叫作「初乳」。較之普通的母乳，初乳當中含有的抗體更加多樣，營養也更加豐富，對新生兒非常有益，一定要給寶寶吃。有一種觀點認為，到寶寶半歲或1歲之後，母乳就沒有營養了，需要給寶寶添加配方奶。這種觀點是錯誤的，在寶寶斷奶之前，母乳是寶寶最好的營養來源。美國兒科學會建議，純母乳餵養至寶寶6個月大，隨後應配合副食品繼續餵母乳，根據媽媽和嬰兒雙方的需要，可餵養至寶寶1歲或更久，以保證寶寶從媽媽那裡獲得足夠的抗體。

〔方法2〕均衡飲食，多吃水果和蔬菜

美國的兒科醫生不建議盲目給寶寶添加營養補充劑，而是建議透過營養膳食來增強寶寶的抵抗力。其中，要額外注意補充草莓、橘子、蘿蔔、豌豆等富含維生素C的水果和蔬菜。1歲以後的寶寶每天需要吃五份水果和蔬菜（一份相當於兩湯匙的量）。根據我的經驗，五份相當於成人一

個巴掌大小的量。學齡前的兒童每天需要保證約兩百五十克水果和蔬菜。

〔方法3〕睡得飽、睡得好

長期缺乏睡眠的寶寶容易造成抵抗力差。一般而言，新生兒每天需要睡十八小時左右，1歲左右的寶寶每天需要睡十二至十三小時，學齡前兒童每天需要睡十小時左右。如果寶寶大一些之後不再願意睡午覺，就需要晚上提前安排他入睡。需要額外注意的是，對於3歲之前的寶寶，晚上入睡的時間最好不要超過八點，小D的兒科醫生建議，3歲以後也盡量在八點之前入睡。

「出門挑戰」提升寶寶免疫力的四大原則

〔原則1〕讓寶寶多動多鍛鍊

對於1歲以內的寶寶，所謂的「鍛鍊」是指在醒著的時候多趴，盡量少抱寶寶，並創造條件讓寶寶多動。如果情況允許，每天可以帶寶寶去公園呼吸一下新鮮空氣，曬曬太陽。很多父母因為擔心寶寶生病，一到秋季和冬季就不敢帶寶寶出門。其實這樣反而不好，要想提高免疫力，帶寶寶出門只是邁出了第一步。不過，在秋、冬兩季流行病好發期，注意不要帶寶寶去人多、密閉的場所。

〔原則2〕勤洗手，養成良好衛生習慣

洗手、洗手、洗手！這是最重要的家庭衛生習慣，人體的很多細菌和病毒都是經由與人接觸而傳染的。在接觸寶寶之前，大人要記得洗手。當寶寶大一些時，活動量會增多，在寶寶活動之後，也要記得給寶寶洗手，特別是在每餐前後、出門後回家、接觸過寵物之後等等。特別提醒一個細節，大人在打噴嚏時要注意避開人，打完噴嚏後一定要記得洗過手再接觸寶寶。這並不是限制寶寶這不能碰，那也不能碰，而是要讓寶寶養成良好的衛生習慣，以降低生病的機率。

〔原則3〕謹慎使用抗生素，沒必要時不要使用

抗生素只對細菌引起的疾病有效，對於病毒引起的疾病是沒有效果的，而大部分嬰幼兒疾病都是由病毒引起的。父母都不忍心看到孩子生病難受，但並不是所有的病都可以使用抗生素。長期使用抗生素會導致寶寶的身體產生抗藥性，以至連最普通的嬰幼兒常見病，都可能無法使用一般方法治療。下次當醫生開抗生素時，不妨多問一句：「是否真的有必要使用抗生素？」

〔原則4〕定期接種疫苗

這相當於在寶寶修練「黃金盔甲」的道路上進行額外「補血」。疫苗是幫助寶寶建立免疫防線的重要手段，因此，定期接種疫苗是必要的。在美國，兒科醫生告訴我，寶寶出生後的免疫系統是不完善的，透過接觸細菌和病毒，可以增強免疫系統。記得小D第一次發燒去看醫生時，醫生居然說：「Congratulations! You are going to be a stronger girl.」（祝賀你，你要成為一個更強壯的寶寶了。）

天氣轉涼，給寶寶穿多少才正好？

要瞭解寶寶的冷暖，最好透過摸寶寶頸後的溫度來判斷。因為寶寶的血液循環系統還在完善當中，血液會優先供給最重要的內部器官，保證它們有足夠的營養，手腳是最後被照顧到的，因此靠摸手腳來判斷寶寶的冷暖是不準確的。

衣服最主要的功能是保暖，因此在談寶寶應該穿多少之前，我們需要瞭解如何判斷寶寶的冷暖。很多時候，父母習慣摸寶寶的手腳來判斷寶寶的體溫，並且常發現寶寶的手腳微涼，然後不自覺地想為寶寶添加衣物。其實這是不必要的。

要瞭解寶寶的冷暖，最好透過摸寶寶頸後的溫度來判斷。因為寶寶的血液循環系統還在完善當中，血液會優先供給最重要的內部器官，保證它們有足夠的營養，手腳是最後被照顧到的，因此靠摸手腳來判斷寶寶的冷暖是不準確的。

寶寶手腳微涼的現象會持續一段時間，隨著他們漸漸長大，活動量會越來越多，血液循環自然就會得到改善。

3個月之前的寶寶，比大人多穿一件；3個月後的寶寶，比大人少穿一件

在美國，有個最基本的添加衣服原則，就是看月齡和體重。一般而言，3個月之前的小月齡寶寶，應該比大人多穿一件；3個月後的寶寶，應該比大人少穿一件。同時，需要參考寶寶的體重。有的寶寶體重偏低，身體沒有太多的脂肪來保暖，就需要父母透過摸寶寶的頸後來判斷冷暖，並靈活調整寶寶的衣物。

小D就是這樣的瘦寶寶，她矯正3個月（矯正月齡是根據早產兒的預產期來計算的月齡。矯正月齡＝實際月齡－早產的時間。比如，一個早產寶寶6個月大，早產了2個月，那麼他的矯正月齡就是4個月。）時正好是秋末，之後的整個冬天她都比我們少穿一件衣服。這裡需要額外提醒一下，雖然說寶寶該穿多少是以大人作為參照的，但有的成人本身就很怕冷，比如老人，這時就不要照搬上面的原則，而是應該適當調整，靈活處理。

給寶寶穿太多的兩大危害

研究表明，過熱是導致嬰兒猝死（SIDS）一個很大的原因。在進入室內或上車之後，很多父母容易忽略及時給寶寶減少衣服，從而導致寶寶過熱。小月齡寶寶因過熱而發生猝死的機率會更高。

〔危害1〕阻礙寶寶的動作發展

大動作發展是寶寶能力發展非常重要的一部分，父母應該給予足夠的重視。但就像大人一樣，如果寶寶穿衣服過多，他們就不太願意進行活動。很多冬天出生的寶寶容易出現大動作發展滯後的情況，其中很重要的原因就是穿得過多。

〔危害2〕阻礙寶寶的觸覺發展

寶寶剛出生時，主要是經由感官來瞭解這個世界的，而皮膚是寶寶最大的觸覺傳輸管道，如果給寶寶穿得過多，甚至包得過緊，就會抑制寶寶的觸覺感知。嚴重的情況下，一些寶寶會出現討厭被觸摸、長大後容易打人等行為。

寶寶穿得少會感冒嗎？

——感冒是由於病毒感染而不是天冷導致

「穿得少就會受凍感冒」，曾經是我根深柢固的觀念，因為我從小就是這樣被教育的。直到來美國後，我才糾正了這個觀念。普通感冒是一種上呼吸道感染，是由病毒引起的，而且這類病毒種類繁多，會藉由不同的途徑進行傳播。

- 空氣：當周圍有感冒的人咳嗽、打噴嚏或講話時，就可能把病毒經由空氣傳染給寶寶；
- 直接接觸：當生病的人用手接觸過自己的嘴巴或鼻子後，又接觸了寶寶，寶寶就容易感染病毒；

- **間接接觸**：一些病毒會存活在物體表面（比如玩具）幾小時以上，當寶寶接觸到這些表面後，就會被感染。

由此可見，**感冒是由於病毒感染而不是天冷導致的。穿得少容易讓身體著涼，但不一定會感冒。**如果身體著涼，但有足夠的抵抗力來應對病毒的入侵，就不會感冒。所以，預防感冒最重要的不是穿得多，而是要提高自身的免疫力。相反，穿得過多容易出汗，反而容易受涼，從而增加感冒的機會。

當然，如果寶寶已經表現出感冒初期的症狀，比如打噴嚏、流鼻涕、咳嗽等，那麼最好不要刻意讓寶寶少穿衣服。但這不意味著就要穿得過多，穿厚衣服發汗的方法更不可取。如果寶寶已經感冒，要盡量避免他進一步著涼，因為寒冷的空氣會加重感冒的症狀。

寶寶冬季穿衣的三個原則

〔原則1〕穿得像「洋蔥」

冬季室內外溫差大，應盡量多穿幾層衣服，就像洋蔥一樣，最外面兩層最好是開襟衫，方便穿脫。到了室內或車上，即使只待十分鐘，也要記得給寶寶脫掉一層衣服，防止寶寶過熱。

冬天，我通常會給小D買一件防雪羽絨衣，這種衣服可以一條拉鍊拉到底，方便穿脫，而且防風防寒的效果比較好。外面穿上這一件，裡面就可以穿得單薄一些，上車後直接拉開拉鍊就可以了。如果天氣更冷，出門時可以在外套外面再加一條毯子。

〔原則2〕戴帽子保持頭部溫暖

寒冷的冬天，帽子一定不能少。因為人體大部分的熱量都是透過頭部散發的，所以需要格外注意寶寶頭部的保暖。

〔原則3〕貼身的衣服要盡量透氣

寶寶有時容易出汗，如果不及時換衣服，寶寶就會感覺不舒服。因此，寶寶貼身的衣服應該選擇全棉的布料，這樣在寶寶出汗時能夠起到吸汗的作用。

大J特別提醒

通常寶寶平均一年會患六次左右普通感冒，這是他們增強免疫系統的必經之路。父母與其盲目為寶寶添加過多衣物，不如從根本上提高寶寶的免疫力，為寶寶添加這件無形的「衣服」，才是保護寶寶最好的方法。

無菌環境對寶寶才是最好的嗎？

幼年時期，如果孩子沒有很多機會接觸自然環境中的寄生蟲、病毒、細菌，長大後患過敏、哮喘和其他自身免疫系統疾病的機率會高很多。

正如寶寶的大腦需要經由刺激來發育成熟一樣，

他們的免疫系統也需要透過不斷跟病毒、細菌接觸，來學習抵抗它們，變得更強大。

我有個閨蜜在加拿大，有了孩子以後，她覺得自己簡直變成了有潔癖的人。帶寶寶出門時，她恨不得把寶寶隔離起來，只在自家車裡換尿布，堅決不用公共尿布台；去餐廳吃飯時，一定要帶自己的餐椅，堅決不用餐廳的；如果寶寶被人摸了小手，一定馬上給寶寶洗手；消毒紙巾更是隨時攜帶，把寶寶可能接觸的地方統統擦一遍……

愛乾淨本身是好事，這是社會文明進步的體現，但「太愛乾淨」其實會導致很多問題。

幼年時期孩子被過度保護，長大後患過敏、哮喘和自身免疫系統疾病的機率較高

最近十幾年，患過敏、哮喘的孩子越來越多。明明環境越來越乾淨了，為什麼過敏和哮喘的

發病率反而越來越高呢？為尋找原因，美國的科學家進行了一系列調查研究，最終提出了一個觀點，即「衛生假說」（hygiene hypothesis）：在幼年時期，如果孩子被過度保護，沒有很多機會去接觸自然環境中的寄生蟲、病毒、細菌等，長大後患過敏、哮喘和其他自身免疫系統疾病的機率會高很多。

這就好像寶寶的大腦需要經由刺激來發育成熟一樣，他們的免疫系統也需要透過不斷地跟病毒、細菌等接觸，來學習抵抗它們，從而變得更強大。

小D是早產寶寶，出生後就在NICU待了一百一十五天。在她即將出院時，我感到十分焦慮，擔心她在無菌環境中待久了，回家後會不適應，所以不停地問NICU主任和護理師：要怎麼消毒？該注意什麼？NICU主任有一句話讓我印象深刻：「用你的常識來判斷，不要過度保護，把她當成一個正常的人來對待。」

哪些情況是「太乾淨」？父母最容易糾結的五個問題

NICU主任的話很有道理，但落實到實際操作層面時，我真的沒少糾結過。特別是小D剛出院的前六個月，我總是給她的醫生打電話，諮詢很多問題。下面就和大家分享一些我以前糾結過的具體問題：

〔問題1〕寶寶可以去戶外玩土、玩水、玩沙嗎？

當然可以，其實這是幫助寶寶增強免疫力的好方法。**大自然中的微生物是天然的預防針，透**

過和大自然的接觸，寶寶的免疫系統會逐步學會如何應對外來物質，這其實是用最自然的方式來完善身體的免疫系統，增強免疫力。

事實上，多讓寶寶接觸大自然，不僅會增強免疫系統，還有很多其他的好處。比如，曬太陽可以補充維生素D，以促進鈣的吸收；觸摸大自然的草地、泥土等，可以開發寶寶的觸覺；每天一定量的室外活動，還能幫助寶寶養成良好的睡眠和飲食習慣。所以，媽媽們一定不要怕寶寶變髒，變髒是寶寶學習和成長的第一步，只要記得玩後及時洗手就可以了。

〔問題2〕每次洗手都需要用除菌肥皂或洗手液嗎？

答案是不需要。學會與細菌、病毒等微生物共存，也是幫助寶寶建立強大免疫系統的一種方式。寶寶出生後，很多家庭都會準備一些乾洗手、除菌肥皂、抗菌紙巾等，但這些東西其實不需要每天都使用。

保持良好的洗手習慣，用清水和普通肥皂洗手就足夠了。只有在傳染性疾病（比如流感、腹瀉）流行時、家人生病時或者去了衛生條件特別差的地方後，才建議使用那些抗菌的產品。

〔問題3〕每天都需要消毒奶瓶、安撫奶嘴和寶寶餐具嗎？

答案是不需要。第一次使用這些寶寶用具前，可以進行一次消毒，用蒸汽或熱水消毒即可。之後每天只要正常清洗、晾乾就可以了，不需要每天都消毒。但要注意，寶寶入口的用具在洗完後一定要晾乾，因為潮濕的環境很容易滋生細菌。

〔問題4〕需要避免人多、密集的公共場所嗎？

視情況而定。一般情況下，當然可以帶寶寶去公共場所。但有幾種情況例外：

- 早產寶寶出院後第一個月，適宜在家靜養。
- 流行疾病高發季節；
- 寶寶生病時；

〔問題5〕出門在外時，尿布台、餐椅等需要消毒嗎？

答案是不需要。人需要與環境中的微生物和諧共處。在幼兒早期免疫力較弱的時候，如果剝奪他們接觸微生物的機會，就意味著剝奪了提升免疫力的機會。

除非是在比較落後的國家，或衛生狀況特別差的情況下，否則是不需要額外消毒的。

其他爸媽需要注意的衛生情況

寫到這裡，很多媽媽都會感覺以上這些很容易做到。其實帶寶寶的確沒那麼講究，回歸到小D的NICU主任所說的話，應該把寶寶當作正常人對待。不過，還是有一些小提醒，希望父母可以多加注意。

- **謹慎使用抗生素：**抗生素只對細菌有作用，對病毒並沒有作用。因此對於病毒引起的感冒、發熱、中耳炎等小兒常見病，要謹慎使用抗生素。但如果醫生已經確診寶寶是細菌性疾病，父母就不能諱疾忌醫，拒絕使用抗生素。
- **養成基本的衛生習慣：**儘管本文的主題是說父母不要「太乾淨」，應該讓孩子有機會接觸自然界的微生物，但基本的衛生習慣還是需要注意的，因為這是確保寶寶健康的大前提。
- **勤洗手：**餐前便後、出門後回家、接觸過鈔票或生鮮食物等之後，都需要及時洗手。
- **多開窗通風，保證無菸環境：**二手菸對寶寶的健康危害非常大。
- **寶寶的餐具和大人的餐具要分開，不要嘴對嘴餵寶寶吃飯：**大人口腔裡有很多細菌，而寶寶的免疫系統還不夠完善，共用餐具或嘴對嘴餵食很容易把細菌或病毒傳染給寶寶。

大J特別提醒

因為小D早產，我也有過一段有潔癖的經歷。但後來發現，這種過度保護，其實已經和寶寶是否早產無關，而是每個新手媽媽的心態問題。如今回頭來看，我特別想告訴各位媽媽，對於我家這樣一個弱小的寶寶，我在很多方面都沒有做到「太乾淨」，她也成長得越來越健康，正常的寶寶就更沒有問題了。父母的心態放鬆一些，對於寶寶成長會更有利，不是嗎？

早點給寶寶戒尿布省錢又省事？

控制大小便並不是寶寶天生就會的，他們需要經由練習才能慢慢學會。寶寶到2～3歲時，尿道括約肌和肛門括約肌才會發育成熟。其實把屎把尿是在提前練習寶寶還沒發育好的肌肉群，也會對寶寶造成一定的傷害。

很多老人家習慣在寶寶很小的時候就開始把屎把尿，覺得讓寶寶早早脫離尿布和紙尿褲很方便。但事實真的是這樣嗎？據研究發現，過早戒尿布可能會導致寶寶出現程度不一的生理或心理方面的問題。

過早給孩子戒尿布容易造成的三個危害

〔危害1〕導致憋尿反射不足或者缺失

控制大小便並不是寶寶天生就會的，他們需要經由練習才能慢慢學會。寶寶到2～3歲時，尿道括約肌和肛門括約肌才會發育成熟，這是控制大小便的基礎。很多父母都明白，提前練習坐對寶寶的脊椎發育不好，其實把屎把尿是在提前練習寶寶還沒發育好的肌肉群，也會對寶寶造成一定的傷害。

也許有媽媽會說，我家寶寶不到6個月就可以固定時間把屎把尿了，非常省事。這是因為寶寶在經過多次強化訓練後，產生了條件反射而已。他們完全不是根據尿意進行排泄，而是根據父母把屎把尿的動作或「噓噓」聲來排泄的。這樣提前訓練寶寶還未發育成熟的肌肉，會導致寶寶憋尿反射不足甚至缺失，即寶寶無法根據自身需求來排泄大小便，而是靠外界的提醒來進行。

〔危害2〕寶寶長大後容易頻繁尿床

很多過早開始把屎把尿的寶寶，小的時候可以準時大小便，長大後反而很容易半夜尿床。這是因為他為憋住大小便，白天的括約肌一直處於緊張的狀態，只有在晚上睡眠時才能得到放鬆，自然就很容易尿床。另外，如果寶寶長大後尿床，很容易遭到父母的責怪，這又進一步增加了孩子的心理負擔，從而形成一個惡性循環。

〔危害3〕增加感染和其他問題的風險

由於小寶寶的排泄過程還沒有形成規律，過早地替他把屎把尿，就是在訓練寶寶憋住排泄物。排泄物停留在體內過久，會增加尿道感染的機率。很多時候，大人看到寶寶有拉屎的跡象就會去把，但其實寶寶並不一定想拉，結果導致把屎時間過長，這會增加長痔瘡甚至脫肛的風險。此外，寶寶的髖關節還在發育當中，在把屎把尿的過程中動作稍不注意，還可能對髖關節造成傷害。

對2～3歲寶寶進行如廁訓練的三個好處

在美國，沒有「把屎把尿」的說法。到寶寶2～3歲時，家長會對寶寶進行「如廁訓練」，即教寶寶直接在座便器上進行大小便。這種做法除了可以避免上面的危害以外，還有以下好處。

〔好處1〕尊重孩子，保護孩子的隱私

美國崇尚從寶寶一出生起就把他當作獨立的人，因此很注重尊重孩子，保護孩子的隱私。試想，作為一個獨立的人，誰願意連自己大小便的權利都被剝奪，還要把自己最私密的部位暴露在大庭廣眾之下？也許有人會說，這麼小的孩子什麼都不懂。但我覺得，這種尊重的態度一定會對孩子產生潛移默化的影響。

〔好處2〕順勢而為，等寶寶生心理都準備好

美國有一個基本的育兒理念「when the baby gets ready」，即當寶寶準備好之後，父母再去引導他們學習新的技能，他們就會掌握得更快、更好，而且不會給寶寶帶來不良的影響。如廁也是一種新技能，與其揠苗助長，不如等到寶寶生理、心理都準備好之後再進行，到時就是水到渠成的事情。

〔好處3〕養育孩子不代表失去自我

在美國，基本上都是媽媽自己帶孩子，有的媽媽一個人帶兩三個孩子，還照樣做得井井有條。其中有一個祕訣，就是適當地「懶」。而紙尿褲就是「懶」的一大神器，父母不需要時刻保持警惕，不需要觀察寶寶的神色變化，以隨時準備把屎把尿，只需要給寶寶穿上紙尿褲就可以了。父母在這些日常育兒瑣事上懶一些，就可以騰出更多的時間高品質地陪伴孩子，而不是每天好像都很忙，但回想起一天的經歷，卻沒和寶寶做什麼有意義的事。

也許有人會說，我們小時候都是這樣把屎把尿長大的，不是也沒事嗎？要知道，以前把屎把尿是有客觀原因的，那時紙尿褲還不流行，尿布洗起來很麻煩，自然就會找到把屎把尿這個便捷的方法。很多時候，「老辦法」只是當時條件下的一種妥協，卻被後來人當成了「經驗」。

大J特別提醒

把屎把尿不一定真的會對孩子造成傷害，只是存在這樣的風險。但如今，養育孩子不僅要養活，還要養好。遇到養育孩子的問題，我相信每個家庭都會為孩子提供最好的條件，給孩子使用紙尿褲就能避免這種風險，何樂而不為呢？

寶寶夏天在家裡是否應該光腳？

關於什麼時候應該穿鞋，小D的大動作復健師有明確規定，即會走路後才能穿。這裡「會走路」的定義不是指學步期的走路，而是指小D可以獨立行走，不踮腳，手臂自然下垂，可以持續走上一段時間。換句話說，就是到了跟大人一樣會走路的情況下才應該穿鞋。

夏天來了，關於寶寶是不是應該光腳的爭論又開始了。我真的不是摳門的媽媽，但小D出生至1歲半都沒有鞋子，襪子也少得可憐。在美國，關於寶寶是否要穿鞋、穿襪子的問題，從兒科醫生到動作復健師，答案都是一樣的。

要不要讓寶寶穿學步鞋和襪子學走路？

——學步鞋的作用不是為了幫助寶寶學習走路，而是為了保護寶寶的腳不受到傷害

關於什麼時候應該穿鞋，小D的大動作復健師有明確的規定，即會走路後才能穿。這裡「會走路」的定義不是指學步期的走路，而是指小D可以獨立行走，不踮腳，手臂自然下垂，可以持續走上一段時間。換句話說，就是到了跟大人一樣會走路的情況下才應該穿鞋。

小D的復健師跟我說，**鞋子的主要功能是保護腳，學步鞋的作用不是為了幫助寶寶學習走路，而是為了保護寶寶的腳不受到傷害。**即使在小D會走路之後，她仍建議我們要時不時讓小D光腳在草地、地毯、木地板等不同材質的地面上走路。

而對於襪子，它的作用和手套一樣，只是為了保暖，如果不冷，則能不穿就不要穿。

那麼，光腳的好處到底是什麼呢？即使從小被教育「寒從腳起」的我，聽完小D的兒科醫生和復健師的解釋後，即便小D在大冬天的室內光著腳，我也可以坦然接受。

讓孩子光腳走路的兩大優點

〔優點1〕促進寶寶的觸覺開發

寶寶的感官發展很重要，是大腦發育的基礎，寶寶透過五感（看、聽、摸、聞、嘗）來接收外界的資訊，然後輸入到大腦，從而促進寶寶腦部的發育，讓寶寶形成對外部世界的認知。

腳上分佈著很多末梢神經。和手一樣，寶寶腳部的觸覺也是需要開發的，需要透過接觸不同材質、不同硬度的物體來進行刺激。很多人能夠理解手的觸覺開發的重要性，那麼，開發腳的觸覺有什麼重要的意義嗎？**走路時，腳掌需要透過接觸地面來向大腦輸入信號，如果腳部的觸覺沒有得到很好的開發，信號的輸入就不會很靈敏，導致的結果就是有些人成年後走路容易摔倒或被絆倒。**

〔優點2〕讓寶寶養成更好的走路姿勢

一開始學步時就讓寶寶光腳走，寶寶會更加容易抬頭挺胸，形成良好的走姿，而且也會走得更加協調。因為光腳走路時，腳掌的末梢神經可以直接感受地面，並接收到地面傳來的壓力，也能更好地感知地面的高低變化，並及時進行調整。如果在學步期穿鞋走路，這些感受都會受到阻隔，寶寶需要低頭看地面來判斷地面的變化，久而久之容易養成低頭走路的習慣。

當然，這並不意味著寶寶在馬路上行走時也要光著腳，但我們需要有意識地讓寶寶多一些光腳的機會，讓他們的腳能夠自由地去感知並探索這個世界。

什麼時候需要幫寶寶買第一雙鞋子？

在小D矯正15個月時，我為她買了第一雙鞋子。很多媽媽都驚訝於小D的第一雙鞋買得這麼晚。因為她的大動作復健師一直強調，在她不能獨立行走之前，盡量不要穿鞋子。

事實上，市面上所謂的學步鞋、機能鞋等，都不是用來幫助寶寶學習走路的，而只是起到保暖和保護的作用。儘管小D在矯正15個月時還不能完全獨立行走，但由於當時天氣轉涼，她去公園玩的時候需要一雙鞋子。不過，平時在家時，我們還是盡量不讓她穿鞋。

幫剛學會走路的寶寶選擇鞋子款式要注意的四件事

我去買鞋時，進店後店員第一句話就問：「你家寶寶走路情況怎麼樣？」店員之所以這樣問，是因為學步期的寶寶和能夠熟練地獨立行走的寶寶，對於鞋子的要求是不一樣的。這裡所說的如何挑選鞋子，是針對剛會走路的寶寶而言的。比如小D，她現在還需要扶著走路，走的時候也不是很穩。為這樣的寶寶挑選鞋子時要注意以下四點。

〔注意1〕選透氣性好、比較輕的鞋子

軟皮或者透氣性好的布鞋，都是比較好的選擇。要避免選擇塑膠鞋子，不管它有多可愛，都不要給寶寶穿，因為塑膠鞋子不透氣，不利於寶寶腳部的發育。不要小看鞋子對於寶寶動作的影響，寶寶剛穿上鞋子後，你會發現他爬行和走路時都沒有以前那麼熟練了，因為穿鞋子後相當於在進行「負重」練習。因此，為寶寶選擇一款比較輕的鞋子很重要。

〔注意2〕鞋底要柔軟，還要有一定的抓地能力

寶寶第一雙鞋的鞋底需要非常柔軟，最簡單的測試方法是看它是否可以以任何角度隨意彎曲。同時，要保證鞋底不是光面的，應該有紋路來提高防滑和抓地的功能。

〔注意3〕不要買高筒的鞋子

高筒的鞋子是為了保護腳踝，而對於剛開始學步的寶寶來說，他們並不需要保護腳踝，相反，他們需要透過走路來鍛鍊和強化腳踝的力量。因此，可以等寶寶能夠熟練走路後，再考慮高筒的款式。

〔注意4〕選擇四方、寬鬆型的鞋子

剛會走路的寶寶，腳還處在快速發育的階段，那些過窄的鞋型不利於寶寶腳部的發育。所以，一定要選擇能夠讓寶寶的整個腳掌完全舒展開的鞋子。因此，四方、寬鬆型的鞋子是比較合適的選擇。

如何確定寶寶鞋子的尺碼？

店員提醒，媽媽最好帶寶寶去店裡試穿鞋子。如果實在無法去實體店試穿，就一定要掌握正確的測量方式，切忌根據寶寶的月齡選擇鞋的尺碼。

- **購買時間**：不管是帶寶寶去店裡買鞋，還是在家自測腳的長度，都盡量選擇下午進行。因為寶寶和大人一樣，到了下午腳會比上午腫脹一些，以腳在下午的尺寸來選擇合適的鞋子，能夠避免鞋子擠腳的情況。
- **如何測量腳長**：店員用的是測量器，直接讓寶寶站在上面就可以測量，測量時一定要光腳。以前沒有測量器的時候，他們就用老辦法，即用一張紙和一支筆來測量。但需要注意的是，不管用什麼方法測量，一定要讓寶寶站著測量，而不是平躺著測量。因為躺著時，寶寶的腳掌沒有受到壓力，測量出來的尺寸會比站著時偏小。
- **根據光腳尺寸確定鞋碼**：此外，店員還教了我一個確定鞋碼的簡易方法。

＊涼鞋（即光腳穿的時候）：鞋內長＝寶寶光腳腳長＋0.5公分～1公分
＊穿厚襪子的時候：鞋內長＝寶寶光腳腳長＋1公分～1.5公分
根據鞋內長，就可以對照鞋碼表選擇最接近的鞋碼。如果你家寶寶是個胖寶寶，或者腳比較胖，那麼你需要在這個基礎上選擇大一碼的鞋子。

如何衡量寶寶鞋子的舒適度？

要保證選購的鞋子舒適，最關鍵的一點，是要確保鞋子不能過小，以免擠壓寶寶嬌嫩的骨骼。當然，也不要過大，以免影響寶寶走路。如何衡量鞋子的舒適度，店員教了我一個兩步驟自測法。

- **一個指甲蓋的寬度：**鞋子並不是頂腳才合適，相反，穿上鞋子後需要有一定的活動空間，最簡單的測試方法就是「一個指甲蓋寬度」原則。寶寶試穿鞋子時，媽媽可以用大拇指從寶寶的大腳趾頂端往下壓，如果大腳趾頂端距離鞋頭有大約一個指甲蓋的空間，就代表鞋子的鞋碼是比較合適的。
- **按一下鞋子兩邊最寬的地方：**寶寶試穿鞋子時，媽媽用大拇指和食指按一下鞋子最寬的地方，如果不感受到擠壓，而且寶寶腳掌最寬的地方正好在鞋子最寬的地方，就代表鞋子的寬度是正好的。

寶寶什麼都放嘴裡吃，這樣好嗎？

寶寶是藉由感官來發現和探索這個世界的，
但剛出生的寶寶無法控制自己的頭部，也不知道如何使用自己的雙手，
他唯一可以控制的就是嘴巴和舌頭，
因此嘴巴就成為他探索和瞭解這個世界最重要的途徑。

「給孩子買的玩具她不怎麼玩，總是放在嘴裡啃。」

「寶寶現在會爬了，到處亂啃，髒得不得了。」

「今天我們帶寶寶去公園玩，他抓起草就往嘴裡放，嚇得我趕緊把他抱起來。」

對於這些場景，估計大家都不陌生。小D出院回家後就喜歡啃玩具，等她會爬後，幾乎是爬到哪兒吃到哪兒。我一度很擔心，不知道對於她這樣的行為是應該鼓勵還是制止。萬一吃進去很多細菌怎麼辦呢？為此，我特地向小D的兒科醫生進行了諮詢，下面就來分享一下我從專業醫生瞭解到的知識。

嘴巴是寶寶探索和瞭解世界的重要途徑

寶寶是藉由感官來發現和探索這個世界的，但剛出生的寶寶無法控制自己的頭部，也不知道如何使用自己的雙手，他唯一可以控制的就是嘴巴和舌頭，因此嘴巴就成為他探索和瞭解這個世界最重要的途徑，他透過嘴巴來瞭解物體的大小、材質和形狀等。隨著寶寶逐漸長大，其他的感官慢慢發展起來後，寶寶會用更多元的方式來探索周圍的事物，比如用手摸、用鼻子聞等。大部分寶寶要到2歲左右才不再把東西放進嘴巴裡，而是主要依靠手和其他感官來探索。

如果寶寶用嘴巴啃東西的情況突然變得頻繁，可能是寶寶開始長牙的標誌。長牙時，寶寶的牙齦會非常不舒服，他需要藉由啃咬東西來緩解這種不適。伴隨長牙的另一個標誌是流口水。如果發現這些現象，媽媽可以給寶寶準備一些磨牙棒。

可見，**寶寶啃咬東西表明他開始對周圍的世界感興趣，是在用他自己的方式探索世界。探索得越多，寶寶就學得越多。**所以，這個階段是寶寶的認知和感官發展的關鍵期，父母不應該制止寶寶啃咬東西的行為，而是應該給寶寶提供一個安全、自由的生長環境，讓寶寶盡情去探索。

為寶寶提供安全的遊戲環境

——給孩子較大的玩具，並確保沒有鋒利尖角

小D經常玩耍的地方是客廳裡的遊戲墊。等她會爬之後，就經常爬出遊戲墊，在客廳活動。我不贊成用圍欄給小D圈出一個遊戲場所，但我會趴在地上，以小D的視野按照她的路線爬一

圈，以排除一些安全隱患，比如把周圍堅硬的桌椅角包起來，把電源線插頭罩起來，把那些零碎的雜物收拾起來……等等。

另外，如果我要離開一會兒，讓小D自己玩，就會只給她比較大的玩具，這樣就可以避免她因為吞食物體而被嗆到。還要保證給她的玩具沒有鋒利的尖角，以免劃傷寶寶。**父母不應該因為存在安全隱患而限制寶寶的活動，相反，應該提供一個安全的空間，讓寶寶自由地探索。**

寶寶不可能永遠生活在一個無菌的世界裡，而適度接觸細菌能夠幫助寶寶建立更強大的免疫系統。這是小D的兒科醫生第一次見到我時說的話，那時小D剛剛從NICU出院，我恨不得把小D經過的地方都用消毒棉花擦一遍。其實在很多情況下，我並不需要過於擔憂。比如，小D的一個玩具球掉到地上，她爬過去拿到後繼續啃，這其實不會讓她生病。小D的兒科醫生反覆提醒我們，寶寶是因為接觸細菌和病毒才生病，而不是因為接觸灰塵。在家裡，只要保證正常的家庭衛生就可以了。

如果去公共場所，比如早教班、遊樂場等，很多孩子會共用玩具。小D的兒科醫生建議，通常這些玩具不需要額外用消毒紙巾去擦，但回家後要記得給寶寶洗手。不過，有兩種情況例外：一是在傳染病高發季節，比如秋季和冬季流感期間，難免有些生病的孩子摸了玩具後又給別的寶寶玩，如果別的寶寶把玩具放進嘴裡，就很容易把病毒或細菌吃進去，這時就建議先用消毒紙巾擦一下再給寶寶玩；二是如果玩具表面有非常明顯的污垢，也要擦一下再給寶寶玩。

寶寶把不乾淨的東西放進嘴巴時，別突然打斷，先分散他的注意力

天氣好時，我經常帶小D去公園野餐。有一次，我看到草地上有個和小D差不多大的寶寶抓起一個垃圾袋，試圖往嘴巴裡放。保母看到後，二話不說，直接把寶寶抱起來離開了。我明顯看出那個寶寶有點兒被驚嚇到，愣了幾秒後便大哭起來。其實寶寶的行為很好理解，他正在專心致志地探索一個新東西，突然有人冷不防地把他抱起來，並粗魯地帶走了，他當然不高興。

其實我也經常遇到這樣的情況，不希望小D把那些不乾淨的東西放進嘴裡。但我不會突然打斷她，而是會先分散她的注意力，比如拿一個她喜歡的玩具吸引她，然後趁機把她手裡的玩具拿走，之後鼓勵她繼續進行探索。

大J特別提醒

小D的老師曾跟我說：「每個寶寶天生都有很多很好的特質，探索欲就是其中之一。但是這些品質都脆弱得像剛剛萌芽的嫩苗，一不小心，就會被踩扁。家長需要像好的園丁那樣，為寶寶提供適合的土壤、充足的陽光、及時的雨露，然後要做的只是靜待花開。」這段話對我影響很大，也一直督促我在育兒的道路上不斷地反思自省。

寶寶容易受驚嚇怎麼辦？

感覺統合失調的寶寶，會對普通人覺得正常的外界刺激產生比較極端的反應，比如不喜歡被觸摸（觸覺失調），聽到一點點聲音就被驚嚇到（聽覺失調），看到繁忙的馬路就會立馬睡著（視覺失調）……等等。父母應該讓寶寶接觸周圍環境中正常的刺激，促使他感覺統合能力的正常發育。

「我家寶寶在家精神特別好，可一出門就秒睡。」

「我家寶寶脾氣大，特別凶，但是開門、關門都會被嚇到。」……

小D就是這樣的。好長一段時間內，我都「嘲笑」她是個「膽小鬼」。難道寶寶真的只是膽小嗎？小D出生時是沒有呼吸的，在住院期間，我特別羨慕她隔壁的小朋友，有的比她還小，卻哭聲響亮。那時護理師跟我說，不用羨慕，等到她真的會哭時，你說不定還會嫌她煩呢。

果然，後來小D會哭了，而且哭聲洪亮。在醫院時，我剛進NICU的門就能聽到她的哭聲。回家後，她一哭整層樓都能聽到。後來我發現，她是個高需求寶寶，每次哭起來都撕心裂肺，一次響過一次，彷彿在給我施加無形的壓力。但這麼個「小霸王」，卻膽小得要命。有一次，我在家弄一個塑膠袋，她竟然被嚇哭了。後來帶她出門時，她表現得很老實，要麼秒睡，要麼眼神放空，一點兒聲音也沒有。我和老公一直不覺得有什麼問題，只是開玩笑地叫她「膽小鬼」。後來，我無意中把這個現象告訴了小D的兒科醫生，她告訴我這不是性格膽小的表現，而是寶寶感覺統合失調。聽了她的解釋，我才恍然大悟，原來自己一直在給小D亂貼標籤。

導致寶寶感覺統合失調的原因

所謂感覺統合，是指人處理外界資訊的方式，將人體器官的各部分感覺資訊組合起來，經大腦統合作用，然後做出反應。感覺統合失調的寶寶，會對普通人覺得正常的外界刺激產生比較極端的反應，比如不喜歡被觸摸（觸覺失調），聽到一點點聲音就被驚嚇到（聽覺失調），看到繁忙的馬路就會立馬睡著（視覺失調）……等等。小D就是聽覺和視覺有一些輕微的失調，所以她無法接受塑膠袋的聲音，即使一點點響聲，她也會受到驚嚇。出門時，外面世界有太多的刺激，她因為無法接受，就把接收外面世界的「開關」關閉，很快開始入睡。

◆先天原因

早產寶寶（特別像小D這樣早於32週出生的寶寶）沒有經歷最後那幾週被擁擠的子宮和羊水緊緊包圍的階段，所以他們的感覺統合能力通常都沒有發育完全。不要小看孕期最後幾週子宮內擁擠包裹的狀態，它能給予寶寶非常好的安全感，促進寶寶的感覺統合能力發育。同樣是足月寶寶，通常順產寶寶要比剖腹產的寶寶感覺統合能力發育得更好，因為產道的擠壓也能促進這方面的發育。

◆後天因素

寶寶剛出生時，媽媽們都會得到很多過來人的告誡：「不要帶出去外面啊，孩子那麼小。」「冬天病毒多，最好在家待著吧。」對於足月寶寶尚且如此，對於早產寶寶估計更是有過之而無不及。

小D出院後，我就被很多人告知：早產寶寶的第一個冬天很關鍵，即使是小小的感冒，足月寶寶最多一兩週就會痊癒，但早產寶寶很可能會出現併發症，甚至危及性命。我聽後非常驚慌，所以小D出生後的整個冬天我們幾乎沒有出門，家裡來的客人也是能少則少。那段時間，白天只有我和小D在家，家裡特別安靜。對於小D來說，她的整個世界就是客廳和臥室，並且一直是很安靜的。一旦有一些不一樣的聲音打破周圍的寧靜，即使只是塑膠袋的響聲，她也會被嚇到。

後來我明白了，即使是對待早產寶寶，父母也不應該過度保護，而是應該讓寶寶接觸周圍環境中正常的刺激，以促使感覺統合能力的正常發育。

如何幫助感覺統合失調的寶寶？

◆觸覺訓練（1）——洗澡時間

皮膚是最大的感覺器官，很多感覺統合失調的寶寶，非常不喜歡被人觸摸。小D剛出院時，完全不喜歡撫觸，也不喜歡光著身子洗澡。現在回想起來，就是因為她的皮膚太敏感了，一點點外界刺激就會讓她感覺不舒服。但小D喜歡聽我對著她唱歌，我利用這一點，慢慢讓她不排斥對皮膚的觸摸。這樣堅持了快三個月，小D才變得不排斥撫觸。用不同材質的毛巾擦拭寶寶的身體，也可以鍛鍊寶寶的觸覺。一開始父母可以用手溫柔地撫摸寶寶的身體，慢慢地可以換成毛巾，在洗澡時配合肥皂和沐浴露交替使用，並在沐浴後對寶寶進行撫觸。

◆觸覺訓練（2）——感官玩具

所謂感官玩具，就是能夠有效刺激某些感覺器官的玩具。目前市場上比較常見的是觸覺玩具。觸覺玩具包括不同材質的玩具，比如布書、絨毛玩具等，可以讓寶寶適應不同類型的外界刺激。對於感覺統合失調比較嚴重，特別是觸覺失調嚴重的寶寶，可以嘗試觸覺球，這種球既可以讓寶寶抓著玩，也可以把它當成按摩球在寶寶身上滾動。這跟寶寶在復健過程中復健師用毛刷刷寶寶的身體作用是一樣的，只是這種方式會更加緩和，寶寶更容易接受。

◆聽覺訓練——寶寶電台

音樂對寶寶大腦開發的重要性，已經被越來越多的研究所證實，其實音樂還有治療的效果。小D在NICU期間，有個音樂復健師會根據小D的情況選一些音樂錄在MP3中，放在小D的保溫箱裡播放。我記得有段時間，小D總是有呼吸暫停的現象，復健師就選取一些用風琴演奏的音樂給小D聽，因為有研究顯示風琴樂曲有助於順暢呼吸。

訓練寶寶聽覺最簡單的方法，就是選擇一個寶寶電台，讓寶寶醒著的時候有音樂陪伴。播放內容可以是古典音樂和寶寶童謠，也可以是英文童謠。

◆視覺訓練——繪本

剛出生的寶寶視力較差，只能看見黑白兩種顏色。很多父母在寶寶一出生時都會買黑白卡給寶寶看，但等寶寶慢慢長大後卻沒有再進一步刺激寶寶的視覺。刺激視覺發展的方法之一，就是親子共讀繪本，讓寶寶看著繪本，讀各式各樣的繪本給寶寶聽，既能增進親子感情，也能促進寶寶視覺和認知的發展。

◆平衡感訓練——親子遊戲

由於平衡感不好而導致感覺統合失調的寶寶，通常會非常排斥動態的動作，有時一點很小的移動，也會讓他們受到驚嚇。以下這兩個遊戲可以幫助寶寶鍛鍊內庭，但要注意，做這些遊戲的前提是寶寶可以控制自己頭部（一般在寶寶3個月以後）。

- **寶寶轉圈圈：**大人扶住寶寶的腋下，把寶寶往上舉，往下放，還可以舉起來轉圈。做這個遊戲的時候，父母可以配合動作跟寶寶說「往上」「往下」「轉圈」「我們飛起來了」，讓寶寶接收到我們的語言，明白這是父母在和自己做遊戲。
- **寶寶上下飛：**讓寶寶坐在大人的腿上，大人上下抬腿，寶寶像在騎馬一樣。跟小D做這個遊戲時，如果我要把她遞給老公，就會把她橫過來，然後說：「飛啦，飛到爸爸那兒去！」

這些方法做起來並不難，一旦形成習慣，就成為生活的一部分，能夠幫助寶寶更好地發展感覺統合系統。

到底該不該用安撫奶嘴？

很多父母擔心使用安撫奶嘴會對牙齒產生不良的影響。
關於這一點，美國兒童牙醫指出，
在2歲前，任何由於使用安撫奶嘴引起的牙齒問題，
在停止使用六個月後都可以自我矯正。

安撫奶嘴是很多新手父母的哄娃神器，寶寶大哭時，一塞秒停；寶寶想睡覺時，一塞秒睡。儘管如此，不少父母還是有點兒糾結，安撫奶嘴到底好不好？網路上評價不一，我到底該相信哪一方？在美國，走在任何地方，幾乎每個嬰兒的嘴巴裡都有安撫奶嘴。嬰兒車、尿布包和安撫奶嘴是寶寶出行的三大標配，難道美國人沒有顧慮嗎？還是美國媽媽只圖自己方便，而不管是否會對寶寶產生不良的影響？

在寶寶出生後前六個月使用安撫奶嘴的四個好處

我第一次帶小D去見兒科醫生時，就向她諮詢了這個問題。醫生說，在寶寶6個月之前使用安撫奶嘴是沒有問題的，而且從一定程度上來說還是有好處的。

〔好處1〕滿足吸吮需求

寶寶出生後的前六個月，有非常強烈的吸吮需求。有些寶寶透過吸奶就可以得到滿足，但有些寶寶的吸吮需求特別高，即使肚子已經飽了，還是想吸吮。這時引進安撫奶嘴就能滿足寶寶的需求，還可以防止過度餵養。

〔好處2〕防止新生兒睡眠猝死

寶寶出生後的前六個月，是新生兒睡眠猝死的高發期。儘管醫生沒有告訴我為何安撫奶嘴可以降低猝死，但有研究證實，在睡覺時使用安撫奶嘴，可以把新生兒睡眠猝死率降低至少一半。

〔好處3〕戒安撫奶嘴比戒吃手指容易

前面提到過，寶寶在出生後的前六個月，吸吮需求很高，有些寶寶因為沒有得到大人的正確引導而變得非常愛吃手。研究發現，吃手一旦上癮，不僅非常難戒，而且對於牙齒的危害也非常大。所以，如果你發現自己的寶寶非常愛吃手，是時候考慮引進安撫奶嘴了。

〔好處4〕鍛鍊吸吮能力

小D因為是早產寶寶，吸吮能力一直比較弱，具體來說，就是含乳、密閉、吸吮力都很弱，呼吸配合也不好。在正常的喝奶之外，餵養復健師建議讓她多使用安撫奶嘴，因為它能夠幫助小D鍛鍊吸吮力。

使用安撫奶嘴的三個弊端

〔弊端1〕增加患中耳炎的機率

使用安撫奶嘴會大大增加寶寶患中耳炎的機率。但在寶寶出生後前六個月，患中耳炎的機率非常低，而這段時間又是寶寶吸吮需求最高的時期，所以在前六個月使用安撫奶嘴基本上不會引起中耳炎。對於容易患中耳炎的寶寶，建議6個月以後慢慢減少安撫奶嘴的使用頻率，直到完全戒除為止。

〔弊端2〕可能影響母乳餵養

以前有理論指出，過早引進安撫奶嘴會引起乳頭混淆，如今這個理論已經不成立了，但美國兒科學會還是建議，等寶寶能夠規律地吸奶，並且媽媽的乳汁供應量穩定之後（通常是寶寶滿1個月以後），再使用安撫奶嘴。

〔弊端3〕對牙齒有不良的影響

很多父母擔心使用安撫奶嘴會對牙齒產生不良的影響。關於這一點，美國兒童牙醫指出，在2歲前，任何由於使用安撫奶嘴引起的牙齒問題，在停止使用六個月後都可以自我矯正。

看來6個月是寶寶是否應該使用安撫奶嘴的分水嶺。如果寶寶之前已經習慣了使用安撫奶嘴，6個月後還可能戒掉嗎？這也是我所擔心的問題。當我問小D的兒科醫生時，她反問我：「這就好比用奶瓶喝奶，你會顧慮她能否戒掉奶瓶嗎？你不會因為怕戒不掉而不給她使用，對嗎？更何況還有很多非常成熟的戒奶嘴的方法可以嘗試。」

適當引導孩子戒掉奶嘴的四個方法

首先，越早戒奶嘴越好。從寶寶6個月開始，就要有意識地減少奶嘴的使用頻率。6個月以後的寶寶，已經有能力用其他手段進行自我安撫和自我入睡了，所以父母不用像以前那樣頻繁地讓寶寶使用安撫奶嘴，可以每天控制寶寶使用奶嘴的時間，這是最有效也最溫和的戒奶嘴方法。在小D矯正5個月左右，我開始慢慢控制奶嘴的使用時間，每天減少一點點使用時間，她並沒有很抗拒，結果不知不覺，在她矯正9個月時就不再需要奶嘴了。

其次，如果你的寶寶已經超過1歲甚至更大，戒奶嘴就會變得比較困難。美國兒科醫生建議，千萬不要把戒奶嘴變成一場父母和寶寶之間的戰爭，而是要用適當的方法去引導。

〔方法1〕延遲回應

每次寶寶哭鬧時，不要第一時間就往寶寶嘴裡塞奶嘴。可以稍微等一下，先用其他東西分散他的注意力，再看他是否還需要安撫奶嘴。

〔方法2〕把奶嘴變得難吃

在安撫奶嘴上塗一些味道不好的食物，比如洋蔥汁、檸檬汁等可食用但味道比較「糟糕」的食物，可以讓寶寶減少使用奶嘴的頻率。

〔方法3〕「奶嘴仙女」的童話

這個方法適用於比較大的孩子。如果你的寶寶能夠聽懂簡單的故事，你可以準備一個盒子，把他所有的安撫奶嘴放進這個盒子裡，然後告訴他：「現在奶嘴仙女想把這些奶嘴帶回家，因為它們已經丟失好久了。但奶嘴仙女說，為了感謝你，她願意為你準備一份你特別想要的禮物。」然後，可以為孩子準備一個玩具等其他東西。這在美國是非常有效的方法，好多孩子都知道「奶嘴仙女」的故事。

〔方法4〕持續地戒奶嘴

寶寶1歲以後戒奶嘴會比較困難，不過一旦你準備開始戒奶嘴，就要持續進行下去，而且需要所有家庭成員態度一致。

寶寶的發展其實就是這樣的，他們需要慢慢學會和適應很多東西，然後又需要放棄一些以前學會的東西，使用更新的技能，這是他們發展的必經過程，使用安撫奶嘴只是其中的一個環節。

是否給寶寶使用安撫奶嘴，是每對父母的自由選擇，但在給寶寶使用之前，我們需要清楚地知道它的利和弊。這樣即使給寶寶使用，我們也不會心存疑慮，並且能夠權衡使用的頻率，以免對寶寶造成不良的影響。

寶寶愛吃手，該不該制止？

如果寶寶吃手純粹是為了探索，大人不應該盲目去制止。
也就是說，如果寶寶在1歲內不僅吃手，
還會啃玩具和家裡的其他小物品，你就不需要擔心；
但如果寶寶只愛吃手，而且白天、晚上都在吃，這時你就需要注意。

寶寶為什麼愛吃手？

寶寶的吸吮欲望是天生的，很多寶寶在媽媽肚子裡就開始吃手。6個月以前的寶寶有非常強烈的吸吮需求，有的寶寶經由喝奶就能得到滿足，但有的寶寶吸吮需求特別高，即使肚子飽了，他們還想吸吮。看到寶寶啃手指，媽媽們首先要考慮寶寶是不是餓了。如果寶寶剛吃飽就開始吃手，很可能是因為寶寶的吸吮需求沒有得到滿足。

寶寶在6個月以後吸吮需求會逐漸減弱，如果這時寶寶還喜歡啃手指，很可能是在探索自己的身體。剛出生的寶寶沒有意識到自己有手和腳，有時小月齡寶寶甚至還會被自己的手打到而嚇醒。寶寶慢慢長大後，才意識到原來自己身上有一個非常好玩的「東西」——手，於是就開始饒有興趣地透過啃咬、吸吮來探索它。

吃手的寶寶不一定正在長牙，但長牙期的寶寶會更加頻繁地吃手。如果你發現寶寶變得有些煩躁，口水增多，愛咬東西（包括自己的手），甚至還會出現睡眠倒退，代表寶寶正在長牙。這時媽媽可以提供一些磨牙棒，幫助寶寶度過這段不適期。

1歲以後，寶寶對自己的身體有了更好的控制，也掌握了更多探索這個世界的技能，而不僅僅是藉由嘴巴去探索。因此，如果1歲後寶寶還在頻繁吃手，大多數情況都是由於心理原因。最常見的原因是寶寶感到無聊，比如，我們常常看到一些寶寶坐在嬰兒推車上啃著手發呆。還有一個常見的原因是自我安撫，有些寶寶到了陌生環境容易感到緊張，會不自覺地藉由吃手來緩解這種壓力，因為這會讓他們想起喝奶的感覺，具有安撫自己的作用。

什麼時候需要制止寶寶吃手：「頻繁吃手」和「1歲以後」

總體而言，寶寶吃手是非常正常的現象，也是每個寶寶成長的必經之路，是寶寶透過感官來探索、發現自己的身體和學會自我安撫的方式。那麼，在什麼情況下需要讓寶寶戒掉吃手的習慣呢？有兩個關鍵字：「頻繁」和「1歲以後」。

如果寶寶吃手純粹是為了探索，那麼對於手的探索和對其他事物的探索應該是一樣的，大人不應該盲目去制止。也就是說，如果寶寶在1歲內不僅吃手，還會啃玩具和家裡的其他小物品，你就不需要擔心；但如果寶寶只愛吃手，而且白天、晚上都在吃，這時你就需要注意。

前面提到過，1歲以後寶寶的各方面能力都有了很好的發展，這時不該只依賴吃手來探索和自我安撫。**尤其當寶寶的大部分乳牙都長出來以後還頻繁吃手，會造成牙齒排列不齊，影響咬**

合。有的大孩子由於迷戀吃手還會咬破指甲，引起感染。這種情況下，父母就要運用適當的方法進行制止。

三個方法幫助寶寶戒掉吃手的習慣

〔方法1〕不簡單粗暴地制止

大人要明白，寶寶吃手一定是有生理或心理方面的需要，千萬不要簡單粗暴地去制止寶寶。記得小時候，表姐很喜歡吃手，外婆看到一次打一次，還在表姐手上塗黃連水，但這些方法都無法阻止她吃手，而且她越吃越厲害。要知道，孩子的好奇心比大人強烈得多，大人越阻止的事情，孩子就越容易因為好奇而想去嘗試。所以，**要想順利幫助寶寶戒掉吃手，父母首先要做的就是態度平和，不要過於緊張。其實如果大人不干預，大部分寶寶在1歲前都會自己停止吃手，但由於一些父母過於重視這件事，反而在無形中強化了這個習慣。**

〔方法2〕分散寶寶的注意力，適當引進其他替代物

對於寶寶1歲前頻繁吃手的問題，美國的主流觀點是引進安撫奶嘴。有研究表明，戒安撫奶嘴要比戒吃手容易得多。

如果寶寶1歲後還頻繁吃手，父母需要耐心分析寶寶吃手的原因，然後根據原因進行疏導。比如，如果是因為坐車無聊而吃手，大人可以引導孩子做遊戲、唱歌等，讓孩子的手騰出來做其他的事情；如果寶寶是因為想自我安撫而吃手，大人就需要對寶寶的情緒進行及時回饋，也可以

給寶寶一個安撫玩具等，藉由其他途徑來安撫寶寶。總之，1歲以後的寶寶仍吃手，不像1歲以內的寶寶吃手那麼簡單，如果想讓寶寶戒掉，就一定要從源頭找到原因，幫助寶寶進行疏導。

〔方法3〕進行正面強化，分散寶寶注意力，引導他做其他事

引導寶寶戒掉吃手時，要多進行正面強化，即強化好的方面，而不是懲罰壞的方面。盡量不要說「不要吃手」，因為對寶寶來說，他不會聽到「不要」，反而記住了「吃手」。也不要恐嚇或教訓寶寶「再吃，就把你嘴巴縫起來」，這樣非但沒有用，反而可能對寶寶的心靈造成傷害。正確的做法是見到寶寶吃手時，先做一次深呼吸，讓自己平靜下來，然後分散寶寶的注意力，引導他做別的事（如玩玩具、唱歌、讀繪本等），並誇獎寶寶這件事做得好，這才是正面強化的方式。

大J特別提醒

寶寶長期吃手的確是一個問題，但父母更要記住，我們的目的是協助寶寶更好地成長，千萬不要因為過於關注這件事而不講究方法，反而對寶寶的身心帶來不良的影響，這樣就得不償失了。

用對方法，讓刷牙不再是戰爭！

有些事情寶寶一開始不樂意做，但對寶寶又是有好處的，對於這類事情，即使艱難，父母也要堅持做，不能因為寶寶不配合就輕易放棄。刷牙就是其中之一，但要注意講究策略，把刷牙這個大目標拆成不同階段的小目標，一點一點讓寶寶配合。

好朋友發來消息詢問，她家快1歲半的寶寶總是有口氣，聞起來酸酸的，問我怎麼回事。我詢問了一下寶寶的口腔清潔習慣，好朋友說，寶寶很不愛刷牙，每次刷牙最多幾秒鐘就刷完了。我說，這就找到問題的原因了。下面就來討論如何引導寶寶做好口腔清潔。

寶寶口腔護理的要點

- 乳牙和恒牙同樣重要，乳牙有幫助咀嚼和發音的功能，還有給恒牙保留空間的作用。因此，保護寶寶的乳牙很重要。
- 寶寶出生後，大人可以用乾淨的濕紗布包裹在手指上來清潔寶寶的牙床，這樣可以讓寶寶從小適應口腔護理。

- 寶寶長出第一顆牙齒後，大人可以幫他進行早、晚刷牙。由於這個階段的寶寶還不會把嘴裡的牙膏泡泡吐出來，因此3歲前的寶寶每次刷牙時使用的牙膏量應該不超過米粒大小。
- 3歲以後，寶寶每次應使用豌豆大小的含氟牙膏，早、晚各刷一次牙，也可以使用牙線幫助寶寶清理食物殘渣。

小D沒長牙之前，我一直是用紗布幫她進行口腔清潔，但這樣的習慣並沒有讓她輕鬆地配合我給她刷牙。剛開始刷牙時，她每次都嗷嗷亂嚎，拚命想逃，每天刷牙就像打仗一樣，而真正的刷牙時間其實只有幾秒。第一次去看牙醫時，我向牙醫哭訴給寶寶刷牙太難了，牙醫跟我分享了一些經驗。後來經過實踐，我也積累了一些心得，下面就來分享一下。

我為小D建立的刷牙三階段目標

有些事情寶寶一開始不樂意做，但對寶寶又是有好處的，對於這類事情，即使艱難，父母也要堅持做，不能因為寶寶不配合就輕易放棄。刷牙就是其中之一，類似的事情還有坐安全座椅等。但要注意講究策略，把刷牙這個大目標拆分成不同階段的幾個小目標，關注階段性結果，一點一點讓寶寶配合。

- 張嘴，允許我把牙刷放進她的嘴裡。這一步是關鍵，這一步做好了，後面就容易事半功倍。

- 允許牙刷在嘴裡保持一段時間，至少可以刷牙幾秒鐘。
- 逐步增加刷牙時間，從幾秒到十幾秒，再到一分鐘，最終可以做到每邊刷三十秒，一共刷滿兩分鐘。

那麼，我是如何一步一步完成這些目標的呢？

〔階段1〕模仿（出第一顆牙～矯正13個月）

寶寶天生愛模仿大人，寶寶出第一顆牙的時間一般在6個月～1歲，這個年齡段寶寶的模仿欲望很強，還很喜歡做「大人」的感覺。大人應該充分利用寶寶的這個特點，引導寶寶養成刷牙的習慣。

小D一開始排斥刷牙時，我總是先把她壓住，再用牙刷「撬開」她的嘴巴，結果卻導致她更排斥刷牙，每天刷牙像在打仗一樣。後來我調整了策略，和她玩刷牙的遊戲。我和她各拿一把牙刷，我示範給她看自己是怎麼刷牙的。玩了幾次以後，小D開始把牙刷放進嘴巴裡亂啃。後來，我們又玩互相刷牙的遊戲，我讓她拿著我的牙刷幫我刷，我也拿著她的牙刷幫她刷。當小D願意和我玩互相刷牙的遊戲時，就意味著她不再排斥我拿著牙刷放進她嘴巴了。一開始玩遊戲的時候不需要使用牙膏，關鍵是讓孩子接受牙刷和刷牙的過程。

需要提醒的是，大人和孩子的牙刷一定要嚴格分開，即使是做刷牙遊戲，也不能讓寶寶接觸大人的牙刷，以免將大人牙刷上的細菌傳染給寶寶。

‧階段性成果：刷牙不再像打仗一樣，每天一到刷牙時間，我和小D一人拿一把牙刷，她幫我刷，我幫她刷。但刷牙的時間很短，從一開始的刷幾下，到後來最長也只有約三十秒。

〔階段2〕照鏡子（矯正13個月～矯正16個月）

為延長小D的有效刷牙時間，我們試過很多方法，其中最有效的是照鏡子。有一次，我們在刷牙時，旁邊放著一面嬰兒安全鏡，我心血來潮想讓她照鏡子看自己刷牙時的樣子。沒想到小D非常感興趣，她自己拿著鏡子，我順勢指給她看自己的牙齒，順便讓牙刷「親親」她的牙齒（這樣牙膏就可以沾到牙齒上）。然後，我一邊刷，一邊給她唱我自編的刷牙歌：「上牙刷刷刷，下牙刷刷刷，左邊刷刷刷，右邊刷刷刷，牙齒白又白，吃飯胃口好。」就這樣，不知不覺就完成了整個口腔的清潔，小D全程竟然表現得非常有耐心。後來，我們就一直保留著刷牙照鏡子和唱歌的習慣，每次刷完，我就親她一下，並和她一起鼓掌，以此來正面強化這個好習慣。

‧階段性成果：刷牙時間延長至一分鐘左右，整個口腔都可以刷到，但離牙醫的要求，即「每邊刷三十秒，一共刷兩分鐘」還有一段距離。

〔階段3〕講故事（矯正16個月至今）

對於「如何讓寶寶愛上刷牙」這個問題，很多科普文章都會推薦借助刷牙繪本，但根據我自己的經驗，刷牙繪本對小月齡寶寶的作用並不大。繪本的作用是樹立一個正面的榜樣，但繪本能夠發揮作用的前提是寶寶具有一定的理解能力。不要小看那些卡通人物，他們是寶寶眼裡的「明星」，隨著寶寶慢慢長大，這些「明星」的影響力會越來越大。

其他一些協助孩子刷牙的小方法

每個寶寶都是不同的，父母可以多嘗試，找到自己的寶寶容易接受的方法。

◆選擇好玩的牙刷

可以帶寶寶去商場，讓他選一款自己喜歡的牙刷。需要提醒的是，一定要選擇軟毛、小頭的寶寶牙刷，這樣才能徹底清潔牙齒，又不會傷害寶寶的牙齦。

◆選擇好聞的含氟牙膏

寶寶的牙膏最好選擇水果味道的，不要選擇大人習慣用的薄荷等過重的味道。小D很喜歡一款西瓜口味的牙膏，刷牙前我會讓她先聞聞牙膏的味道，對刷牙形成一種期待。

◆借助手機、iPad、刷牙視頻等

由於我堅持在2歲前不讓寶寶看視頻，所以我並沒有嘗試過這種方法。從其他媽媽的反應來看，這個方法還是很有效的，所以我也列了出來。育兒是很私人的問題，選擇哪種方法完全取決於父母自己。

◆借助「權威」的力量

美國建議寶寶長牙後就要定期看牙醫，之後一年需要看三～四次牙醫。其實這個年齡段的寶寶看牙醫，通常沒有什麼治療的過程，關鍵是讓寶寶熟悉牙醫，不害怕讓牙醫看牙齒。同時，孩子也會更加容易接受牙醫這個「權威」的影響。

大J特別提醒

幾乎沒有寶寶一開始就會乖乖配合大人刷牙，但幫助寶寶維護口腔衛生，能夠給他一副健康潔白的牙齒，這是對孩子最好的愛。因此，對於寶寶刷牙這件事，父母既要堅持原則，又要講究方法，讓寶寶從小養成清潔口腔的好習慣。

掌握矯正黃金期，為寶寶塑造漂亮頭型

矯正頭型歪斜的黃金時期是寶寶出生後六個月以內。
只要寶寶的頭骨還沒有完全閉合，還是有機會進行矯正的。
一旦囟門閉合，寶寶的頭型就定型了。
父母平時在家要經常檢查寶寶的頭型，問題發現得越早，就越容易矯正。

小D剛剛從NICU回家時，她的頭型非常滑稽，左右不對稱，右邊是平的，後腦勺又是尖的。我一直很擔心她的頭型，不過我知道在美國可以通過戴頭盔來矯正頭型。第一次帶她去看兒科醫生時，我就詢問了關於頭型和矯正頭盔的問題。如今，小D的頭型已經很正常了。其實，小D並沒有戴頭盔，也沒有用定型枕，那麼她的頭型是怎麼變正常的呢？

寶寶為什麼會出現頭型歪斜？

寶寶的頭頂和後腦處分別有一個軟軟的地方，醫學上叫「囟門」，囟門存在代表寶寶的頭骨沒有完全閉合。此時他們的頭骨還很軟，有很強的可塑性。

寶寶出現頭型歪斜既有先天的原因，也有後天的原因。先天的原因通常只占一小部分，即由於寶寶出生時被產道擠壓，或出生時醫生使用產鉗所致。大部分寶寶出現頭型歪斜都是後天導致的，即出生後習慣性地只朝身體的某一側睡覺。小D就是典型的後天原因導致的頭型歪斜。她在NICU時，由於大部分醫生和護理師都習慣讓她的臉朝右，久而久之，頭的右邊就變平了。再加上她戴呼吸器的時間比較長，所以她的整個頭型被拉得很長。

矯正頭型歪斜的黃金時期是寶寶出生後六個月以內。六個月以後，只要寶寶的頭骨還沒有完全閉合，還是有機會進行矯正的。一旦囟門閉合，寶寶的頭型就定型了。所以，父母平時在家要經常檢查寶寶的頭型，問題發現得越早，就越容易矯正。最簡單的一個檢查方法，就是從上往下看寶寶的頭型，用這種方法很容易看出寶寶的頭型是否對稱、是否圓潤。

兒科醫師建議，幫寶寶矯正頭型的四個方法

小D的兒科醫生跟我說，偏頭是不影響寶寶腦部發育的，只影響美觀。但好消息是，由於嬰兒頭骨的可塑性，大部分新生兒出現的頭型問題，都可以透過後天的糾正得到解決。所以，小D的兒科醫生建議我們先不要著急去做矯正頭盔，先用

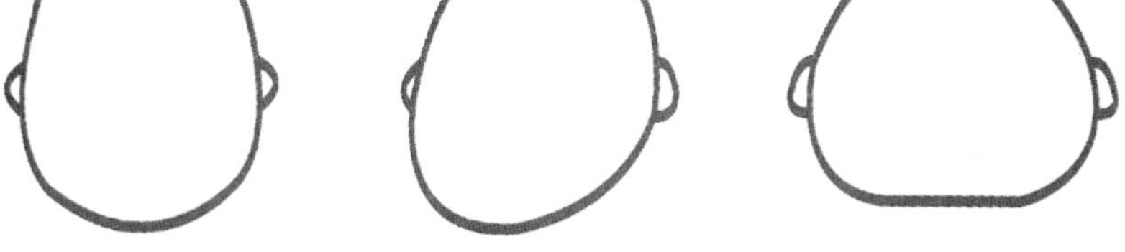

正常　斜頭　扁頭

一些日常方法看是不是有效。事實證明，兒科醫生提供的這些方法非常有效，讓小D免去了不必要的痛苦。

〔方法1〕盡量讓寶寶多趴著

寶寶剛出生時頭頸是軟的，完全沒有控制力量。如果寶寶的頭型恰巧又不平，他自然就會傾向於將平的那邊貼著床，結果就形成惡性循環，越躺就導致一邊越平。所以，小D的兒科醫生建議讓她醒著時多趴。在美國，寶寶一出生，醫生就會建議讓他多趴，因為趴能預防和矯正偏頭，只要醒著就可以進行，一開始短時多次，讓寶寶慢慢適應。

〔方法2〕調整睡覺姿勢

剛出生的小寶寶，一天中的大部分時間都在睡覺，要抓住他們睡覺的機會調整頭部的方向。小D睡覺時喜歡右側睡（平的那邊朝下），白天每次睡覺時，我們就讓她輪流換邊睡。為此，我們還在小D的嬰兒床架上夾一個夾子，每次她的臉朝哪個方向睡，我們就把夾子放在相同的方向，這樣就非常方便我們記錄，下次睡覺時就可以換另外一邊。需要特別強調的是，**寶寶睡覺的姿勢一定要仰臥，特別是還不會翻身的寶寶，仰臥能夠最大程度地降低睡眠窒息的風險。**

〔方法3〕注意抱寶寶的姿勢

我和老公抱小D時都習慣讓她靠在我們的右手或者右肩，這其實進一步強化了她喜歡將頭部右側的習慣。兒科醫生指出這個問題後，我們就有意識地多用左手抱她。小D被抱著時很喜歡和大人玩，我們利用這一點，盡量從左邊逗她玩，她自然更有動力轉向原本不喜歡的那邊。在小D醒著時，我們也會讓她側臥在不喜歡的那邊，逗她玩。餵奶和換尿布時，我們也注意經常換邊。總而言之，就是利用一切機會，讓寶寶的頭部多側向他平時用得少的那邊。

〔方法4〕嘗試頸部拉伸

導致寶寶偏頭還有一個更深層次的原因是斜頸，即寶寶的一邊頸部肌肉僵硬，因此無法讓頭部轉向這邊。斜頸確認是需要專業醫生或復健師進行的。治療斜頸最好的方法就是拉伸。小D沒有斜頸，但的確右邊（用得少的那邊）的頸部肌肉比較緊，所以兒科醫生建議我們每天在小D醒著的時候，讓她平躺，用手輕輕地將她的頭轉向左邊，然後用手壓住停留幾秒。注意手法一定要輕，寶寶如果哭了就馬上停止。為了讓小D配合，我會一邊轉她的頭，一邊對她唱歌或講故事來分散她的注意力。

關於矯正頭盔和定型枕頭的使用

◆矯正頭盔

小D並沒有使用矯正頭盔，她透過上面這些方法，大概到矯正6個月的時候，頭型已經變正常了。在美國，經由這些保守方法的嘗試，如果寶寶4個月時頭型還沒有顯著變化，醫生就會開處方讓寶寶戴矯正頭盔。這種頭盔是需要定製的，它會根據每個寶寶的頭型和需要矯正的方向進行設計，原理就是透過頭盔內部的形狀來抑制或促進頭部相應部位的生長，最終讓頭型變成理想的形狀。寶寶剛戴這種頭盔時會覺得不舒服，而且佩戴時間也很長，一天需要戴滿二十三小時，並連續戴幾個月。新生兒偏頭只要發現得早，並及時使用以上方法進行矯正，大部分都可以自行矯正過來而無須佩戴頭盔，這也是美國大部分兒科醫生不會一開始就建議使用矯正頭盔的原因。

◆定型枕頭

美國兒科學會建議，不要給1歲以內的嬰兒使用枕頭，也沒有必要使用定型枕頭來防止寶寶扁頭，只需要讓寶寶多趴就可以了。如果你堅持讓寶寶使用定型枕頭，請一定要在大人的監視下進行，以防悶到寶寶導致睡眠窒息。

寶寶需要枕頭嗎？枕頭真的可以讓寶寶睡覺更舒服嗎？

回答這個問題前，我們需要先瞭解一下為什麼枕頭會讓成人覺得睡覺更舒服。成人的頸椎有自然生理彎曲，叫頸曲。當我們平躺時，因為頸曲的關係，頭、頸和脊椎無法處於同一個平面，長此以往就會給頸部帶來壓力，從而出現頸部和背部肌肉僵硬。枕頭的作用就是支撐頸曲，幫助頭、頸和脊椎處於同一個平面，以緩解頸部的壓力。這就是為什麼枕頭不能太高也不能太低，而要恰好適合頸曲的弧度。下頁圖示範了什麼樣的枕頭才是合適的。

可見，所謂「枕頭讓睡覺時更舒服」的原因是我們存在頸曲。但寶寶是沒有頸曲的。從下圖可以看出，孩子到4歲時才會出現一點頸曲，幾乎可以忽略不計。因此，所謂「讓睡覺更舒服」

對於小寶寶來說根本就沒有這個需要，完全是大人的一廂情願。而且對於寶寶來說，平躺反而是最舒服的，平躺能保證頭、頸和脊椎處於同一個平面上，能最大程度地減少頸部的壓力。

寶寶出現偏頭，很多家長會給寶寶買定型枕。其實定型枕只能起到心理安慰的作用，不但對偏頭沒有幫助，還會增加寶寶睡眠窒息的風險。偏頭常見於小月齡寶寶，而對於小月齡寶寶，尤其是4個月以下還不能翻身自如的寶寶，枕頭很容易捂住寶寶的鼻子，造成睡眠窒息。

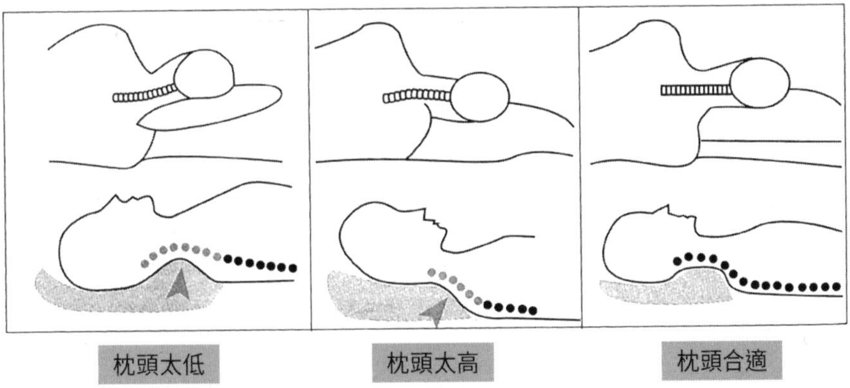

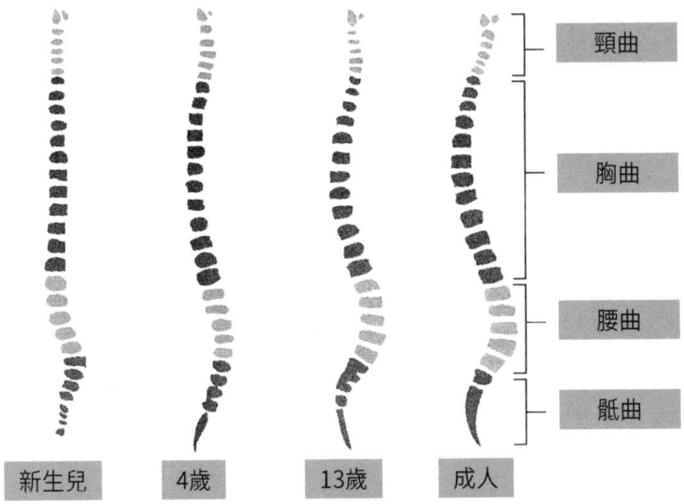

替孩子使用枕頭時要注意的三件事

事實上，只要孩子不提起，大人就不需要給他準備枕頭。但孩子天生愛模仿，很多孩子到了學齡前，看到大人睡在枕頭上，也會提出要一個枕頭。這時，我們就可以給孩子準備他的第一個枕頭，但購買時需要注意以下問題。

〔注意1〕軟硬度

要為孩子選擇一款偏硬但仍然舒適的枕頭。太軟的枕頭，即使是學齡前兒童使用，也容易讓孩子的頭部陷進去，從而增加窒息的風險。檢測軟硬度最簡單的方法，就是按壓一下枕頭，如果枕頭凹陷後很久才復原，就代表枕頭太軟不適合給孩子用。

〔注意2〕尺寸不要太大

寶寶的第一個枕頭一定不能太大、太高，最好是小小的、扁扁的，小尺寸能夠降低寶寶窒息的風險。寶寶即使到了4歲，頸曲也不是很明顯，扁扁的枕頭最適合小寶寶的頸曲舒適度。最理想的尺寸是長四十公分、寬三十公分、高五公分左右。

〔注意3〕逐步使用

一開始使用枕頭時，最好從寶寶白天的午睡開始使用。這樣更便於大人進行觀察，以及時發現潛在的風險，以後再逐漸過渡到晚上使用。

CHAPTER 2

【兒科醫師、餵養復健師教我的事】

餵養與睡眠引導篇

寶寶吃好、睡好，才能身體好

如果你認為——

□寶寶不吃奶是因為厭奶期，不用太過緊張兮兮。

□從小為寶寶添加各類營養劑，有助孩子的生長發育。

□孩子不喜歡吃副食品，應該多補充配方奶才不會缺乏營養。

□趴睡寶寶頭形漂亮，而且也可以睡得較好。

□不應該寶寶一哭就抱，孩子養成黏人壞習慣，跟父母分開就更焦慮。

以上項目你的「YES」越多，就代表你深陷育兒迷思而不自知。

本章中，大 J 與你分享紐約兒科醫師和餵養復健師教她的科學知識，

寶寶吃得好，睡得好，才能頭好壯壯，健康發展哦！

「厭奶」到底是怎麼回事？

「厭奶」在美國的叫法是「餵養困難」。
其實「討厭喝奶」這個說法是比較主觀的，
我們預先認定是寶寶不喜歡喝奶，
而不是客觀地看是不是有生理或病理原因才導致寶寶進食困難。

「厭奶」這個詞，只要當過媽的都知道；「厭奶」有多煩心，也只有當了媽才能體會。不過，最權威的美國兒科學會是沒有「厭奶」這個說法的。小D也遭遇過所謂的「厭奶」，我抱著打破砂鍋問到底的精神，跟小D的兒科醫生探討了許久。下面就來說說在美國醫生的眼中，「厭奶」到底是個什麼「玩意兒」？

小D在矯正4個月時，看到奶瓶就哭，怎麼也不願喝奶，只能喝米糊，喝奶量急劇下降。那時我以為這就是傳說中的「厭奶」。這樣的情況持續了一個星期，到第七天時，一天的喝奶量只有四百毫升，小便次數也大大減少。最糟糕的時候，我只能用試管一滴一滴地把奶滴到小D的嘴巴裡。之後我再也無法淡定了，因為她不但體重不增長，這麼下去還可能會脫水。於是，我趕緊打電話給小D的兒科醫生。結果，我被兒科醫生狠狠罵了一番：為什麼拖這麼久才來？我以為這只是「厭奶」，過段時間就好了，並不是什麼大問題，沒想到醫生卻認為這是很嚴重的問題。

造成餵養困難的生理原因

「厭奶」在美國的叫法是「餵養困難」。其實「討厭喝奶」這個說法是比較主觀的，我們預先認定是寶寶不喜歡喝奶，而不是從更客觀的角度來看是不是有生理或病理原因才導致寶寶進食困難。

〔原因1〕分心

這通常發生在寶寶4個月左右，這時寶寶的視力開始變好，對周圍的世界非常感興趣，所以不願意老老實實坐在那兒喝奶。這是國內最普遍的解釋之一。但說實話，如果真是這個原因導致寶寶不願喝奶，除非每次餵奶總是換新環境或總有人打擾，不然不會出現連續一週以上的厭奶期。

〔原因2〕餵養過程中持續有不愉快的外界刺激

比如，喝奶時經常被嗆到。注意關鍵字「持續」「不愉快」和「外界」，是指不間斷地有讓寶寶不舒服的外界因素。比如嗆奶，寶寶一兩次被嗆到沒有什麼大礙，但如果長期被嗆，寶寶就會把「喝奶」和「不愉快」聯繫起來，一喝奶就要反抗。我個人認為，這其實是國內大部分寶寶出現所謂「厭奶」的原因。至於應對方法，國內的說法是「順其自然」，其實就是「無為而治」，透過時間的推移讓寶寶逐漸忘記這種不愉快的聯繫。

如何克服生理性餵養困難

〔方法1〕保證餵奶環境固定、安靜

從小D出生開始，她的兒科醫生就一直強調，小月齡寶寶不喜歡驚喜，從出生開始就要建立規律的作息。前幾個月餵奶時也一樣，盡量保證餵奶環境是固定、安靜的。這個時候的寶寶還在學習如何喝奶，如果環境不斷變化，他就容易分心。這就好比一個新手駕駛員剛上路時是無法一邊開車一邊聊天的。

〔方法2〕排除並切斷「不愉快」的外界刺激

這一點做起來其實並不容易，需要媽媽們從寶寶的角度去發現問題。一旦發現刺激，應該立刻阻斷。以下是比較普遍的一些原因，媽媽們可以先從這些方面著手排除：

- **奶的流速問題：**奶嘴過大或過小，哺乳時奶陣過強或沒有奶陣。流速太快，寶寶容易被嗆到；流速太慢，寶寶費很大勁兒卻吃不到。這些都會讓寶寶感到「不開心」。很多奶嘴包裝盒上都寫著寶寶多大該換下一階段的奶嘴，但根據我的親身經歷，這些說法並不是絕對的，要視寶寶的實際情況而定。小D由於早產，吸吮能力比較弱，在她矯正4個月時，我換了第二階段的奶嘴，但由於流速太快，她總是被嗆到。所以，媽媽們還是要按照寶寶的實際情況來決定要不要更換奶嘴。
- **強迫進食：**美國強調的餵奶理念是，寶寶表現出餓的信號時再餵奶。小月齡寶寶會有覓食

反射，當他飢餓時，用手碰他的嘴脣，他會左右擺頭，試圖用嘴巴去找吃的，但這並不代表他就是餓了。所以，有時寶寶並不想吃，只是大人覺得他餓了，就強迫他喝奶，長久下去他自然就不喜歡喝奶了。

- **餵養方式改變**：如果寶寶之前一直是媽媽親餵，突然改成瓶餵，寶寶會有些不適應。如果需要改變餵養方式，一定要提前安排時間，慢慢過渡，不要突然改變，要讓寶寶有慢慢接受的過程。
- **不及時拍嗝**：有些寶寶喝奶後打嗝會比較頻繁，在餵奶過程中需要停下來多拍幾次嗝。還有些寶寶特別難拍出嗝，這會讓媽媽誤以為他不需要打嗝，從而忽視了拍嗝的環節。

造成餵養困難的病理原因

◆餵養超級敏感（feeding hypersensitive）

對餵養超級敏感的寶寶通常有以下表現：

- 拒絕奶嘴進入嘴巴，強行進入嘴巴後，會出現強烈的反應；
- 沒有生理或病理原因，但喝奶時很痛苦；
- 如果強迫餵奶，經常會出現乾嘔或嘔吐，有些表現嚴重的寶寶，甚至看到奶嘴或奶瓶就會嘔吐。

儘管這個原因不算「病」，但它也被歸類於病理性，因為它會造成長期的餵養困難。在美國，若寶寶被認為有餵養超級敏感，兒科醫生會推薦餵養與語言復健師對寶寶進行復健訓練。

◆貧血

寶寶缺鐵性貧血會導致沒胃口，不想喝奶。足月寶寶6個月後對鐵的需求會增加，單單靠喝奶已經滿足不了寶寶對鐵的需求量，這就是為什麼一直強調寶寶的第一口副食品是鐵強化的米粉。對於小月齡早產兒，醫生都會建議出院後補充鐵劑，因為他們沒有機會在媽媽子宮裡最後那段日子儲存足夠的鐵。

◆胃食道逆流

寶寶胃食道逆流時，胃酸帶著食物泛上來是很難受的，這種感覺跟大人吃得不舒服時會感到胃灼熱一樣。試想，一個小寶寶，每天要經歷好幾次這種胃灼熱的感覺，而且每次都是在喝奶後，慢慢地，他就會把這種不舒服的感覺歸咎於喝奶，從而變得排斥喝奶。

◆肌張力低導致吸吮無力

這個原因不是特別普遍，只存在於肌張力低的寶寶。這類寶寶由於腦損傷導致全身肌張力非常低下，以至於連嘴巴附近的肌肉也沒有力氣來協調吸吮奶嘴這個動作。

如何判斷寶寶真正需要的奶量？

在寶寶滿月之前，美國兒科醫生會鼓勵媽媽按照需求餵養，寶寶想吃就讓他吃。不過，寶寶吃奶頻繁並不代表媽媽的奶少或者媽媽的奶沒營養。剛出生的寶寶胃容量很小，他們需要少量多餐，而且只有多吸吮才能幫助媽媽催奶，從而滿足寶寶接下來日益增長的胃口。

「寶寶一天到底該喝多少奶？」
「我家寶貝1個月大，總想吃奶，是不是我的奶沒營養啊？」
「添加副食品後，奶和副食品怎麼安排？」

估計大部分新手媽媽都會和我有一樣的困惑。小D的體重曾經一直是我心頭的痛。她出院回家後，我總是糾結於她有沒有吃飽，吃多少奶才算夠。最初帶小D去看兒科醫生時，每次都花很多時間跟醫生探討餵養方面的問題。下面就來分享一下關於寶寶奶量的問題。

沒添加副食品之前，如何確定寶寶的奶量

小D的兒科醫生告訴我，在沒添加副食品之前，有個簡單的方法可以大概算出寶寶一天需要的奶量：一百五十毫升×公斤數～兩百毫升×公斤數。但是要注意，每個寶寶的情況不一樣，公式僅作為參考。透過以下這些問題，能夠更好地瞭解寶寶是否喝夠奶。

◆寶寶的體重是否持續增長？

剛出生的寶寶，排出胎便後體重會減少五～九%，通常最多兩週後體重就會回到剛出生時的水準。之後，如果寶寶的體重穩步上升，就代表寶寶的喝奶量是充足的。

◆每天是否排小便至少六次？

這是個很重要的標誌。小D之前餵養困難時，曾經一天只能喝四百毫升左右的奶。我打電話給兒科醫生，她第一句話問的就是排小便的次數。如果持續幾天小便次數少於六次，兒科醫生會建議我帶小D去醫院打點滴，以防止脫水。

◆寶寶看上去是否健康？

寶寶醒著時是否精神良好，是否對周圍感到好奇，是否皮膚紅潤？經由這些最直觀的方法，也有助於瞭解寶寶是否攝入了足夠的奶量。

對於母乳餵養的寶寶，媽媽還可以觀察寶寶吃奶時是否有吞咽聲，以及每次餵奶後自己的乳房是不是變得更軟，以此來判斷寶寶是否吃飽。

添加副食品之前，應該多久餵一次寶寶

在寶寶滿月之前，美國兒科醫生會鼓勵媽媽按照需求餵養，寶寶想吃就讓他吃。不過，要澄清一個錯誤，即寶寶吃奶頻繁並不代表媽媽的奶少或者媽媽的奶沒營養。剛出生的寶寶胃容量很小，他們需要少量多餐，而且只有多吸吮才能幫助媽媽催奶，從而滿足寶寶接下來日益增長的胃口。從某種角度來說，這是寶寶的「生存法則」。

從第二個月開始，寶寶喝奶開始變得有規律，每天喝奶八～九次。之後的喝奶頻率會慢慢下降，6個月左右減少至每天五～六次。當然，理論僅供參考，具體情況還是要具體分析。小D由於早產住院一百一十五天，從一開始就是按照醫生要求的每三小時餵一次，回家後也一直按照這個規律來餵。她由於早產導致吸吮能力較弱，再加上胃食道逆流，導致餵養困難，所以她即使到了矯正6個月，也沒有減少吃奶的頻率。剛開始餵寶寶時，媽媽們可以記錄一下每天的餵奶時間、大小便次數等，以方便總結寶寶的規律來安排餵奶。

添加副食品之後，該如何給寶寶餵奶

小D從添加副食品後，餵養師就建議每天喝四次奶、吃三頓副食品，奶和副食品要分開餵，

基本上每次奶和副食品之間相差兩～三小時。當然，奶和副食品到底是一起餵還是分開餵，沒有定論，取決於每個寶寶的情況。

寶寶1歲前的營養主要還是來自奶，因此一定要保證每天奶的攝入量不低於六百毫升。但吃副食品也很重要，吃副食品是為了讓寶寶鍛鍊咀嚼和吞咽能力，為今後吃飯打好基礎。寶寶的吸吮能力是與生俱來的，但吞咽和咀嚼能力是需要藉由後天的練習才能學會的。小D的兒科醫生建議小D將喝奶和副食品分開吃，因為那時小D的胃口不大，吃奶後就不願意吃副食品了。媽媽們可以根據自己寶寶的情況進行安排，有的寶寶吃完副食品照樣吃奶，就沒必要分開，關鍵是對喝奶和吃副食品要同等重視。

寶寶1歲後，通常就可以均衡地吃副食品了。美國兒科醫生建議讓副食品成為1歲後寶寶營養的主要來源，而奶開始逐漸變成「副食品」的地位。

如果是媽媽親餵寶寶吃母乳，寶寶自己有決定權，吃飽就不再吃了。但奶瓶餵養的寶寶很難有選擇，有時奶流速過快，奶是直接被灌進去的。所以，奶瓶餵養的寶寶很容易出現過度餵養。對於奶瓶餵養的寶寶，在最初幾個月的餵奶過程中，應該多停下來給寶寶拍嗝，同時也給寶寶一個機會告訴你他是否吃飽了。餵奶過程中，如果發現寶寶吃得太快，也要及時停下來，讓寶寶有喘息的機會。

美國營養師教我看懂生長曲線

生長曲線包括頭部、身長和體重的曲線，透過生長曲線可以瞭解寶寶的發育是否達標。生長曲線匯總了正常寶寶發育指標的平均值，藉由對照生長曲線，可以知道寶寶跟其他同齡、同性別的寶寶相比處於什麼水準，以及與寶寶上次體檢相比，他的發育速度如何。

例如，你家的男寶寶3個月大，在體重的生長曲線上對應著四〇%百分位，這表明在所有3個月大的男寶寶中，有四〇%的寶寶和你家寶寶一樣重或者比你家寶寶輕，剩下的六〇%比你家寶寶重。

需要注意的是，早產寶寶需要用矯正年齡看生長曲線。早產寶寶通常在正常的預產期前會有一個快速追趕期，這意味著他會跨過好幾個百分位，少數寶寶的快速追趕期甚至會持續到預產期後的3個月，這也是正常的。

生長曲線需要關注的三大問題

〔問題1〕曲線突然大幅度波動

比如，寶寶在生長曲線上一直保持在五〇%百分位，但某段時間突然下降到一五%，這是需要重視的，應該去檢查一下，看是否有潛在的疾病隱患（比如貧血造成的食欲不佳等）。

〔問題2〕生長曲線長期低於二%世界衛生組織資料庫（或五%疾病防治中心資料庫）

如果長期低於二%百分位，需要向兒科醫生進行諮詢，看是否有生理或病理方面的原因，以及時進行治療。

〔問題3〕生長曲線長期高於九八%世界衛生組織資料庫（或九五%疾病防治中心資料庫）

華人父母偏愛胖寶寶，但寶寶不是越胖越好。已經有研究證實，3歲以前肥胖的寶寶，成年後導致肥胖和患高血壓、高血糖、高血脂症的機率將大大增加。所以，如果寶寶的生長曲線高於九八%百分位，美國的醫生會建議父母讓寶寶增加活動量，並適當控制飲食。

關於母乳添加劑

在美國，使用母乳添加劑是非常謹慎的事情，需要醫生的處方才可以買到。而且只要寶寶的體重在合理範圍內，醫生就不提倡使用添加劑，因為它會對小寶寶的消化系統造成額外的負擔。

小D雖然是早產寶寶，但她很早就停止了母乳添加劑。這是因為小D停止母乳添加劑時雖然還沒到原本的預產期，但她的生長曲線已經呈現出非常漂亮的追趕弧度，NICU的主任醫生覺得她的追趕生長沒有問題，不需要額外用母乳添加劑。

據我所知，國內的兒科檢查中，不是所有的醫生都會記錄寶寶的生長曲線。但我建議各位媽媽盡量自己記錄一下寶寶的生長曲線，這樣就能掌握寶寶的生長發育。一旦發現曲線有異常，就及時採取措施，而不是等到下次體檢時才發現問題。而且，媽媽們也不用因為覺得自己的寶寶比別人家寶寶輕而感到焦慮，只要寶寶的生長曲線是正常的，媽媽就沒必要焦慮。

小D現在還是個瘦寶寶，她的體重按照矯正月齡已穩定在一〇%百分位，身長穩定在五〇%百分位。如今我已經完全不糾結她的發育問題了，我一直記得NICU主任跟我說的話：「寧可寶寶健康地瘦，也不要病態地胖。拋開生長曲線，只看單獨的體重絕對值是不負責任的。」

美國兒科醫師談嬰兒營養補充劑

對於如何給寶寶購買營養補充劑，需要回答以下三個問題：
哪些營養真的需要補？
多補會對寶寶的身體有害嗎？
即使知道是心理安慰劑，我還是想買，那麼購買時怎麼選擇品牌？

曾有國內的朋友來美國時向我諮詢去哪兒給寶寶買營養補充劑。她跟我說，其實自己有時對這些產品也抱有懷疑態度，但在國內，鄰居、朋友見面都會問，你家女兒吃這個、吃那個了嗎？被問得多了，就覺得周圍的寶寶都在補，不給自己的寶寶補心裡不踏實。這篇文章就專門來說一說營養補充劑那些事兒。

對於要不要以及如何給寶寶購買營養補充劑，無非需要回答以下兩個問題：

- 哪些營養真的需要補？
- 多補會對寶寶的身體有害嗎？

維生素D——需要補

維生素D能夠促進鈣的吸收，是幫助寶寶擁有強健骨骼的重要幫手。維生素D從哪裡來呢？在曬太陽後，身體會自動生成維生素D。但寶寶在出生後前六個月，不太可能像成人那樣頻繁地曬太陽，而且小寶寶的皮膚非常嬌嫩，美國兒科學會不建議讓寶寶長時間暴露在陽光下，因為這樣即使寶寶沒有被曬傷，也會增加今後患皮膚癌的機率。

因此，美國兒科學會建議，從出生後，就要給母乳餵養的寶寶提供每天四百ＩＵ的維生素D補充劑。對於人工餵養或混合餵養的寶寶，父母可以參考配方奶包裝盒上的營養標籤，根據寶寶每天喝的配方奶量，計算每天攝入的維生素D是否達到四百ＩＵ。如果沒達到，就需要額外補充差額的量。

鈣、鎂、鋅——不需要補

這三種元素對寶寶的生長發育也非常重要，但這些元素並不需要進行額外補充，因為它們都可以非常容易地從日常飲食中得到。絕大部分經由醫學檢查證實缺鈣的寶寶，並不是真的缺少鈣，而是缺少幫助鈣生成的維生素D。有一些觀點認為寶寶長牙晚或容易出汗都是因為缺鈣，這是沒有科學依據的。攝入過量的鈣、鎂、鋅，會引起血鈣過高，反而會對骨骼造成損害，甚至造成腎功能損害。正確的做法是堅持補充維生素D，在添加副食品後，多引入一些高鈣的食物，比如乳酪、優酪乳、深綠色蔬菜等。

鐵——部分寶寶需要補

寶寶6個月之後，身體對於鐵的需求量會大大增加，僅靠從母乳或配方奶中攝取的鐵已經不夠了。開始添加副食品後，寶寶的飲食裡需要含有足夠的鐵，因此寶寶的第一口副食品要吃鐵強化的米粉。此外，副食品要注意營養均衡，讓寶寶多吃含鐵量豐富的食物，比如紅肉、菠菜、黑豆等。一般足月、健康的寶寶只要注意飲食，就不需要額外補充鐵劑，但以下兩種情況例外：

- **早產寶寶：**由於他們沒有機會在媽媽的子宮裡儲備足夠的鐵元素，所以所有早產寶寶，特別是小月齡的早產寶寶（早於32週出生），從一出生就應該補充鐵劑。
- **貧血的寶寶：**在美國，寶寶6個月和1歲時都會被檢測是否貧血。如果發現寶寶貧血，醫生會建議添加鐵劑，同時增加更多富含鐵元素的食物。

DHA——不需要補

DHA對於大腦和眼睛的發育非常重要，母乳中含有的DHA具有最優化的營養比例，也是寶寶最容易消化吸收的。因此，美國的婦產科醫生會建議媽媽從準備懷孕起一直到哺乳期，都多吃富含DHA的食物（比如鮭魚等深海魚類），這樣媽媽所吸收的DHA就會傳遞給寶寶。因此，母乳餵養的寶寶不需要額外補充DHA。至於人工餵養的寶寶，現在市面上的配方奶基本上都是

DHA強化配方奶，因此也不需要額外補充DHA。

益生菌——不需要補

益生菌是目前在美國比較有爭議的一種營養補充劑。部分研究表明，適量補充益生菌對寶寶的腸絞痛、便祕和濕疹有幫助，但目前還沒有大規模證明這個結論，它的副作用也還不明朗。「副作用不明」其實比「有副作用」更可怕，這也是美國大部分兒科醫生對益生菌持謹慎態度的原因。因此，建議媽媽們最好不要盲目給寶寶補充益生菌。

小D是個28週早產的寶寶，出生時體重還不到一千兩百公克，小的時候經歷過厭奶和不吃副食品。本文中提到的營養補充劑，小D只吃過維生素D和鐵補充劑。她現在矯正年齡已超過2歲，身高、體重、頭圍都是達標的，而且抵抗力也不錯。

大J特別提醒

因此，各位媽媽不要以為「即使沒效果，也吃不壞寶寶，我花錢就圖買個放心」。美國每年關於營養補充劑召回的事件有很多，我們沒有必要花了錢，還讓自己的寶寶存在這樣的風險。

寶寶1歲後該喝配方奶還是牛奶？

配方奶的營養成分比牛奶更加全面，也含有更多的熱量、微量元素和礦物質。但對於1歲後的寶寶來說，這些營養完全可以從一日三餐當中攝取。媽媽因為擔心寶寶營養不夠而給寶寶喝的奶越多，寶寶就越不好好吃副食品，咀嚼和吞咽能力就更加無法得到鍛鍊，由此進入一個惡性循環。

配方奶要喝到什麼時候？轉換牛奶的兩大補充條件

美國兒科學會建議，寶寶1歲以後就可以喝牛奶，沒有必要繼續喝配方奶。當然，如果寶寶是母乳餵養的話，可以繼續喝母乳。

不過，這只是大的準則，轉換牛奶還有兩大補充條件：

〔條件1〕寶寶的大部分營養主要靠一日三餐來攝取

寶寶1歲以後，「副食品」應該逐步過渡成正餐，而奶則成了「副食品」。要保證一日三餐均衡，每餐都保證有四大營養品類的攝入：

- 紅肉、家禽肉、魚肉、蛋類；
- 奶、優酪乳、乳酪；
- 蔬菜或者水果；
- 穀物、米飯、麵包、麵條。

〔條件2〕每日奶量不過量，最理想的是一天兩份乳製品（換算成牛奶，大概是四百毫升）

寶寶1歲後，奶已經成為「副食品」，需要逐漸控制寶寶的奶量，不喧賓奪主。同時，由於牛奶比配方奶含有更大顆粒的蛋白分子，過量的牛奶攝入會對寶寶的腸胃和腎臟造成負擔。

如果寶寶不喝配方奶，營養能否跟得上？

的確，配方奶在營養成分上比牛奶更加全面，也含有更多的熱量、微量元素和礦物質。但對於1歲後的寶寶來說，這些營養完全可以從一日三餐當中攝取，不需要再從配方奶中獲得。

有的媽媽會因為擔心寶寶三餐吃不好而給寶寶喝配方奶，事實上，這樣的做法並不可取。**副食品添加的目的除了為寶寶提供營養，還要鍛鍊寶寶的咀嚼和吞咽能力。**媽媽因為擔心寶寶營養不夠而給寶寶喝的奶越多，寶寶就越不好好吃副食品，咀嚼和吞咽能力就更加無法得到鍛鍊，由此就進入一個惡性循環。

如何為寶寶選擇牛奶？

◆該選全脂牛奶還是減脂牛奶

1歲以後的寶寶如果喝牛奶的話，一定要喝全脂牛奶，因為脂肪對於寶寶的大腦發育很關鍵。最新的調查研究發現，全脂牛奶裡的脂肪很容易從正常的三餐飲食中攝取。最新版的《美國兒科學會育兒百科（第六版）》提出了新的觀點：如果你的寶寶體重沒有超標，即生長曲線沒有超過九八％（世界衛生組織資料庫），同時你的家庭中沒有肥胖、高膽固醇或心臟遺傳病史，那麼建議寶寶1歲後喝全脂牛奶。如果你的寶寶存在上述問題中的任何一條，建議他1歲以後喝減脂牛奶。

◆該選生乳、巴氏牛奶還是常溫奶

首先，一定不要買生乳，美國疾病控制和預防中心（CDC）建議，即便是成年人，也不要飲用生牛奶。因為牛奶很容易被細菌污染，未經消毒的生乳存在很大的安全隱患，嚴重的會危及生命。

巴氏奶是美國兒科醫生建議寶寶喝的牛奶，也是美國超市裡牛奶的主流品類。在美國，常溫奶並不多見。據我所知，國內許多媽媽對於奶源有顧慮，所以會選擇進口的常溫奶。巴氏奶和常溫奶最主要的區別是消毒方法不同，巴氏奶的營養成分保留得更好一些，但兩者的差別是可以忽略不計的。所以，媽媽們可以根據自己的情況，放心選擇這兩種奶。

至於那些牛奶飲料，根本不能算是牛奶，只能算是飲料，建議不要給寶寶喝。

寶寶不愛喝牛奶怎麼辦？

乳製品是保證營養均衡的重要食品種類，是鈣的主要來源。對於不愛喝牛奶的寶寶，可以嘗試下面的方法：

- **逐步更換牛奶**：一開始可以在寶寶的配方奶裡混入一點兒牛奶，然後逐步增加牛奶的比例，慢慢過渡到完全喝牛奶。這種方法也適用於1歲以內更換配方奶品牌的寶寶，能夠讓寶寶有逐步適應的過程。
- **「渾水摸魚」**：小D非常愛吃兩款奶昔：香蕉酪梨奶昔和草莓奶昔，製作方法很簡單，就是把水果和牛奶放進攪拌機打碎後給寶寶喝。把它作為下午的點心，還能額外補充維生素和纖維素。
- **尋找替代品**：對於不愛喝奶的寶寶，優酪乳和乳酪是很好的替代品，通常寶寶對優酪乳的接受度會更高。美國兒科學會建議，寶寶在添加副食品之後，就可以喝優酪乳，如果寶寶對奶蛋白不耐受，可以適當延後引進優酪乳的時間。

寶寶愛讓人抱著睡，放下就醒怎麼辦？

小寶寶剛剛入睡時還處於淺睡眠階段，所以很容易放下就醒。小D的兒科醫生建議，要改掉放下就醒的問題，不要看寶寶一睡著就放下，可以稍微抱久一點兒，等寶寶進入深度睡眠後再放下。

小D小時候有很多由於早產造成的問題而導致睡眠困難，所以她一直是被抱睡的。隨著小D年齡的增長，早產的問題慢慢得到了緩解，但她卻養成了抱著才能入睡的習慣，而且一放下就會醒。這一度讓我非常頭疼，於是我和老公一邊學習睡眠知識，一邊嘗試用各種方法來改善。下面就來分享一下我在寶寶抱睡方面的心得。

睡眠是種規律習慣，一開始就要用對方法

為解決小D抱睡的問題，她的兒科醫生和我分享了如何幫助寶寶養成良好的睡眠習慣。

◆**分床睡**

從一出生開始，就應該讓寶寶睡自己的小床。雖然寶寶剛出生時你覺得抱著他睡很省力，但從長遠考慮，抱睡會讓寶寶形成依賴，給大人造成不必要的壓力。因此，從一開始就應該分床睡，以培養寶寶獨立入睡的習慣。

◆**睡眠安全**

永遠記得要讓寶寶仰臥入睡，床上不要放任何絨毛玩具，以避免發生睡眠窒息。

◆**規律作息**

很多寶寶的睡眠習慣不好，都是由於父母的隨興養育方式造成的。所以，從一開始就要有意識地幫助寶寶建立規律的作息。這方面，我受益於一本書，即《實用程式育兒法》（Baby Whisperer Solves All Your Problems，無繁體中文版），小D就是使用了改良版的EASY模式建立起規律的作息。

先解決放下就醒的問題：注意放下的方法和時機

小寶寶通常會有驚跳反射，寶寶睡著後大人往床上放時，如果稍微不注意，就會觸動寶寶的驚跳反射，導致他們被嚇醒。小D由於肌張力低，驚跳反射並不明顯，但由於我們放下時方法不正確，所以總是把她弄醒。對於足月、健康的寶寶，如果是驚跳反射導致寶寶放下就醒，可以嘗試給寶寶包一個寬鬆的襁褓。

為此，小D的兒科醫生還特地和我們分享了美國的一種「放下寶寶不醒法」，即準備放寶寶之前，先要調整兩隻手的位置，以保證放好寶寶後自己容易抽手。放下時，一定要先放寶寶的屁股，屁股碰到床後，順勢換手去接寶寶的腦袋，然後再慢慢放下。剛放下時，可以用手掌按壓一下寶寶的手或胸部，以幫助寶寶穩定下來。

小寶寶剛剛入睡時還處於淺睡眠階段，所以很容易放下就醒。小D的兒科醫生建議，要改掉放下就醒的問題，不要看寶寶一睡著就放下，可以稍微抱久一點兒，等寶寶進入深度睡眠後再放下。透過多次嘗試，我找到了一個判斷寶寶是否進入深度睡眠的方法，即輕輕抬一下寶寶的胳膊，如果發現胳膊軟軟的，基本上就可以確定他已經進入深度睡眠。即使這樣，放下時還是要注意使用上述的方法。

打破「抱」和「睡」之間的聯繫

小D養成抱睡的一大原因，就是之前她每次喝完奶就要睡覺，但由於她有胃食道逆流的問題，醫生叮囑我們，喝完奶後需要豎抱二十分鐘再放下。後來慢慢地，她就把「入睡」和「豎抱」聯繫起來了。所以，要想解決抱睡的問題，需要先打破這種聯繫。

我按照「吃—玩—睡」的規律培養她的作息習慣，把吃和睡分開。一開始挺難的，小D吃完還是需要豎抱，每次都昏昏欲睡。我每次都嘗試著和她說話，撓撓她，希望把她弄醒。剛開始豎抱二十分鐘之後，小D只能支撐幾分鐘就會睡著。即使這樣，我也會帶她去遊戲墊上玩一會兒。

我想讓她知道吃完飯應該玩耍，而不是睡覺。

現在小D的自主睡眠已經步入正軌，經常有朋友說，你家寶寶真是天使寶寶，其實小D真的不是天使寶寶，她的睡眠從開始糾正到步入正軌，用了好幾個月的時間。

對於寶寶睡眠習慣的引導，我總結出以下幾點心得：

- **自主睡覺是寶寶需要學習的一種能力**：因此從一開始就要建立良好的習慣，儘管剛開始可能會花費很多的時間和精力。
- **每個寶寶的睡眠問題都是不一樣的**：可以參考育兒書或其他人的案例，但到底該如何執行，一定要根據自己寶寶的情況來定。比如，小D性格比較強硬，如果大人不管，她即便哭到吐也會繼續哭下去。這樣的寶寶就只能緩慢地進行引導，而不是急於進行睡眠訓練。
- **所有寶寶的睡眠問題都不是單一的，一定要綜合分析，把問題一一拆解**：解決這些問題的時候不要貪心，一個一個逐步攻破，期間肯定會有一些妥協的方法（比如，小D有一兩個月的時間白天是在推車上睡覺的），但至少我們離目標越來越近了。
- **堅持、堅持、再堅持**：無論你用什麼理論體系幫助寶寶學習自己入睡，一旦開始就要堅持下去，不能三心二意，不然寶寶會困惑，結果也更加糟糕。

如何應對寶寶第一次分離焦慮？

對於寶寶的第一次分離焦慮，很多觀點都聚焦於「該不該一哭就抱」的問題。其實，所謂的「越哭越不抱」的觀點對寶寶的身心發育是非常不利的。在6～18個月這個年齡段，寶寶的心智還沒有成熟到會「耍心機」的程度，大人及時地進行回應，將有利於縮短分離焦慮的時間。

小D在9個月大時，突然變得異常黏人，白天我根本不能離開她，只要一轉身她就開始大哭，而且是扯著嗓子嚎、大顆大顆眼淚往下掉的哭法。之前晚上睡覺時，通常我放下她後說「晚安」就可以離開，那段時間也不行了，我一走開，她就拉著床欄杆朝著門的方向大哭。好不容易哄好入睡後，半夜還會大哭幾次。

我一開始以為這只是偶然的情況，就想再觀察幾天。沒想到她哭得越發厲害，我開始懷疑她是不是身體不舒服。但是不管她哭得多凶，只要我一抱，她馬上就會開心大笑，我覺得她越大越不乖了。後來在小D老師的幫助下，我才明白這種情況叫「分離焦慮症」。

為什麼寶寶會出現分離焦慮症？

在寶寶尚小的時候，他會以為東西只要看不見就是消失了。後來他才慢慢地明白，原來東西即使看不見，也還是存在的。這是寶寶很重要的認知發展里程碑，叫**「事物永久存在性」**。這就是寶寶出現「分離焦慮症」的原因——寶寶開始明白：媽媽雖然不見了，但她還是存在的，我希望媽媽立刻出現，所以就會大哭。小D的老師說，出現分離焦慮症是寶寶認知進步的表現。

寶寶的第一次分離焦慮最早出現在6個月左右，大部分寶寶的分離焦慮高峰期出現在10～18個月。之後，在寶寶去托兒所或幼稚園時，會出現第二個分離焦慮高峰期。很多媽媽都知道寶寶初入幼稚園時會出現分離焦慮，但往往忽視了第一次分離焦慮，而是和我一樣，把這歸結於「寶寶越大越難帶」。

如何幫助寶寶應對分離焦慮症？

應對寶寶的分離焦慮症，沒有立竿見影的方法，但父母知道原因後，應該盡可能地理解寶寶，多給予寶寶足夠的安全感，不要以為這是寶寶不乖的表現，這樣會幫助寶寶更加輕鬆地度過這個時期。

對於寶寶的第一次分離焦慮，很多觀點都聚焦於「應不應該一哭就抱」的問題上。其實，所謂的「越哭越不抱」的觀點對寶寶的身心發育是非常不利的。在6～18個月這個年齡段，寶寶的心智還沒有成熟到會「耍心機」的程度，哭是他們最真實的表達，大人需要及時地回應，給寶寶足夠的安全感，這將有利於縮短分離焦慮的時間。

下面分享一些我親自試驗過的小方法，對於緩解寶寶的分離焦慮非常有效。

◆離開之前，一定要說「再見」

這方面我犯過大錯，有時候覺得自己只是去趟洗手間，很快就會回來，所以總是趁著小D在玩玩具時偷偷溜走，但小D每次都會號啕大哭。後來，小D的老師跟我說，每次要離開寶寶時，不管離開的時間長短，都要和寶寶說再見，而不是偷偷地溜出去。如果大人經常偷偷地離開寶寶，寶寶就會變得越來越黏人，因為她會認為「如果我不看著媽媽，媽媽就會離開」，這樣就會形成惡性循環。

對於真正意義上的「離開」（比如上班、出去辦事等），也需要告訴寶寶後再離開。這種情況下，寶寶通常會哭，但媽媽們要把握一個原則：既然一定要離開，就不要出門後不忍心又回去。一旦回去，寶寶就會認為「只要我哭，媽媽還是會回來的」。尤其是對於產後需要回去上班的媽媽，寶寶和媽媽都需要花時間來適應這段分離焦慮期。但媽媽在向寶寶道別時千萬不要表現得非常難過，因為這種情緒會傳遞給寶寶，讓寶寶加重分離焦慮的情緒。

◆透過遊戲幫助寶寶應對分離焦慮

平時在家可以有意識地多和寶寶做一些遊戲，讓他明白「媽媽離開一會兒沒關係的」。比如，我會鼓勵小D自己爬到臥室或者廚房（前提是安全的），我不著急跟在她後面，而是等幾分鐘再去找她，讓她適應短暫的「分開」。另外，平時多和她玩「躲貓貓」的遊戲，這也能夠讓寶寶逐漸適應與媽媽「分開」。

因為分離焦慮症而導致的睡眠倒退怎麼辦？

出現這樣的情況很好理解，晚上寶寶醒過來突然發現媽媽不見了，這種害怕對孩子來說是非常真實的。每天睡覺前，媽媽要多花一些時間抱抱孩子，給他讀睡前繪本，和他一起唱歌，讓睡前這段時光變得更加溫馨，讓寶寶充分感受到媽媽的愛，對於緩解寶寶的分離焦慮很有幫助。

小D出現分離焦慮的那段時間，每天在她睡覺之前，我都會和她在大床上一起躺一會兒，面對面地給她唱歌，再抱抱她、親親她，然後才把她放下。小D非常喜歡聽歌，還很喜歡躺在大床上，所以這個過程對她來說是很珍貴的睡前活動。每個孩子的喜好不一樣，媽媽們可以盡量找一些寶寶喜歡的睡前活動，但要注意活動不能太激烈，以免寶寶因為活動後太興奮而無法入睡。

如果晚上小D哭醒，我會先等一兩分鐘，觀察哭聲是否減弱，她是否會自行入睡。有時候，寶寶在轉換深淺睡眠時也會出現哭的情況，但大部分情況都無須干預，寶寶會重新自行入睡。但如果哭聲持續時間比較長，大人就應該去安慰寶寶。但一定注意，盡量不要抱起寶寶，可以坐在床邊拍拍他。不要開燈，不要餵奶，也盡量不要有目光的接觸。

總之，媽媽既要用行動告訴寶寶「媽媽在你身邊」，也不要讓他過於興奮，或者就此養成壞習慣（比如重新開始喝夜奶等）。

CHAPTER 3

【餵養復健師、營養師教我的事】

副食品添加篇

為寶寶學習吃飯打下基礎

如果你認為——

□寶寶吃了某樣食物長疹子，代表他對該食物過敏，要避免讓孩子吃。

□ 6 個月起開始吃副食品後，就可以減少奶量，讓孩子多從食物攝取營養。

□ 1 歲前的寶寶不能吃鹽，食物只要不鹹就可以放心。

□給寶寶吃的食物以清淡好消化為主，盡量不要放油。

□寶寶吃飯時總弄得髒兮兮，吃進肚子的食物又不多，還是大人餵比較好。

□孩子不想吃飯，大人應該干預讓他吃下，以免營養不夠影響發育。

以上任何一項都是父母最容易有的副食品添加迷思。

本章中，大 J 要與媽媽們分享美國餵養復健師和營養師的專業知識，

讓寶寶吃得好、營養均衡長得好。

美國餵養復健師解讀，副食品添加三迷思

小D的餵養復健師一直提醒我，在引進新食物時應該逐步添加，每次只添加一種食物，而且新食物要盡量加在早餐那頓，這樣萬一寶寶有任何不適，可以及時發現問題。小D每次添加新食物後，我都會連續觀察四天，沒有問題再引進新食物。

小D是早產寶寶，所以很多餵養上的問題都會被放大。她從矯正3個月開始，就有一個專業的餵養與語言復健師。復健師從餵養原則、餵養姿勢到副食品營養等多方面把關，讓小D不僅吃得健康，而且要用正確的方法吃副食品，這樣才能鍛鍊她的口腔肌肉，不僅讓她成為快樂的「小吃貨」，也為她今後的語言發展打下基礎。透過與餵養復健師的交流，我發現有一些廣為流傳的副食品添加知識常常被媽媽們所誤解，甚至完全是錯誤的。

正文開始前，請媽媽們判斷一下這些觀點是否正確：

- 寶寶到了6個月就需要添加副食品；
- 寶寶在1歲之前不能吃易致敏食品，如蛋黃、海鮮、堅果等；
- 寶寶吃了某種食物後出疹子，表明對這種食物過敏，需要忌口。

如果有任何一條你覺得是正確的，請耐心看完這篇文章，看看美國餵養復健師如何解讀。

迷思1 寶寶到了6個月就需要添加副食品——不一定

副食品添加的關鍵是看寶寶是否符合以下四個條件，而月齡限制6個月只是一個參考值，是大部分寶寶可以達到這些條件的時間。

- 寶寶具有良好的頭部控制能力，包括能夠穩定地把頭保持在正中央或者轉頭表示不再吃；
- 在大人的支撐下能夠坐穩；
- 推舌反應逐漸消失；
- 對大人的食物開始感興趣。

很多有關副食品的文章沒把以上的主次關係說清楚，結果大家都只記住了「6個月」這個結論。以上的四個條件中有兩個是關於寶寶大動作發展的。而每個寶寶的大動作發展節奏有快有慢，所以6個月只是一個參考值，不能完全從月齡來判斷寶寶是不是該添加副食品。

小D是過了矯正7個月才開始添加副食品的，因為她之前無法坐穩。美國的復健師有個理論叫「Everything comes from core」，即一切精細動作都需要大動作為前提，大動作最重要的就是核心肌肉力量（core）。而進食是最複雜的一種精細動作，如果寶寶的頭豎不穩，大人支撐著還坐不好，他就需要花很多精力去維持自己的頭部和背部平衡，因此無法有額外的精力專注在咀嚼和吞咽這件事上。那麼能不能讓寶寶躺著吃呢？這是絕對不允許的，這樣不但容易發生窒息，而且由於大部分食物都是滑進喉嚨的，寶寶的咀嚼和吞咽能力根本沒有得到鍛鍊。不過，**副食品添加的時間最晚不能晚於8個月，否則寶寶就錯過鍛鍊口腔肌肉和開發味覺的關鍵期**。

小D矯正都快7個月了，餵養復健師還遲遲不提副食品添加的事，我當時挺著急的。後來她說了一句話，讓我釋然了：「如果寶寶身體沒準備好，強行餵副食品只會讓寶寶不愛吃飯。你想想，寶寶接下來一輩子都要吃飯，為什麼要著急這一兩個月呢？而且1歲以內寶寶的營養大部分來自奶，添加副食品更多的是為了讓他們鍛鍊口腔肌肉和開發味覺。」

什麼時候開始副食品添加，關鍵是看寶寶是否滿足以上的四個條件，6個月只是參考值，4~8個月都是合理的。

迷思2 1歲之前不吃易致敏食品，如海鮮、堅果等——錯誤

在小D不滿1歲時，她的一個小玩伴一家來我家玩，夫妻雙方都是波士頓的外科醫生，他們的寶寶和小D一樣大。他們看到小D吃雞蛋和花生醬時，都驚呆了，我也有些驚訝，因為1歲以內可以吃雞蛋和花生醬已經是非常普遍的副食品知識了，而他們作為醫生卻並不瞭解。一問才知道，他們對於這些知識的瞭解來自《美國兒科學會育兒百科（第四版）》，裡面關於容易致敏副食品的知識已經過時了。**最新的《美國兒科學會育兒百科（第六版）》指出，晚引進容易致敏的食物並不會降低寶寶過敏的風險，反而容易提高寶寶的過敏風險，以及讓寶寶養成挑食的習慣。**

在國內的媽媽看來，我在給小D引進新食物方面屬於「激進派」。其實小D的餵養復健師一

直提醒我，在引進新食物時應該逐步添加，每次只添加一種食物，而且新食物要盡量加在早餐那頓，這樣萬一寶寶有任何不適，可以及時發現問題。所以，小D每次添加新食物後，我都會連續觀察四天，如果沒有問題，再繼續引進新食物。到如今，絕大部分食物小D都吃過，每天的副食品搭配都能保證品種豐富、營養均衡。

那麼，1歲以內的寶寶到底有沒有不能吃的食物呢？的確有，以前這個清單很長，如今已經變得很短了。

◆1歲以內寶寶不能吃的食物

- **蜂蜜**：不是致敏原因，但可能會引起肉毒中毒。
- **牛奶、豆奶**：在1歲前不建議用牛奶或豆奶代替母乳和配方奶，因為前者的營養遠不及後者全面，而且有些寶寶無法消化牛奶或豆奶中的大顆粒奶蛋白。
- **有窒息風險的小顆粒食物、高糖高鹽食物**。

過敏跟引進易致敏食物的時間早晚沒有必然聯繫，相反，晚引進易致敏食物反而會增加寶寶過敏的機率。

迷思3 寶寶吃了某種食物後出疹子，表示對這種食物過敏——錯誤

小D第一次吃燕麥米粉四小時之後，我發現她臉上和胸前都起了紅疹子。當時我的第一反應

就是「食物過敏」，於是馬上打電話給小D的兒科醫生。醫生聽完我的描述後，說這不是「食物過敏」，而是**「食物不耐受」**。這是兩個非常容易混淆的概念。「食物過敏」的特點是症狀比較嚴重，而且出現症狀的速度比較快。「食物過敏」會影響身體的免疫系統和器官的正常運作，嚴重的甚至會危及生命，通常在進食後一小時內就會出現嘔吐、呼吸困難等症狀。因此，一旦確診寶寶是食物過敏，一定需要嚴格忌口，不能再吃致敏食物。而「食物不耐受」沒有那麼嚴重，它的特點是症狀比較緩和，而且出現症狀的速度比較慢。「食物不耐受」通常只影響消化功能（比如出現腹瀉等），或出現皮膚問題（比如出疹子），而且是在進食幾小時以後才緩慢出現症狀。引起「食物不耐受」的原因主要是腸道缺乏某種酶。

根據醫生的分析，小D的情況是「食物不耐受」而非「食物過敏」。小D的兒科醫生建議先別吃燕麥米粉，過幾天後再重新引入。因為寶寶和成人不同，他們的腸胃每天都在不斷地成熟，所以只需要幾天時間，不耐受症就會消失。在停了燕麥米粉大概四天以後，我重新又給小D食用。第一、二天減量，經過觀察，發現小D沒有問題，第三天就增加為正常的量，之後小D沒有再因為吃燕麥米粉而出過疹子。

區分清楚「食物過敏」和「食物不耐受」，客觀對待忌口這件事。「不耐受」是正常的身體應激反應，對導致「不耐受」的食物不用「判死刑」，可以暫時停掉，過幾天後再繼續嘗試。

6～7個月寶寶副食品餵養要點

餵副食品時，一定要注意把湯匙放入寶寶嘴巴的正確方式，才能協助寶寶有效鍛鍊口腔的肌肉，有利於今後的吃飯和語言發展。

正確的方法是湯匙平進平出，湯匙平行放在寶寶舌上，等待寶寶閉嘴把食物抿下來，錯誤的做法是讓湯匙與嘴巴形成一個角度，從上往下把食物塞進寶寶的嘴巴。

看到寶寶終於可以吃副食品了，很多媽媽都興奮不已。然而現實很殘酷，一開始很多寶寶看到湯匙都不願意張嘴，或者寶寶已經不想吃了，媽媽們還想再餵一口。小D的餵養復健師曾再三強調，剛開始引進副食品的階段，是寶寶跟副食品的「磨合期」。吸吮是寶寶天生就會的能力，但吞咽和咀嚼能力卻是需要經由後天的訓練學會的。副食品之所以叫「副食品」，是因為寶寶1歲前的營養成分主要來自奶，而它只是輔助食品。所以，在磨合期的主要任務，是讓寶寶對吃飯有興趣，幫助寶寶建立良好的吃飯習慣，而不是關注寶寶是否吃進足夠的副食品。

- **培養吃飯興趣：**不強餵寶寶，尊重寶寶的意願。寶寶一開始不愛吃新的食物沒關係，可以以後再嘗試。大人要把吃飯當成一種社交活動，盡量和寶寶一起吃，父母的吃飯行為能夠給寶寶做出很好的示範，並且能夠幫助寶寶培養對食物的興趣。

・**建立良好的吃飯習慣：**吃飯時間要讓寶寶坐在餐椅裡，不要拿玩具逗引寶寶，允許寶寶在吃飯時把餐具當作玩具來玩，因為這是寶寶探索世界的一種方式。另外，大人不要餵寶寶吃，要盡量讓寶寶獨立吃飯。否則等寶寶長大後，就會出現大人到處追著寶寶餵飯的情況。

6～7個月寶寶餵養實際操作Q＆A

◆餵副食品時，應該怎麼把湯匙塞進寶寶的嘴裡？

餵副食品時，一定要注意把湯匙放入寶寶嘴巴的正確方式，方法正確才能協助寶寶有效鍛鍊口腔的肌肉，有利於今後的吃飯和語言發展。

正確的方法是湯匙要平進平出，把湯匙平行放入寶寶舌頭上面，等待寶寶把嘴唇閉上，把湯匙上的食物抿下來，這個過程有點兒像大人用湯匙吃冰淇淋。這種方法能夠最大限度地幫助寶寶鍛鍊上、下嘴唇的控制能力，一方面能夠為下一階段的副食品添加做準備，另一方面也為寶寶將來學習語言時發那些需要閉嘴唇的音節（比如「bo」「po」等）做準備。

錯誤的做法是讓湯匙與嘴巴形成一個角度，從上往下把食物塞進寶寶的嘴巴，寶寶還沒有閉嘴，大人已經把食物塞進去了。這種情況下，寶寶吃副食品的過程是被動的，因此口腔的肌肉沒有得到很好的鍛鍊。

◆添加副食品有先後順序嗎？

最新版的《美國兒科學會育兒百科（第六版）》指出，添加副食品不需要遵循以前所謂的「順序」。儘管如此，美國的主流觀點還是建議寶寶的第一口副食品吃鐵強化的米粉，因為在寶寶6個月左右，身體對鐵的需求會激增。

◆可以讓寶寶喝果汁和蔬菜汁嗎？

在這個階段，寶寶吃副食品的主要目的，是促進寶寶從吸吮方式逐步轉變成咀嚼、吞咽方式，而讓寶寶喝果汁或蔬菜汁完全沒有起到這樣的作用。另外，**水果、蔬菜被榨汁後，營養成分會大大流失，因此不建議給寶寶喝。**

◆如何自製副食品？

這個階段的副食品是把食物加水或加奶打成食物泥，要盡量弄得稀一點、薄一點。

另外，要注意的是，蔬菜泥最好現做現吃，因為隔夜菜容易產生亞硝酸鹽。如果有時候無法現做現吃，可以選擇成品蔬菜泥。現在市面上大品牌的成品蔬菜泥都是經過亞硝酸鹽檢測的，而且都經過低溫殺菌，最大程度地保留了營養。

◆一天中什麼時候吃副食品？

剛開始添加副食品時，對於一天吃幾頓副食品、什麼時候吃，都不要太教條，把握一個原則就好，即既不影響喝奶，也不耽誤練習吃副食品。如果要引進新食物，請盡量安排在午飯之前，這樣可以觀察寶寶是否有過敏現象，以便及時就醫。同時遵循「四天觀察期」的原則，比如第一天早飯添加了藍莓（新食物），其他時間的副食品就照常給以前吃過的食物，第二天早飯繼續添加藍莓，這樣連續觀察四天，如果寶寶沒事，就代表這種食物對寶寶是安全的。

◆一頓副食品吃多少？

前面已經多次提到，這個階段吃多少並不重要，關鍵是培養寶寶良好的吃飯習慣，以及讓寶寶開始鍛鍊咀嚼和吞咽的能力。小D第一週添加副食品時，每次只能吃1～2勺，還經常吐出來一點兒。這些都是正常的，我並不會因此而感到焦慮，而是把注意力放在寶寶吃飯習慣的建立和咀嚼、吞咽能力的鍛鍊上。

◆吃副食品後要注意哪些口腔衛生？

每頓吃完副食品後讓寶寶喝口水，當作漱口。沒長牙的寶寶，每天早晚用紗布擦一下牙床；長牙的寶寶，每天早晚都要刷牙。

6～7個月階段，寶寶可以吃哪些食物？

在這個階段，寶寶可以吃以下食物：

- **穀物類**：米、燕麥、糙米；
- **水果類**：蘋果、香蕉、芒果、桃子、木瓜、梨、西梅、李子、藍莓、草莓、酪梨；

- **蔬菜類：**南瓜、紅薯、馬鈴薯、豌豆、胡蘿蔔、綠花椰菜、青豆、青菜、菠菜；
- **葷菜：**雞胸肉、鮭魚、鱈魚、牛肉、雞蛋（蛋白、蛋黃都吃）；
- **手指食物：**磨牙餅乾
- **乳製品：**優酪乳

6～7個月副食品餵養要點

◆米粉類如果買現成的，最好買鐵強化的米粉

寶寶吃一段時間之後，可以換一換品牌。因為不同品牌的米粉研磨的粗細程度不同，可以讓寶寶適應不同的顆粒。沖調米粉可以用水，也可以用奶，有的寶寶一開始吃副食品時不愛吃米粉，這時用奶沖調更容易讓他接受。

◆不要經常讓寶寶吃白粥

可以給寶寶吃白粥，但不要作為常規飲食，因為白粥很容易造成飽腹感，而且營養價值比較低。可以在白粥裡混合肉泥或菜泥，以增加營養。

◆可添加蔬菜和水果泥

可以選擇成熟的水果打成泥給寶寶吃，以最大限度地保留營養。蔬菜泥最好現做現吃，以避免亞硝酸鹽過高。

◆寶寶1歲之前不要喝普通牛奶，添加副食品後可以喝優酪乳

為寶寶買優酪乳時，要盡量購買寶寶優酪乳，並注意看配料表，成分越簡單的越好，盡量避免那些含有較多添加劑和糖分的優酪乳。如果可能的話，自製優酪乳也是不錯的選擇。如果寶寶有奶蛋白不耐受症，建議緩慢引進優酪乳、乳酪這些乳製品副食品。

◆可以為寶寶提供手指食物

添加副食品後，每頓可以給寶寶提供一些手指食物，這對寶寶精細動作的發展很有好處。

◆引進新食物時，只做單一的食物泥

等確認寶寶對這種食物不過敏之後，可以把兩三種食物放在一起做混合泥。組合規律可以參考市面上的成品副食品泥。

◆適當調味

對於那些寶寶不太愛吃的食材，可以在其中加入一些其他食材進行調味，我經常用紅薯、南瓜、西梅和香蕉來調味。

8～9個月寶寶副食品餵養要點

隨著寶寶自主意識增強，他會展現更強的獨立性，明顯的表現就是想自己吃飯。他會跟大人搶湯匙、搶碗，把手伸進碗裡亂抓，如果制止就拒絕進食。如果之前你還沒給寶寶提供過手指食物，現在就需要引進了；如果寶寶想搶湯匙，可以教他用湯匙吃飯，也可以給他湯匙，讓他自己探索。

寶寶拒絕張嘴吃飯的問題根源

吃副食品兩個月左右時，很多寶寶會拒絕張嘴，好像突然不愛吃副食品了。小D就出現了這樣的情況，之前兩個月她吃得很開心，我也大受鼓舞，每天變著花樣給她搭配各種副食品泥。但第二個月月末開始，她吃飯時變得「不乖」了，我餵她時，她開始和我搶湯匙。我不給她，她就閉著嘴巴不願吃。在跟小D的餵養復健師請教後，才發現問題的根源。

◆寶寶自主意識增強

隨著寶寶自主意識的逐漸增強，他會展現出更強的獨立性，其中一個明顯的表現就是想自己吃飯：「我要自己來，你不要餵我！」所以，他會跟大人搶湯匙、搶碗，把手伸進碗裡亂抓，如果制止，他就拒絕進食。

如果之前你還沒給寶寶提供過手指食物，現在就需要引進了；如果之前寶寶已經開始吃手指食物，現在可以考慮增加手指食物的種類。每次讓寶寶先「自己吃」手指食物，逐漸培養他的獨立意識（其實也是很好的精細動作訓練方法，為以後獨立吃飯做準備），然後再用湯匙餵寶寶。如果寶寶想搶湯匙，可以手把手教他用湯匙吃飯，也可以給他一個湯匙，讓他自己探索。

◆不滿足於泥狀食物

如果副食品添加的上一個階段你使用了正確的餵養方式，寶寶的咀嚼和吞咽能力得到了充分的鍛鍊，那麼從這個階段開始，寶寶會不滿足於吃泥狀食物，他會覺得副食品泥很單調，從而慢慢對吃副食品失去興趣。

解決這個問題的方法是加大副食品的顆粒，不需要像之前那麼細，這樣做能夠幫助寶寶更進一步鍛鍊咀嚼能力。同時，從這個階段開始，可以增加副食品的種類，讓寶寶重新對副食品產生興趣。

8～9個月寶寶餵養實際操作Q＆A

◆寶寶咀嚼能力不好，該如何訓練？

小寶寶的咀嚼能力是需要鍛鍊的，有的寶寶很快就摸索出怎麼咀嚼，但有的寶寶始終停留在含化的階段，這就需要大人示範給他看。小D就是這樣的寶寶。她一開始吃副食品時，餵養復健師建議我和她面對面坐著，讓她看到我是怎麼咀嚼的。需要指出的是，大人一定要用誇張的口型來演示，張大嘴巴咀嚼，而且兩邊都要咀嚼。餵養復健師說，閉嘴咀嚼是大人後天學會的進食禮儀，小寶寶一開始學習咀嚼都是張著嘴的，所以大人示範時要特別注意這一點。

此外，可以準備一些生的胡蘿蔔或芹菜條，放在寶寶後牙床處讓寶寶咬，其實寶寶是咬不斷的，但這個過程可以幫助寶寶鍛鍊口腔的肌肉，體會咀嚼的感受。這只是一個訓練的過程，不是為了讓寶寶吃下去，所以一定要選擇比較硬的食材，而且必須在大人的照看下進行，以防止寶寶誤吞。

◆寶寶開始吃粗顆粒的副食品後，出現乾嘔怎麼辦？

寶寶天生具有吞咽反射，當寶寶感覺無法吞咽嘴裡的食物時，就會激發吞咽反射，進而出現乾嘔的情況，有時還會把食物吐出來。這其實是一種自我保護的機制，也是寶寶學習吃飯的必經之路。遇到這種情況，媽媽們不要大驚小怪，這樣才不會把負面情緒傳遞給寶寶，以免讓寶寶對吃副食品產生不良的聯想。同時，也不要因此而放棄給寶寶吃粗顆粒的食物，要知道，過度保護其實是不利於寶寶的成長和學習的。

◆製作副食品不可以用鹽，可以用油嗎？

寶寶的發育過程中需要很多油脂，媽媽們最常知道的DHA其實就是一種油脂。小D的營養師說，亞洲寶寶的飲食普遍油脂偏少，而在寶寶2歲之前，好的油脂是有益於寶寶大腦發育的。所以，從這個階段開始，可以有意識地在副食品裡添加油脂，但需要注意選擇好的油脂，比如橄欖油、芝麻油、亞麻籽油等。

◆一天中什麼時候吃副食品？

小D從開始添加副食品起，就是一天吃三頓。也有的寶寶一開始一天只吃一頓，但從這個階段開始，要慢慢增加到一天三頓副食品。**添加副食品的目的之一是讓寶寶能夠像成人一樣一日三餐有規律地吃飯，所以從這個階段開始，就可以有意識地調整副食品和奶的比例，慢慢地增加副食品，並減少奶量。**當然，如果寶寶一開始不適應，不愛吃那麼多副食品，媽媽們也不要過於焦慮，畢竟寶寶1歲之前的營養大部分還是來自奶，1歲前每天的喝奶量不要低於六百毫升。

◆每頓副食品應該吃多少？

和上一階段相比，這個階段寶寶的副食品量會有顯著的增加。但還是要強調一下，不要過於焦慮寶寶的飯量，每個孩子的胃口都不一樣，對於每頓應該吃多少其實沒有硬性的規定。有的媽媽會覺得寶寶吃得不夠而進行強餵，這種做法是非常錯誤的，因為這樣很容易導致寶寶產生厭食情緒。相反，給寶寶一個寬鬆的吃飯環境，讓寶寶自己決定吃多少，反而有助於培養一個真正的「小吃貨」。

◆怎麼保證副食品營養均衡？

很多媽媽都會擔心寶寶的副食品是否營養均衡，我也有過這樣的顧慮。後來小D的營養師說，其實做到營養均衡並沒有那麼複雜，保證每天都有水果、蔬菜、蛋白質和穀物這四大種類食物就可以了。在這個基礎上，盡可能地保持食物的多樣化，最簡單的一個原則就是食物的顏色盡量豐富多彩。所以，將一些食材混合搭配後做成副食品泥是不錯的選擇。

◆這個階段如何自製副食品？

這個階段的副食品應該煮得久一點兒、爛一點兒。在這個階段，我基本上已經不再用攪拌機打泥，而是把食材煮熟後直接放進研磨碗中壓碎。

8～9個月階段，寶寶應該吃哪些食物？

寶寶在上個階段吃過的食物還可以繼續吃，另外還可以添加一些新的食物。

- **穀物種子類：**大米、燕麥、糙米、小米、小麥、芝麻、大麥、義大利麵；
- **水果類：**蘋果、香蕉、芒果、桃子、木瓜、梨、西梅、李子、藍莓、草莓、葡萄、無花果、西瓜、哈密瓜、酪梨；
- **蔬菜類：**南瓜、紅薯、馬鈴薯、豌豆、胡蘿蔔、綠花椰菜、青豆、青菜、菠菜、蘆筍、西葫蘆（夏南瓜）、茄子、洋蔥、蘑菇；
- **葷菜：**雞胸肉、鮭魚、鱈魚、牛肉、雞蛋（蛋白、蛋黃都吃）、火雞肉、海蟹肉；
- **手指食物：**以上很多食材都可以做成手指食物；
- **乳製品：**優酪乳、乳酪。

10～11個月寶寶副食品餵養要點

這個階段的寶寶明顯對外面的世界更好奇，探索欲也更強了。這時，對於好動的寶寶來說，每天固定坐在餐椅上是一種束縛。所以，這個階段一定要放手讓寶寶自己吃飯，這樣會增加寶寶對吃飯的熱情，吃起飯來也會更加專心。

這個階段是鍛鍊寶寶咀嚼能力的關鍵期。如果繼續餵寶寶吃副食品泥，就不能鍛鍊寶寶的咀嚼能力。此外，通常寶寶在吃泥狀食物幾個月後會出現厭倦情緒，這個階段繼續餵食物泥的話，會加重寶寶對副食品的厭倦情緒。結果只能靠多喝奶來補充營養，而奶量增加必然導致副食品量進一步下降，這樣就會進入一個惡性循環。因此，這個階段食物的性狀應該逐步過渡到片狀和塊狀，以更好地鍛鍊寶寶的咀嚼能力。

這個階段的寶寶明顯對外面的世界更好奇，探索欲也更強了，整天停不下來。這時，對於好動的寶寶來說，每天固定坐在餐椅上是一種束縛，因此也會出現不好好吃飯的情況。所以，這個階段一定要放手讓寶寶自己吃飯，這樣會增加寶寶對吃飯的熱情，吃起飯來也會更加專心。

10～11個月寶寶餵養實際操作Q＆A

如果前兩階段的基礎打扎實，這階段的副食品添加應該很順利。但還可能遇到以下問題：

◆寶寶不吃副食品怎麼辦？

這估計是該階段最大問題，這個問題通常分為兩種情況。如果寶寶只是偶爾不願吃副食品，媽媽們無須過於焦慮，這個階段的寶寶每頓的胃口差異很大，而且這個階段寶寶的大部分營養還是來自奶。媽媽們應該表現得越平常越好，這樣既不會過於誇大吃飯的重要性，也不會讓父母的情緒影響到寶寶。讓寶寶明白自己要對吃飯負責，讓他學會知道飽餓。

但如果寶寶一直表現出食欲不佳的狀態，就需要重視。**這個階段的寶寶食欲不佳通常有兩個原因。一是貧血，寶寶接近1歲時對鐵的需求又一次出現高峰，因此很容易出現貧血，而貧血會影響寶寶的食欲；二是食物的性狀不合適**，有的媽媽是根據寶寶的月齡來添加副食品，卻沒有評估寶寶的實際能力，從而導致寶寶咀嚼困難，吃幾口就覺得沒有興趣了。有些媽媽過於擔心寶寶發生乾嘔而繼續給寶寶餵食物泥，結果寶寶因為厭倦而不愛吃副食品。如果出現這些情況，一定要及時調整食物的性狀。

◆寶寶的咀嚼能力不好，該如何訓練？

如果到了這個階段，寶寶的咀嚼能力還是比較弱，建議先回到上一階段來鍛鍊寶寶的咀嚼能力（參見前一篇文章）。堅持一段時間後，可以每次增加一點塊狀食物來過渡。

◆寶寶還沒長牙，可以吃塊狀食物嗎？

在這個階段，即使寶寶沒有牙齒，他們的牙床也已經很堅硬了，完全可以用來磨碎食物。

◆一天的副食品該怎麼安排？

如果在上個階段寶寶還沒形成一日三餐的習慣，那麼在這個階段一定要形成一日三餐的規律，而且奶和副食品要一頓吃完。這有助於寶寶形成規律的作息，讓他逐步建立時間到吃飯的習慣。有的寶寶在三餐之間需要加點心，這可以根據每個寶寶的胃口而定。

10～11個月階段，寶寶應該吃哪些食物？

在這個階段，除了高鹽、高油、有窒息風險以及之前被證實過敏的食物外，其他所有食物寶寶都可以吃。從這個階段開始，每頓副食品都要有三大營養品類：蔬菜、蛋白質和主食，而且要保證每天吃各種顏色的食物。這個階段的三餐仍然不能添加鹽和其他調味料。

對於具體怎麼做副食品，我有個「偷懶」的方法，就是對食物進行排列組合。我先羅列出小D平時經常吃的食材，每天從中選一份蛋白質食物、一份主食，再加上一到兩份蔬菜來進行搭配，並且保證一週之內盡量不重樣。比如，週一是鮭魚綠花椰菜胡蘿蔔丁軟飯；週二是雞肉蘑菇乳酪麵；週三是雞蛋南瓜菠菜餅……等等。這樣一方面不用為每天吃什麼而傷腦筋，另一方面對於一週吃什麼都一目了然，可以讓寶寶吃得營養豐富又多樣化。

寶寶手指食物全攻略

一般寶寶到了8、9個月時，就會去抓大人的湯匙或碗裡的食物。如果順勢為寶寶提供手指食物，就會鼓勵寶寶自己吃副食品的積極性。當寶寶自己抓起想吃的食物時，他們更願意去思考怎麼抓、如何放進嘴巴，因此非常有利於鍛鍊寶寶的精細動作和手眼協調能力。

小D添加副食品1個月後，餵養復健師就建議我們給小D引進手指食物，這是我第一次知道「手指食物」這個概念。餵養復健師告訴我，任何能用手拿起來吃的食物都可以叫作手指食物。像大家熟悉的炸薯條、洋蔥圈、魷魚絲等，都可以叫作手指食物。所以，手指食物不一定是長條、手指形狀的。此外，餵養復健師還和我分享了手指食物給寶寶帶來的好處：

- **鍛鍊精細動作和手眼協調能力：**當寶寶自己抓起想吃的食物時，他們更願意去思考怎麼抓、如何放進嘴巴等，因此非常有利於鍛鍊寶寶的精細動作和手眼協調能力。
- **鍛鍊咀嚼能力：**對寶寶來說，吃飯是個學習的過程，從喝奶到吃副食品泥，寶寶開始學習更有控制力地進行吞咽，而透過吃成形的手指食物，他們能夠更好地學習如何咀嚼。
- **幫助寶寶盡快過渡到自主吃飯：**一般寶寶到了8、9個月時，就會去抓大人的湯匙或碗裡的食物，這是寶寶自主意識萌芽的階段。這時，如果順勢為寶寶提供手指食物，就會鼓勵寶寶自己吃副食品的積極性。

什麼時候引進手指食物？

在美國，有個很流行的概念叫**「寶寶自主進食」**（BLW），提倡寶寶從開始吃副食品起就鼓勵寶寶自己抓著固體食物吃，完全跳過大人餵的階段。儘管在一開始寶寶真正吃到嘴巴裡的食物很少，但通過一天多次的鍛鍊，寶寶慢慢就會吃得越來越好。

由於小D是早產寶寶，所以添加副食品時並沒有直接實行BLW，而是從湯匙餵食開始的。對於小D這樣的寶寶應該什麼時候引進手指食物，在美國並沒有定論。主流觀點是等寶寶習慣吃副食品泥之後，就可以引進手指食物。

寶寶還抓不好手指食物怎麼辦？

寶寶剛開始吃手指食物時，一定會出現抓不好的情況，但這正是引進手指食物的目的，可以幫助寶寶鍛鍊精細動作。小D是個非常典型的例子，她一開始是用整個手掌抓食物，一抓就是一大把，結果還沒送到嘴裡，食物就幾乎全掉了。經過將近四個月的練習，她才學會用大拇指和食指捏取食物，而且捏得非常精準，幾乎可以獨立吃完一碗副食品了。由於小D是早產寶寶，所以這個過程有點兒長，對於普通寶寶來說，學習起來會更快。

這麼小的寶寶吃手指食物不會被嗆到嗎？

這恐怕是媽媽們最擔心的一個問題。對於這個問題，小D的餵養復健師解釋道，其實這個問題牽扯到兩個非常容易混淆的概念——噎到和嗆到。

「噎到」的表現是寶寶會咳嗽，會有一些乾嘔反應，甚至會把食物吐出來。這是很正常的，也是寶寶學習吃飯過程中的必經之路。

而「嗆到」則是另外一回事，是指食物進入寶寶的氣管。這時寶寶是無法咳嗽的，由於氣管被食物堵住，寶寶的臉會顯得發紅甚至發紫。不過要知道，寶寶出現被嗆，很少是因為手指食物本身帶來的，往往是因為寶寶的吃飯姿勢不正確造成的，比如吃飯時身體傾斜，到處亂走、蹦跳等。同時，呼籲新手父母多學習一些嬰幼兒急救常識，以防萬一。

寶寶吃飯時，大人要注意以下幾點：

- **大人監督：**寶寶進食時，永遠需要有大人在一旁看護。
- **吃東西時，永遠保證坐著吃：**不能斜躺甚至平躺著吃東西，這樣不僅能夠防止寶寶被嗆，還能從小培養寶寶良好的進食習慣。
- **食物要切碎：**任何大塊食物都需要切成小塊後再給寶寶吃。特別黏稠的花生醬也不能直接給寶寶吃，要在麵包上塗抹均勻、稀薄後再給寶寶吃。
- **避免那些容易讓寶寶嗆到的食物：**在寶寶3歲之前，不要給寶寶吃爆米花、整顆堅果、整個的小顆粒水果或蔬菜（如葡萄、聖女番茄等）、硬糖、棉花糖。

替寶寶引進手指食物的三個階段

給寶寶提供什麼樣的手指食物，要結合寶寶的抓握能力和咀嚼、吞咽能力而定，不需要教條地按照寶寶的月齡來提供。小D是添加副食品後一個月開始引進手指食物的，在餵養師的指導下，她經歷了以下三個階段。

〔階段1〕長條形、方便抓，質地軟爛、方便咬

一開始提供給寶寶的手指食物，要選擇能夠在嘴巴裡融化的（比如嬰兒磨牙餅乾），或者非常軟的食物（比如熟透的香蕉、酪梨，蒸熟的紅薯等）。一開始寶寶是用手掌抓住食物的底部，然後把頂部吃掉。大人可以把食物切成片狀、棒狀或較大的塊狀，以便於寶寶抓握。小D的餵養復健師建議，手指食物的長度應為五公分左右，媽媽們可以根據寶寶的情況靈活掌握。

〔階段2〕小顆粒、手指抓，質地稍硬

當寶寶學會用大拇指和食指抓食物後，就可以把手指食物切成小塊給寶寶吃了。小D的餵養復健師建議切成一公分左右的小方塊。食物的類型可以選擇那些需要咀嚼的食物，比如乳酪、白水煮的雞胸肉、成熟的桃肉等。

〔階段3〕獨立吃飯

這個階段寶寶的抓握能力已經很精準，較小的、比較滑的食物都可以自己抓起並放進嘴裡了。而且寶寶的吞咽、咀嚼能力也越來越強，這時候就可以放手讓寶寶獨立吃整頓飯。我會給小D準備綠花椰菜鮭魚義大利麵、番茄雞肉軟飯等這類食材豐富又方便抓的食物。

簡單、營養的手指食物推薦

◆磨牙餅乾或嬰兒泡芙

磨牙餅乾是小D的第一種手指食物。一開始我給小D買比較大的磨牙餅乾，訓練她的抓握能力，以及練習把食物放到嘴巴。等她熟練之後，我把餅乾一切為二或一切為四，以增加抓握的難度。等這個也熟練之後，再換成嬰兒泡芙。需要提醒的是，選擇這類嬰兒餅乾作為手指食物的入門時，一定要選擇入口融化後會變成糊狀的餅乾。我之前買過一款餅乾，入口後不易融化，寶寶吃後很容易出現乾嘔。

◆乳酪

乳酪是我強烈推薦的手指食物，因為其中含有豐富的蛋白質和鈣元素，以及多種促進寶寶發育的營養物質。我一開始選擇乳酪時比較糾結，因為美國市面上的乳酪品種繁多，不知該如何下手。後來我詢問了小D的營養師，她的建議是，寶寶不能攝入過多的鈉，所以選擇乳酪時要閱讀營養標籤，盡量選擇鈉含量低、鈣含量高的乳酪。一開始為寶寶選擇乳酪時，要選擇味道比較淡並且經過巴氏高溫消毒的乳酪，比如馬蘇里拉乳酪（Mozzarella）、瑞士乳酪（Swiss），都是不錯的選擇。如果你買的是大塊乳酪，在給寶寶吃之前一定要切成條狀或丁狀，以防止寶寶一次吞咽太多而噎住。

◆**水果**

大部分水果都是很好的手指食物。對於那些本身就比較軟的水果，比如香蕉、桃子、芒果等，我會切成丁，在外面撒一些米粉，這樣更方便小D抓握。而對於蘋果等比較硬的水果，不要直接給寶寶吃，否則寶寶很容易卡在食道中，一定要先蒸軟後再給寶寶吃。另外，還要注意去掉水果皮，因為果皮也很容易讓寶寶噎住。

在這裡，我推薦一種很好的水果——酪梨，它裡面富含「好」的脂肪，非常有利於寶寶的大腦和眼睛發育。剛開始引進酪梨作為手指食物時，我把半個成熟的酪梨肉切成小塊，讓小D抓著吃。副食品添加兩個月後，小D的咀嚼能力有了提高，我把酪梨塗在麵包上，放幾片去皮的番茄，撒一些碎乳酪，然後放入烤箱，調至一百七十℃烤十分鐘左右即可。

◆**蔬菜**

蔬菜也非常適合做手指食物，大部分蔬菜只要煮軟、切塊就可以給寶寶吃。像紅薯、胡蘿蔔、南瓜這類蔬菜，煮完後可以放入烤箱烤五分鐘左右，這樣表皮比較硬，更加方便寶寶抓握。為寶寶選擇蔬菜時，要注意避免粗纖維比較多的（如芹菜）、過硬的（生的胡蘿蔔）和容易窒息的食物（櫻桃、番茄）。

◆**義大利麵**

這也是小D超級喜愛的手指食物。寶寶食用的義大利麵一般比成人的更細，而且大都是車輪形、貝殼形、蝴蝶結形等，更加適合寶寶抓握。如果用大人吃的義大利麵給寶寶吃也沒關係，不過要煮得久一點兒，煮完後要切成小份再給寶寶。剛開始可以只煮義大利麵，等寶寶咀嚼能力增強後，可以在義大利麵裡放鱈魚、蔬菜、雞肉，或撒上一些乳酪，就可以當作一頓營養豐富的副食品了。

◆**魚肉**

魚肉裡面含有豐富的蛋白質、鈣、鐵和Omega-3不飽和脂肪酸。選擇魚肉時，一定要注意選擇汞含量少的魚類，比如鱈魚、鮭魚和鱸魚等，這些魚類含汞量少而且魚刺不多。切記要避免箭魚、方頭魚、馬鮫魚這些含汞量高的魚，這些魚類不僅不能給寶寶吃，大人也盡量不要吃。用魚肉做手指食物時，最好先用檸檬汁泡一下，這樣可以去腥，然後再煎或蒸，熟透之後撕成一片一片給寶寶吃。

1歲內寶寶不能吃鹽，不加鹽就行了嗎？

很多媽媽知道「寶寶1歲以內不要吃鹽」的說法，於是就「談鹽色變」。其實並不是這樣的，我們應該學會看營養標籤，特別是關注鈉和鈣的含量。在寶寶2、3歲時，有些媽媽會買餅乾、果凍等零食給寶寶當作點心吃，其實這是一種錯誤的觀點，很多不鹹的食物恰恰鈉含量很高。

為什麼要控制寶寶對鹽的攝入？

鈉是人體所需要的一種元素，吃鹽其實是為了攝入鈉。人體如果長期缺乏鈉，就會造成電解質紊亂，容易產生疲累感，嚴重的話會出現低鈉血症。

既然鈉這麼重要，為什麼還要控制寶寶對鹽的攝入量呢？首先，鹽不是攝入鈉的唯一途徑，寶寶喝的奶裡含有鈉，添加副食品後，很多食物裡也含有鈉。其次，寶寶的腎臟還沒有發育完善，無法消化和排泄過多的鈉。多餘的鈉無法經過腎臟排泄，就會重新返回血液，積累在身體裡，長此以往對身體是非常不利的。此外，鈉含量過高也意味著寶寶的腎臟每天都需要高負荷運轉，這對於寶寶尚處在發育階段的腎臟容易造成損壞。

前面提到過，如果人體的鈉攝入不足，會出現疲累的現象，這就是所謂的「沒力氣」。但任何經驗都需要放在當時的情況下辯證地看待，我們的爺爺奶奶這一代，體力勞動者居多，因此流汗比較多，流汗會帶走額外的鈉。那時經濟條件不好，人們無法保證攝入足夠的肉類蛋白質，只能選擇這種廉價、快捷的方式來補充鈉。如今，人們已經不再需要額外補充鈉。

大J特別提醒

不要用成人的思維來衡量寶寶，認為寶寶不愛吃副食品是因為「沒味道」。其實寶寶的味蕾是最純淨的，他們還沒有嘗過各種調味料，所以認為寶寶因為「沒味道而不愛吃」的說法是站不住腳的。如果寶寶從小習慣了高鹽飲食，長大後就會增加患高血壓的風險。

0～3歲寶寶每天需要攝入多少鹽

——並非不鹹的食物就可以給寶寶吃，愛孩子，請學會讀營養標籤

1歲前的寶寶，每天最多攝入不超過一克的鹽（相當於〇．四克鈉），這些量透過母乳或配方奶和副食品就能得到滿足，因此不需要在寶寶的副食品中額外添加鹽。

1～3歲的寶寶，每天最多攝入兩克鹽（相當於〇．八克鈉）。1歲以後的寶寶如果開始吃成

人食物，最好在放調味料前將寶寶吃的那份提前盛出來。

很多媽媽知道「寶寶1歲以內不要吃鹽」的說法，於是就「談鹽色變」，最典型的例子就是拒絕讓寶寶吃乳酪。很多媽媽說，看到乳酪的配料表裡含鹽，於是就不敢買了。其實並不是這樣的，我們應該學會看營養標籤，特別是關注鈉和鈣的含量，可以選擇鈣含量高鈉含量低的乳酪。比如小D常吃的一款瑞士乳酪，儘管也含鹽，但鈉的含量很低，鈣的含量比較高，這就是一款適合寶寶吃的乳酪。

在寶寶2、3歲時，有些媽媽會買餅乾、果凍等零食給寶寶當作點心吃，她們認為這些零食吃起來都不鹹，肯定不含鹽。其實這是一種錯誤的觀點，**很多不鹹的食物恰恰鈉含量很高**。比如奧利奧奶油夾心餅乾吃起來是甜的，但如果仔細看營養成分表就會發現，每一百克就含有四百二十毫克鈉，所以這種餅乾並不適合3歲以下的寶寶吃。

藉由以上兩個例子，媽媽們應該明白，不要只記得「不吃鹽」，最關鍵的是控制寶寶對鈉的攝入量。特別是市面上的寶寶食物，購買前一定要記得讀營養標籤，不要不明不白讓寶寶攝入很多「隱性鹽」。比如披薩、洋芋片、果凍以及所謂的「兒童醬油」等，其中鈉的含量都比較高。

下面三條是我平時衡量食品含鹽量常用的方法，不僅適用於寶寶的食物，對成人食物也有參考價值。

- 二・五克鹽相當於一克鈉；
- 高鈉食物指每一百克食物中含鹽量大於一・五克（相當於〇・六克鈉）的食物；
- 低鈉食物指每一百克食物中含鹽量少於〇・三克（相當於〇・一克鈉）的食物。

寶寶1歲後，怎麼吃才營養均衡？

寶寶不喜歡吃飯有一個重要的原因，即寶寶的自我意識萌發，開始有明確喜好。寶寶的胃口開始變得捉摸不定，這是他宣告獨立的方式。對於這種情況，父母一定不要強迫餵食，以免寶寶產生厭食情緒。給予寶寶寬鬆、愉快的進食環境，是解決這種類型「挑食」最好的方法。

為什麼寶寶不像以前吃得多了？

很多媽媽都會發現，寶寶1歲以後的胃口沒有以前那麼好了，於是就感到特別焦慮：明明寶寶比以前動得多，為什麼反而吃得少了呢？其實這是很正常的現象。一方面寶寶的體重增長速度開始放緩，對熱量的需求自然就減少了；另一方面，寶寶逐漸開始吃密度比較高的食物，以前可能是一碗食物泥，現在可能是幾塊雞肉和少量麵條，因此媽媽們會產生「吃少了」的錯覺。

當然，還有一類寶寶是真的吃少了。這種情況就需要父母調查一下原因，大部分情況都是錯誤的餵養方式導致的。比如奶量過多，沒有及時引進塊狀食物而錯過鍛鍊咀嚼和吞咽能力，因為出現貧血而導致食欲不佳……等等。

當然，寶寶不喜歡吃飯還有一個很重要的原因，即寶寶的自我意識開始萌發，開始有明確的喜好，隨時隨地想展示自己的獨立性。其中一個表現就是「我吃什麼我做主，我今天不愛吃這個，所以就不吃」。寶寶的胃口開始變得捉摸不定，常常出現某一頓大吃特吃，下一頓卻只吃幾口就不吃的現象，或者連續幾天只吃那些愛吃的，而拒絕其他任何食物。這些都是寶寶宣告獨立的方式。對於這種情況，父母一定不要強迫餵食，以免寶寶產生厭食情緒。這頓不吃，可以等到下頓再吃。這次不喜歡某種食物，可以以後再嘗試，很多食物都需要反覆嘗試十次甚至二十次寶寶才能接受。給予寶寶寬鬆、愉快的進食環境，是解決這種類型「挑食」最好的方法。

如何確保寶寶每天的營養均衡？

如果按照之前三個階段的餵養要點對寶寶進行鍛鍊，1歲以後的寶寶基本上可以吃大部分的成人食物了，但要注意盡量少放或不放調味料，特別是鹽和醬油。

通常1歲以後的寶寶每天應該吃規律的三餐，再加上午、下午各一次點心。和大人一樣，三餐都需要保證以下四大營養品類的攝入：

- 紅肉、家禽肉、魚肉、蛋類；
- 奶、優酪乳、乳酪；
- 水果或者蔬菜；
- 米飯、麵包、麵條。

大J特別提醒

這個階段寶寶需要「好脂肪」來幫助大腦發育，所以父母們千萬不要「談油色變」，而是保證寶寶每頓都有「好脂肪」的攝入。我經常給小D吃的含「好脂肪」的食物有橄欖油、芝麻油、核桃油、酪梨、花生醬、杏仁醬、深海魚類（比如鱈魚、鮭魚）、奶油乾酪等。

解讀美國兒科學會推薦「1歲寶寶參考食譜」（一杯＝二百四十毫升）

早餐	點心	午餐	點心	晚餐
半杯鐵強化米粉或一個煮雞蛋	一片吐司，塗花生醬或優酪乳	半個三明治，肉類可選雞肉／牛肉／金槍魚	30~60克乳酪	60~90克肉，切丁
1/4~半杯全脂牛奶	半杯全脂牛奶	半杯綠色蔬菜	一把藍莓	半杯黃色蔬菜
半根香蕉，切塊		半杯全脂牛奶	半杯全脂牛奶	半杯米飯或麵條
2~3個草莓，切塊				半杯全脂牛奶

上面這份食譜是美國兒科學會推薦的，相信很多媽媽都不陌生。經常有媽媽拿著這份食譜問我，美國孩子真的可以吃下這麼多嗎？我也拿著這份食譜和小D的營養師探討過。我得到的建議是，不要照搬食譜，美國寶寶的飲食習慣和亞洲寶寶是不一樣的。1歲以後給寶寶吃什麼，要結合自己的家庭飲食習慣來定，現在寶寶吃什麼，將奠定他今後的飲食習慣。如果你家一直習慣吃中餐，就應該讓寶寶隨著你們一起吃中餐。但要保證以下幾點：

- 一日三餐包括四大營養品類；
- 每餐食物盡量多樣化（這和國內強調的每天吃滿多少種食物的觀念其實很類似）；
- 仍然需要保證乳製品的攝入量。

至於食物的量，更加不必照搬，因為每個孩子的胃口、體重都是不一樣的。**對於1歲以後寶寶的飲食，要注重食物的品質，而不是數量。**

小D的一日飲食安排

分享一下小D一天的飲食安排。我現在基本上已經不專門給小D製作食物了，通常我吃什麼就給她吃什麼。但我都會先把她那份盛出來，然後再放自己的調味料。小D的營養師和餵養復健師都看過我這樣的飲食安排，覺得這是比較合理的。我分享這份餐單不是為了讓大家照搬，而是想告訴大家，不用非得照搬美國兒科學會的餐單，關鍵是掌握上面所說的原則，並結合家庭的情況進行變通。

早餐（7：30）	點心（10：00）	午餐（12：00）	點心（15：00）	晚餐（18：00）
一個炒雞蛋	半個羊角麵包	胡蘿蔔燉牛腩（1大塊牛腩，半根胡蘿蔔）	一碗優酪乳拌果泥	一塊煎鮭魚
半片麵包塗杏仁醬	一塊乳酪	清蒸綠花椰菜（3塊）	半個羊角麵包	炒蘑菇和蘆筍（各2～3片）
一把藍莓	一杯全脂牛奶	1/3小碗米飯		1/3碗水煮義大利麵
				一杯全脂牛奶

1歲以後，小D吃飯這件事真的讓我非常省心，有時看她大口大口地吃飯，連她的餵養復健師都會感歎：「This is the completely new baby!」（真是一個完全不一樣的寶寶！）的確，誰都不曾想到之前她是每次吃奶都會哭、吃一點兒食物泥就會乾嘔的寶寶。

作為一個過來人，我想告訴媽媽們，對於寶寶不愛吃飯的問題，與其只是焦慮或為寶寶補這補那，倒不如靜下心認真學習每個階段的餵養要點，只要科學餵養，每個寶寶都會成為出色的「小吃貨」。

6～24個月，寶寶吃喝的里程碑

我一再強調，寶寶在1歲之前怎麼吃比吃什麼更重要，有意識地引進和寶寶月齡相匹配的食物性狀，才能幫助寶寶鍛鍊咀嚼和吞咽能力。如果你的寶寶過了1歲，但咀嚼和吞咽能力還沒達標，彌補的方式就是重新按照之前的分階段副食品添加要點進行鍛鍊。

就像寶寶的大動作發展一樣，每個寶寶的發展速度有快有慢，吃喝方面的能力也是這樣的。我分享這些里程碑的目的，不是為了讓媽媽們把這些里程碑當作標準，只關注孩子達標與否，而是要把它當成一種參考，從中瞭解哪個階段需要提供給寶寶怎樣的鍛鍊機會。

6～8個月：會從鴨嘴杯裡喝水

添加副食品後，每次餵寶寶吃副食品的時候，可以在桌上放一個鴨嘴杯，讓寶寶學習從杯子裡喝水，不再只是依賴奶瓶喝奶或水。鴨嘴杯和奶瓶最類似，所以大部分寶寶都比較容易接受。從杯子裡喝水也能讓寶寶明白，不是只有從奶瓶或乳房才能獲取奶或水，從其他容器中也可以喝到。

8～9個月：學會上下咀嚼

經過最初兩個月的副食品泥添加之後，從第八個月開始，大人要把副食品泥的性狀逐漸過渡到粗顆粒狀，以便讓寶寶學習如何咀嚼。咀嚼的過程中需要調動很多肌肉力量，因此寶寶需要時間來慢慢鍛鍊這個動作。寶寶最初的咀嚼是上下用力的，而且是張著嘴巴進行咀嚼的。

8～11個月：會使用大拇指和食指拿食物

在這個階段，寶寶可以使用自己的大拇指和食指抓起小顆粒的食物。這不僅是進食技能的提高，也是很重要的精細動作發展里程碑。如果到了這個階段，你發現寶寶還是使用整個手掌來抓握食物，就要有意識地引進一些小顆粒的手指食物來幫助寶寶進行練習。

6～12個月：從開口杯中喝水

學會從開口杯中喝水是一項很重要的技能，寶寶需要控制下巴的肌肉來含住杯子，同時也需要控制手部的力量，以保證杯子不會舉得過低或過高。6～12個月是寶寶學習從開口杯中喝水的關鍵期，可惜很多家長因為想等寶寶再大一點才學習這項技能，而錯過了這個關鍵期。

開始練習時，可以選擇一個小點兒的開口杯，大人扶著杯子讓寶寶嘗試喝一小口。如果寶寶咳嗽得厲害，或者被嗆到，代表他還沒準備好，可以過段時間再嘗試。讓寶寶用開口杯喝水，和用鴨嘴杯、吸管杯喝水並不衝突，寶寶每天都需要用鴨嘴杯或吸管杯喝水，而開口杯可以每隔幾天讓寶寶練習一次即可。

11～14個月：會從比較軟的食物上咬下一小口

從寶寶10個月開始，就應該引進塊狀食物。一開始應該選擇比較軟的食物，並切成小顆粒，以方便寶寶咀嚼和吞咽。慢慢地，對於一些比較軟的食物，寶寶應該學會自己咬下來。小D最初咬下的是蒸得很熟的胡蘿蔔和豆腐。儘管如此，在接下來的三到六個月裡，還是需要把很多食物切成塊狀再給寶寶吃，特別是肉類。

11～15個月：會旋轉咀嚼，可以咀嚼更加多樣化的食物

如果不細心觀察的話，你通常不會注意到寶寶的這種咀嚼方式的變化，你可能只是發現他能夠咀嚼更多、更硬的食物。這其實代表寶寶已經從之前的上下咀嚼轉變為旋轉咀嚼了。旋轉咀嚼時，他們會運用更多的臼齒進行咀嚼（即使臼齒還沒長出來，運用牙床也是一樣的）。這也是在提醒大人：在這個階段，應該有意識地引進一些比較硬或比較脆的食物。如果繼續給寶寶吃很軟的食物，甚至是泥狀食物，寶寶就沒有機會鍛鍊旋轉咀嚼的能力。

9～18個月：會使用吸管喝水

這個時間跨度比較大，因為用吸管喝水最重要的前提是掌握吞咽的能力，而對於這項技能的掌握，寶寶的個體差異比較大。使用吸管時，寶寶很容易吸得過快，如果沒有及時吞咽的能力，就會被嗆到。因此，需要在寶寶已經較好掌握吞咽粗顆粒甚至塊狀食物後，再讓寶寶練習使用吸管喝水。

我在教小D使用吸管時，用了一個小技巧，即讓她使用吸管喝奶昔，奶昔比較黏稠一些，吸起來會更加費勁，這樣就不用擔心她因為吸得過快而被嗆到。如果寶寶掌握了使用吸管杯或開口杯喝水，就盡量讓寶寶少用鴨嘴杯。

12個月之後：從寶寶食物過渡到家庭食物

如果你按照之前的副食品添加要點給予寶寶足夠的鍛鍊機會，逐步經歷了「細膩的食物泥→粗顆粒食物→塊狀食物」的過程，那麼1歲以後，寶寶就可以順利過渡到吃家庭食物。

我一再強調，寶寶在1歲之前怎麼吃比吃什麼更重要，一定要有意識地引進和寶寶月齡相匹配的食物性狀，這樣才能幫助寶寶鍛鍊咀嚼和吞咽的能力。如果你的寶寶過了1歲，但咀嚼和吞咽能力還沒達標，那麼沒有什麼捷徑，彌補的方式就是重新按照之前的分階段副食品添加要點進行鍛鍊。

15～24個月：可以使用湯匙或叉子獨立吃飯

學習使用湯匙和叉子，需要寶寶有很好的精細動作發展和手眼協調能力，因此從一開始就應該為寶寶提供手指食物，讓寶寶練習自己吃飯，這是寶寶學會使用湯匙或叉子的基礎。

掌握這個技能的時間跨度比較大，取決於父母多早引進湯匙和叉子讓寶寶進行練習。有的家長從添加副食品開始就給寶寶一把湯匙讓他練習，那麼寶寶自然就會更快掌握使用湯匙的技能。而有的家長因為害怕髒亂，選擇等寶寶大一點兒才引進湯匙，這種情況下寶寶自然會掌握得晚一些。一般來說，大多數2歲的孩子都可以使用湯匙或叉子獨立吃飯。

24個月以後：能夠安全地吃下大部分食物

2歲以後，大部分寶寶都可以吃和大人一樣的食物了，而且很少出現乾嘔、被嗆等情況。儘管如此，大人仍需注意，不要提供給寶寶容易引起窒息的食物，比如整顆的堅果、櫻桃、葡萄等這類食物至少等到3歲以後再引進。

寶寶在練習大動作時，難免會碰傷、摔倒，但我們知道，這是寶寶成長的必經之路。對於吃喝也是一樣的，如果寶寶總是吃泥狀食物，他自然就沒有機會鍛鍊咀嚼和吞咽的能力。在引進粗顆粒食物和塊狀食物時，寶寶難免會發生乾嘔，但這也是他們成長的必經之路，父母不應該因噎廢食。

吃飯時狀況頻出，該教寶寶餐桌禮儀了

教這個階段的寶寶學習餐桌禮儀，最重要的是大人的言傳身教。從寶寶開始添加副食品起，就應該讓寶寶盡量和家人一起吃飯，父母要做好榜樣。大人用行為給寶寶示範吃飯時應該是什麼樣的，吃飯是件愉快的事，也是一項社交活動。

為什麼寶寶也需要餐桌禮儀？

從寶寶開始吃副食品起，就逐步引進餐桌禮儀，能夠讓寶寶建立良好的飲食習慣。很多時候，我們常常認為寶寶還小，等他大一些再教餐桌禮儀也來得及。小寶寶其實是一張白紙，應該在他們形成「壞習慣」之前就引進好習慣。

良好的餐桌禮儀能夠讓寶寶更好地吃飯。我見過一些孩子，已經5歲了還需要大人追在屁股後面餵飯，或者吃一口飯玩一會兒玩具。通常越是這樣的孩子，對吃飯的興致越不高。這其中最關鍵的原因就是沒有從小培養良好的餐桌禮儀，讓寶寶錯誤地將「吃飯」和「得到大人關注」或「獲得獎勵」聯繫起來。

寶寶應該養成的餐桌禮儀有哪些？

對於這麼小的寶寶，我們當然不會期望他懂得吃東西時不大聲說話、不咂嘴巴等，但需要讓他們明白一些吃飯的原則，知道哪些是對的，哪些是不值得鼓勵的。在為寶寶制訂餐桌禮儀時，需要結合每個家庭的情況，也就是需要問問自己，哪些是自己所在意的。

以下是我在本階段給小D制訂的最基本的餐桌禮儀：

- 吃飯前需要洗手；
- 吃飯只能在餐椅上吃，下了餐椅就不能再吃飯；
- 飯桌上不能大叫，需要東西或吃完要下餐椅時，需要用手勢或語言進行表達；
- 不能亂扔餐具；
- 吃飯時不能玩玩具，不能玩手機、iPad，也不能看電視。

教這個階段的寶寶學習餐桌禮儀，最重要的是大人的言傳身教。寶寶最願意模仿的是自己最親近的人。從寶寶開始添加副食品起，就應該讓寶寶盡量和家人一起吃飯，父母要做好榜樣。吃飯前，和寶寶一起洗手；飯桌上愉快、輕聲地交談，不爭吵；要求其他人遞菜時，要說「請」和「謝謝」；吃飯時要專心，不看電視，不看手機。這些都是在用行為給寶寶示範吃飯時應該是什麼樣的，吃飯是件愉快的事，也是一項社交活動。

學習餐桌禮儀不是一蹴而就的事情，一定要持續練習。一旦開始教寶寶某種餐桌禮儀，全家人就要保持一致，堅定地執行，這樣才能不斷強化大人對寶寶的期望，讓他記得更清楚。當寶寶某些方面做得好的時候，大人需要及時肯定，正面強化。

吃飯時大吼大叫怎麼辦？

寶寶大吼大叫的背後是有表達的需求，因此先要弄明白他為什麼大叫，是餓急了，吃得高興了，還是吃完不想繼續坐在餐椅裡了？

有段時間，小D吃完而我們還在吃飯時，她就會大叫。其實這是很好理解的，小寶寶的耐心有限，不可能一直乖乖地待在餐椅上。於是，我們就告訴她，如果她吃完想從餐椅上下來，可以用手勢表達（比如指指地面）。

吃飯時扔餐具或食物怎麼辦？

對於剛開始添加副食品的寶寶而言，這種行為可以適當地給予寬容。小寶寶剛接觸副食品和餐具，對於他們來說，這些都是全新的東西，跟玩具沒有什麼區別，所以他們願意用手摸摸或扔在地上，這正是他們探索新事物的方式。這時，父母越淡定，越不當回事越好，慢慢地等寶寶探索夠就不會繼續了。如果大人不斷地阻止，反而強化了這種行為，寶寶會玩得更起勁。

如果寶寶已經超過1歲，這種行為有增無減，特別是超過15個月還在繼續，大人就需要告訴寶寶，這樣做是不對的。說的時候要看著寶寶的眼睛，用堅定的語氣對他說：食物是用來吃的，餐具是用來裝食物的，都不能亂扔。看著眼睛，是確保寶寶在聽你說話；語氣堅定，是讓寶寶明白你不允許這樣的做法。

如果寶寶繼續這樣的行為，可以把寶寶抱下餐椅，告訴他食物是用來吃的，因為你一直在扔食物，所以這頓飯就不能再吃了，即使沒吃飽也要等到下一頓才能吃。當然，不建議輕易使用這種方法，但如果反覆出現這種行為，是可以嘗試的，前提是全家人意見一致，如果爺爺奶奶因為心疼而偷偷給他吃零食，就起不到效果了。

吃飯時玩玩具怎麼辦？

◆保證寶寶在吃飯時是餓的

這個是大前提，特別是1歲以後的寶寶，要落實一日三餐規律，因此要控制寶寶的零食。如果寶寶不餓卻強迫他坐在餐椅上吃飯，他自然會想玩玩具、耍脾氣，出現各種情況。

◆提前提醒

每次吃飯前十分鐘左右，我都會和正在玩玩具的小D說，還有十分鐘我們要吃飯了哦。寶寶並不知道十分鐘的意義，關鍵是給她一個準備的過程，而不是像以前一樣，一到吃飯時間就把她抱上餐椅，也不管她是否正玩得興致盎然。這樣的準備過程會讓寶寶更好地過渡到吃飯這件事上。

◆餐桌上多交流

很多時候，寶寶在餐桌上玩玩具是出於無聊，自己吃得差不多了，大人還在吃飯，沒人和他交流，所以才想玩玩具。基於這一點，我在吃飯時會有意識和小D多交流，談論食物。比如：「你今天吃的是什麼啊？綠花椰菜！」「綠花椰菜是綠色的。」「綠花椰菜好吃嗎？」這樣的交流能夠引導寶寶更多地關注食物，而不用把注意力放在玩具上。同時，這樣也能幫助寶寶進行語言啟蒙。

◆鼓勵寶寶自主進食

為寶寶引進手指食物，鼓勵寶寶自主進食。當寶寶雙手忙於自己餵自己吃飯時，就會吃得更加專注，而不是想著玩玩具。

如何讓寶寶學會使用湯匙吃飯？

寶寶用湯匙吃飯是很高級的精細動作，需要寶寶具有成熟的手部動作能力和良好的手眼協調能力。有些孩子不願意自己拿湯匙吃，根本原因是還不具備這個能力。很多家長一直餵寶寶吃飯，寶寶根本沒機會學習用雙手拿起食物放進嘴裡。

決定寶寶是否能夠自己吃飯的因素有哪些？

無論寶寶學習任何技能，起決定作用的無非有兩個因素：能力和意願，兩者缺一不可。寶寶學習用湯匙吃飯也是一樣的。

寶寶用湯匙吃飯是很高級的精細動作，需要寶寶具有成熟的手部動作能力和良好的手眼協調能力。有些孩子不願意自己拿湯匙吃，根本原因是還不具備這個能力。很多家長從添加副食品開始一直餵寶寶吃飯，寶寶根本沒有機會學習如何運用自己的雙手拿起食物放進嘴裡，父母卻想當然地以為時間到了寶寶就會自己吃飯，這怎麼可能呢？

有的媽媽說，我從一開始就給寶寶提供手指食物，他用手抓著吃得很好，但就是不肯用湯匙吃，這是為什麼呢？這就是另外一個因素，即意願的問題。選擇最簡單的方式達到自己的目的，這是人的本性，孩子也是一樣的，既然我用手抓著吃很舒服，為什麼要選擇更難的方式呢？不過，即便是這樣，也有一些方法和技巧可以用來引導寶寶自己吃飯。

使用湯匙的基礎——能夠用手指餵自己吃東西

寶寶到9個月左右開始學會用大拇指和食指捏取食物，可以更加精準地把食物送進嘴裡。這是兩個非常關鍵的精細動作，即用大拇指和食指捏取食物以及精準地將食物送進嘴裡（良好的手眼協調能力）。如果寶寶還沒有掌握這兩個關鍵的能力，建議先對寶寶進行用手吃飯的訓練，而不著急讓寶寶用湯匙吃飯。其中最重要的是提供足夠的機會讓寶寶進行鍛鍊，每餐都提供一些手指食物，不要怕髒亂，不要急著幫忙，讓寶寶自己多嘗試。

如何訓練寶寶使用湯匙？

通常2歲之後的寶寶都可以獨立用湯匙吃飯。但事實證明，如果你一開始就提供給寶寶足夠的鍛鍊機會，寶寶會更早學會這項技能。相反，有些寶寶一直被剝奪這種鍛鍊機會，因此很晚還沒有學會使用湯匙吃飯。

在餵副食品的過程中，寶寶有時候會伸手去抓湯匙，這時就是引進湯匙的最好機會。你可以給寶寶一個湯匙，讓他自己體驗一下。一開始不用著急，允許寶寶把湯匙當作玩具來玩，目的是讓他將湯匙和吃飯建立起聯繫。在你繼續餵他的過程中，他會有意識地進行模仿，嘗試把湯匙放進嘴裡嘗一下。一旦看到這個信號，就可以手把手地教寶寶拿著湯匙在食物裡蘸一下或舀一勺食物，並放到嘴巴裡，讓他品嘗食物的味道，進一步強化湯匙和吃飯之間的關係。

當寶寶可以抓起湯匙並放進嘴巴時，你就可以給寶寶一個碗。不過，寶寶很可能會把碗扔掉。這時，吸盤碗就是不錯的選擇，可以防止寶寶扔碗。一開始可以在寶寶的碗裡少放一點兒食物，這樣即使弄灑，「災難」現場也不會很嚴重。你可以繼續餵寶寶，同時也允許寶寶自己拿湯匙舀碗裡的食物。

有的寶寶一開始就可以用湯匙舀起食物並送進嘴巴，有的寶寶則需要一些幫助才能完成，你可以先讓寶寶自己握著湯匙，然後你握著寶寶的手，這樣手把手將食物送進嘴裡。堅持每天、每頓進行練習，用不了多久，寶寶就會笨拙地用湯匙把食物送進嘴裡，之後你會發現，他自己用湯匙吃得越來越多，而你餵的則越來越少。

寶寶會用手吃飯，但為什麼不會用湯匙吃呢？

小D在13個月的時候，能夠非常熟練地用手抓飯吃，但她拒絕用湯匙吃，每次給她湯匙時，她都會扔掉湯匙，繼續用手抓著吃。經過觀察我發現，小D始終對湯匙不感興趣，但對叉子很感興趣。原來我和小D吃飯時，自己是用叉子吃，卻每次都讓小D用湯匙吃。有了這個發現後，我決定讓小D先從使用叉子開始。果然她的接受度很高，很願意模仿我的樣子用叉子自己吃飯。

因此，**要想讓寶寶學會自己吃飯，說到底必須讓寶寶有機會模仿大人吃飯的樣子，同時提供足夠的機會讓寶寶進行鍛鍊。**

如何避免餐桌上面的親子戰爭？

為什麼孩子的吃飯問題會讓我們如此頭疼？
因為我們把這件事的關注點搞錯了，
在育兒過程中，重要的永遠不是孩子的行為本身，
而是行為背後的情緒和心聲。

我的外甥4歲，每次吃飯時面前需要放著iPad看動畫片。他一邊看，媽媽一邊往他嘴裡塞飯，每塞一口，媽媽還要提醒他「嘴巴動起來」，他才會開始咀嚼和吞咽，否則就一直含著食物。

我鄰居家的女孩2歲半，挑食很厲害，每天只吃薯條和義大利麵，拒絕吃其他食物，尤其是蔬菜。只要看到自己不喜歡吃的飯菜，就會用尖叫表示抗議。

公眾號後台有媽媽和我說，寶寶1歲半了，長得很瘦小，總是擔心他吃得不夠，為了哄他多吃一口飯，什麼招都用過：吃飯時給玩具，逗他笑，趁著嘴巴張開的時候趕緊塞一口，爺爺、奶奶、媽媽輪流追著餵……有時偷偷塞了一口，寶寶會犯噁心，把之前吃的也都吐出來了。

為何孩子越大越不喜歡吃飯？別讓吃飯成為一場權力鬥爭！

以上的例子都是我身邊真實發生的故事。其實，沒有父母不關心孩子的吃飯問題，但吃飯習慣不好、挑食厭食的孩子卻越來越多，而且常常年齡越大習慣也越差。為什麼孩子的吃飯問題會讓我們如此頭疼？因為我們把這件事的關注點搞錯了，在育兒過程中，重要的永遠不是孩子的行為本身，而是行為背後的情緒和心聲。

從添加副食品開始，父母的態度永遠是「多吃一口是一口」，總是想方設法誘騙孩子多吃；孩子想碰食物時，全家人趕緊制止：「不許碰，太髒了」；孩子某一天吃得不如之前多，媽媽就會自責、焦慮甚至生氣……這些都讓孩子對吃飯建立起最初的認知：好有壓力、好髒、媽媽會不開心。孩子甚至都沒有體驗過全家在一起輕鬆愉快吃飯的經歷，當任何事物和負面情緒聯繫起來時，他就會本能地拒絕這件事。

當孩子不喜歡吃飯時，大人出於本能想讓孩子多吃點兒。沒有人喜歡被控制，也沒有人喜歡別人侵犯自己的界限，但在吃飯這件事上，父母每天都不自覺地控制和侵犯孩子：控制他們吃什麼、吃多少；本該是他們自己的事，父母卻使出了各種招數，進行哄騙、賄賂、縱容、恐嚇、打罵。

這正是為什麼很多孩子越大反而越不喜歡吃飯，因為他們的自我意識逐步覺醒，不喜歡繼續被別人控制，於是就開始了餐桌上的戰爭。看到父母對於吃飯的強烈反應，孩子意識到自己可以用拒絕吃飯作為抗爭的武器，以逃離父母的控制，畢竟對於吃飯這件事，如果孩子不想，任何人都沒辦法讓他吃下去！

兩個重點，重新對焦，明確父母和孩子對吃飯的權責

要結束這場權力的鬥爭，父母最需要做的就是重新對焦，劃清界線，明確父母和孩子在吃飯這件事上的權責。

◆放棄控制孩子吃飯

吃飯是孩子自己的事，他們吃不吃、吃多少都和我們無關，我們需要相信他們身體的本能，讓他們自己去決定。保證孩子每餐營養均衡、品種豐富，這才是父母的真正職責。

此外，父母還要放下焦慮和擔心。經過長久的餐桌戰爭，你應該明白，在吃飯這件事上，父母根本無法包辦替代，不如把決定權還給孩子。每次吃飯時，全家人要和孩子一起吃，而不是一家人圍著孩子餵飯。要讓孩子明白，吃飯是一件很自然的事，是所有人都要做的事情。

每次吃飯的時間控制在三十分鐘以內，而且不再使用任何招數去哄騙孩子，如果時間到了，孩子不吃，就心平氣和地收拾餐桌，結束這頓飯。之後孩子即使喊餓，也需要等到下一頓飯才能吃。這時父母要淡定，偶爾餓一兩頓，孩子並不會有什麼問題，反而會讓孩子明白，到時間吃飯時我就需要吃飯，否則就只能餓肚子。

◆糾正不好的吃飯習慣

吃飯是人的本能，當父母想控制孩子的本能時，事情就會失控。而好的吃飯習慣卻是需要後天培養和父母引導的。如果父母為了讓孩子吃飯而破壞了原則，放任孩子的壞習慣，事情就會更

加失控。因此，父母需要把焦點放在建立良好的吃飯習慣上。

孩子吃飯時大叫、看電視、讓大人餵飯等，都是非常不好的習慣，需要大人進行控制和引導。當孩子吃飯大叫時，你可以用平靜的語氣告訴他：「吃飯時不可以大叫，如果你不想吃飯，就可以不吃。」當孩子吃飯時想看電視，你可以告訴他：「現在是吃飯時間，吃飯時不能看電視。」當孩子要你餵飯時，你可以告訴他：「吃飯是你自己的事，你要自己吃。」

一開始你這樣做時，孩子一定會抗議，也許會變本加厲，因為他們明白，只要我哭叫、拒絕吃飯，父母就會妥協，我就可以為所欲為。因此，他們會用更大聲的哭叫來表示抗議，來試探父母的底線。只要父母堅持自己的意見，那麼孩子用來對抗父母的籌碼就不復存在了。

我看到太多父母因為孩子的吃飯問題而搞得筋疲力盡，然而他們看到的只是孩子不吃飯的行為，卻沒有看到孩子想要表達的情緒，也沒看到親子關係中出現的越界問題，而這才是孩子把吃飯當作和父母抗爭的武器的真正原因。不認識到這一點，餐桌上的戰爭就會一直持續下去。

大J特別提醒

願所有的父母都能心平氣和地看待孩子吃飯這件事，把吃飯的權利真正交還給孩子，並且用自己的實際行動告訴孩子，吃飯是一件如此自然而然、輕鬆愉快的事！

CHAPTER 4

【兒科醫師教我的事】

常見疾病防治篇

父母懂得多，寶寶少生病

如果你認為——

□冬天寶寶容易感冒是因為衣服穿太少。

□發燒溫度太高可能會燒壞寶寶的腦子，一定要馬上退燒才行！

□流感大意不得，使用抗生素才能快快見效。

□寶寶如果腹瀉，最好停止吃副食品，免得腹瀉更嚴重。

以上任何一項你的答案若是「YES」，那就需要補充新的育兒知識囉。在美國最先進的兒科醫師看來，以上都是父母最容易有的育兒迷思。本章中，大 J 要與媽媽們分享紐約兒科醫師親授的常見疾病防治新知，父母懂得越多這方面的新知，寶寶生病的機率就越小。

為什麼在冬季寶寶容易反覆感冒？

導致感冒發燒的真凶不是氣候溫度低，而是病毒。
那麼，為什麼冬季寶寶更容易感冒呢？
難道真的是因為氣溫低或寶寶穿少而導致感冒的嗎？
經過小D的兒科醫生的解答，我才明白，原來真凶是空氣濕度。

導致感冒發燒的真凶——病毒

導致感冒發燒的真凶不是氣候溫度低，而是病毒。大部分導致感冒的病毒都是經由空氣傳播的，也就是說，如果在寶寶的周圍有患感冒的人，那麼寶寶患感冒的機率就會大大增加。

此外，很多感冒病毒在潛伏期反而更容易傳染，即使有的人在病毒潛伏期沒有出現鼻塞、咳嗽、打噴嚏等症狀，但如果寶寶接觸了這些人，也很容易出現感冒的症狀。

那麼，為什麼冬季寶寶更容易感冒呢？

這是我的一大困惑，因為我的確看到了這樣的聯繫：彷彿天一冷，寶寶就更容易生病。難道真的是因為氣溫低或寶寶穿少而導致感冒的嗎？經過小D的兒科醫生的解答，我才明白，原來真凶是空氣濕度。

溫度降低後，空氣濕度也會隨之降低。濕度降低後，經由打噴嚏、咳嗽等飛沫傳播的感冒病毒就會更加容易存活和繁殖。同時，因為空氣乾燥，人體的呼吸道也會比較乾燥，當這些病毒進入呼吸道之後，很容易依附在呼吸道上，並安家落戶。這就是冬季感冒易發最主要的原因。

另外一個間接的原因是不通風。天氣一冷，大家習慣緊閉窗戶，再加上很多人有「冷了容易感冒」的錯誤知識，就更加不會開窗通風。在密閉的室內，空氣更加乾燥，室內就變成病毒繁殖的大溫床。

怎樣幫助寶寶安全度過冬天

◆保持室內濕潤、通風

每天保證一定的開窗通風時間，一般建議上午十點到下午兩點開窗，因為這個時間段空氣品質相對較好。通風的時間不用太長，通常三十分鐘至一個小時即可。

此外，建議買個濕度計，時刻監控室內的空氣濕度。美國梅約醫學中心（Mayo Clinic）建議，冬季室內的濕度水準應在三〇～六〇％，最理想的情況是保持在四五％左右。當濕度低於這個標準時，要使用加濕器來進行改善。

◆勤洗手——包括寶寶的手和大人的手

勤洗手是預防感冒最簡單、有效的方法。大人每次為寶寶換過尿布後、擦過寶寶的鼻子後、為寶寶準備食物之前等，都需要洗手。同樣，也要幫寶寶勤洗手，特別是寶寶在吃飯前或從外面回到家時。洗手時不需要使用殺菌洗手液或乾洗手，使用最簡單的普通肥皂即可。

◆用自然的方法提高寶寶免疫力

母乳餵養、營養均衡、吃飽睡好、定期接種疫苗、多鍛鍊等，這些都是提高寶寶免疫力最安全也最有效的方法。關於這個問題前面的文章專門討論過，在此不再贅述。

寶寶感冒咳嗽該怎麼辦？

美國兒科學會和美國食品藥品監督管理局都明確指出，非處方的感冒藥、止咳化痰藥都不能給6歲以下的孩子服用。這類藥物具有抑制中樞神經的作用，使用不當會引起非常嚴重的副作用。對於普通感冒，使用藥物並不會縮短痊癒的時間，很多時候藥物只是父母的一種心理安慰，覺得寶寶感冒就應該吃藥，卻忽視了藥品的副作用。

流感高發季節，如何讓寶寶防患於未然？

很多人不能區分普通感冒和流感。普通感冒通常都會自癒，但患流感時一定要及時就醫，以防止病情延誤。因此瞭解流感的症狀是非常重要的。

普通感冒的症狀是循序漸進的，會一點一點加重，一開始是打噴嚏、流鼻涕、咳嗽，慢慢會出現發燒、喉嚨痛等症狀。**而流感的症狀來勢兇猛，患流感之後一兩天內就會產生嚴重的全身症**

狀，如渾身無力、頭痛、高燒等，有的寶寶還會出現嘔吐或腹瀉。

少數寶寶患流感後會出現非常嚴重的症狀，如呼吸困難、皮膚發白、持續嚴重嘔吐、失去意識等，待流感症狀好轉後又會反覆發燒。一旦寶寶出現這些情況，父母一定要及時就醫，千萬不要抱有僥倖心理。

寶寶患流感以後怎麼辦？

◆盡快就醫

如果寶寶出現前面提到的流感症狀，一定要第一時間就醫，以防出現流感併發症。流感本身不可怕，但對於小寶寶來說，流感會導致很多嚴重的併發症。因此，一旦發現流感的症狀，一定要帶寶寶及時就醫。

◆注意休息、補水

對於患流感的寶寶，醫生都會建議多休息、多補水、在家靜養，以免再次感染，同時密切觀察寶寶是否出現之前提到的嚴重症狀。

◆用藥

美國市場上有兩種針對流感的藥物，它們無法治癒流感，但可減輕流感症狀，並且有效縮短流感痊癒的時間。一種是藥片，叫克流感（Tamiflu）；另一種是鼻腔噴霧，叫瑞樂沙（Relenza）。

不管使用哪種藥物，都需要遵醫囑服用，不得自行服用。

對於抗生素，一些父母往往持兩種極端的態度：一種是寶寶一生病就希望醫生使用抗生素，認為這樣能讓寶寶盡快好起來；另一種是堅決抵制抗生素，認為使用抗生素會降低寶寶的免疫力。**其實抗生素只對細菌引起的疾病有效，流感是由病毒引起的，因此如果寶寶得了流感，使用抗生素是沒有作用的。但如果寶寶因流感已經引發了其他細菌性的併發症，比如肺炎、支氣管炎等，就不能再諱疾忌醫，應該遵照醫囑服用抗生素。**

如何預防流感？

◆接種流感疫苗

美國疾病控制中心建議，所有身體健康的人，包括大人和孩子（6個月以上）每年都應該接種流感疫苗。如果寶寶不滿6個月，要保證他經常接觸的家庭成員接種流感疫苗。

◆洗手

這是預防流感最簡單也最有效的方法。不僅所有家庭成員要勤洗手，也要給寶寶勤洗手。小D會獨坐之後，我每次洗手都會把她抱到水池旁，一邊跟她說洗手的步驟（即下面的「洗手四部曲」），一邊幫她洗手，慢慢地她就知道每個步驟該怎麼做了。

- **沖水**（Wash Wash）；

- 在手上塗上洗手液後互相搓，然後沖洗掉（Rub Rub）；
- 甩一甩手，把水甩掉（Shake Shake）；
- 拿一張紙巾擦乾（Dry Dry）。

◆避免接觸生病的人

盡量讓寶寶少去密閉的空間，少接觸擁擠的人群。家裡如果有人生病，要盡量遠離寶寶。大人每次咳嗽、打噴嚏時，都注意用手捂住嘴巴，之後要把手洗乾淨。家裡寶寶經常接觸的物品，比如玩具、遊戲墊等，要注意清潔，最好每天都用清水進行擦拭。

◆增強免疫力

免疫力是抵抗病毒最好的盔甲，協助寶寶增強免疫力是需要長期有意識去做的事情，而不僅僅是在秋季或冬季要做。這個問題前面已經講過，在此不再贅述。

關於流感疫苗的注意事項

◆最佳接種時間

接種流感疫苗最有效的時間是每年初秋（10月份），這時接種疫苗可以給免疫系統足夠的時間產生抵禦流感的抗體。

◆每年都需要接種

每年的流感疫苗都是不同的，它是在每年流感季開始前六個月才研發出來的。研發人員會根據空氣中傳播的病毒來預測這一季的流感病毒，並開發相應的疫苗。因此，流感疫苗不是一勞永逸的，而是需要每年都接種。

◆哪類寶寶不能接種流感疫苗？

不滿6個月的寶寶；上一年接種流感疫苗後出現嚴重副作用的寶寶；接種時出現發燒症狀的寶寶（等身體康復後，可以補接種）。對於雞蛋過敏的寶寶是否可以接種流感疫苗，小D的兒科醫生認為，可以接種滅活疫苗，避免減毒活疫苗，接種後需要密切觀察寶寶的不良反應。因此，如果你的寶寶有雞蛋過敏史，請在諮詢醫生之後再決定是否接種流感疫苗。

◆接種流感疫苗後肯定不會再得流感了嗎？

流感是由好多種病毒引起的，而流感疫苗只能預防幾種比較常見的病毒。因此，接種流感疫苗後並不意味著百分之百不會得流感，但可以保證的是，接種流感疫苗後，即使患了流感，程度和症狀也會比沒有接種時輕。

◆流感疫苗有沒有副作用？

流感疫苗最常見的副作用就是接種的手臂會紅腫、痠痛，有的寶寶接種後還會出現低燒，這種情況一般持續兩~三天後便自行消失。

關於發燒，比體溫更重要的四個問題

大部分發燒都是由病毒引起的，比如腸道病毒、流感病毒等。病毒性發燒是自癒性的，通常三天就會好轉，不需要使用抗生素。還有一小部分發燒是由細菌引起的，比如細菌性肺炎、尿道感染等。這類發燒要重視，不然會引起嚴重的併發症，細菌性發燒一定要使用抗生素。

小D第一次發燒，是在她矯正4個半月時。早上我發現她額頭發燙，一測體溫高達三八．九℃。我當時很著急，一邊讓老公去拿退燒藥，一邊打電話給小D的兒科醫生，想和她確認退燒藥的劑量。結果醫生卻不緊不慢地問了我四個問題，並告訴我先不用給藥。她說，面對寶寶發燒，以下這四個問題比體溫本身更重要。

- 寶寶有沒有長牙或者打疫苗？
- 寶寶發燒幾天了？
- 寶寶現在的精神狀態如何？
- 寶寶多大了？

寶寶有沒有長牙或者打疫苗？

——發燒是症狀不是病，需要找出導致發燒的原因

小D的兒科醫生向我說明了一個科學概念，即發燒是症狀，不是病。引起發燒這種症狀的原因可能是長牙、打疫苗，或者是細菌、病毒感染。如果只是長牙或打疫苗引起的，代表寶寶並沒有生病，不需要太擔心，注意觀察和幫助降溫就好。而病毒和細菌感染導致的發燒才是病，但這也代表當有外來「侵略者」來襲時，寶寶的身體有能力去抵禦，這是免疫系統應該做的事。

寶寶發燒幾天了？

——大部分發燒都是自癒性的，連續三天不退燒要重視

大部分發燒都是由病毒引起的，比如腸道病毒、流感病毒等。這類原因引起的發燒不需要過於擔心，因為它會自癒，而且經過發燒的過程，寶寶的免疫系統會進一步增強。病毒性發燒是自癒性的，通常三天就會好轉，這種情況不需要使用抗生素，因為抗生素對病毒沒有作用。

還有一小部分發燒是由細菌引起的，比如細菌性肺炎、尿道感染等。這類發燒要重視，不然會引起嚴重的併發症。如果寶寶連續發燒三天，就需要去醫院做檢查，以排除細菌性發燒。治療細菌性發燒一定要使用抗生素。

很多父母都擔心溫度太高會把寶寶的腦子燒壞，這種擔心是沒有根據的，因為發燒是症狀，不是病因。如果真有燒壞腦子的情況，一定不是發燒本身導致的，而是細菌侵入大腦引起腦炎等

疾病而引起的。

寶寶現在的精神狀態如何？

——寶寶的狀態比溫度計的數字更有意義

很多家長覺得寶寶的溫度越高就意味著病得越嚴重。其實並不是這樣的，發燒時關鍵是看寶寶的表現，比如是否哭鬧不止，有沒有食欲不佳，是否睡不好等。如果寶寶吃喝、睡覺照常，醒著的時候精神也很好，那麼即使燒到三九℃以上，也不需要過於擔心。相反，即使寶寶只燒到三八．五℃，但顯得精神不振、不願吃奶，總是昏昏沉沉的，這就需要注意，應該馬上就醫。記住，**應對發燒的關鍵不是盡快退燒，而是讓寶寶盡量舒服，不影響他的作息。**

寶寶多大了？

——3個月以下的寶寶發燒要重視

3個月以下的寶寶發燒，不管體溫多高，也不管寶寶精神如何，都需要去醫院就醫。因為小月齡寶寶一方面不能像大寶寶那樣表現出很明確的不舒服症狀，很多父母會誤以為寶寶只是累了；另一方面，小月齡寶寶的免疫系統還比較弱，一旦是由細菌引起發燒，容易造成較為嚴重的後果。

3個月以下的寶寶發燒時，最好不要在家自行服用退燒藥，應該馬上去醫院檢查，因為退燒藥會掩蓋一些症狀。這種情況下，需要經由驗血和驗尿來確定是否有細菌感染。

當然，如果發燒影響到寶寶的作息，可以給寶寶服用退燒藥，不過要遵循下面的用藥原則。

- 對於3～6個月的寶寶，推薦服用泰諾林而不是美林；
- 對於6個月以後的寶寶，泰諾林和美林都可以服用；
- 如果寶寶出現脫水或持續嘔吐，不能用美林，而是用泰諾林。

在服用退燒藥時，需要注意的是，**寶寶服用退燒藥的劑量是根據寶寶的體重而不是月齡來確定的**，所以服用的時候一定要看清說明書。此外，退熱藥一天不能給得過多，不能超過說明書上的建議上限，泰諾林二十四小時內最多可以服用五次，美林二十四小時內最多可以服用四次。

大J特別提醒

遇到寶寶發燒時，不要只盯著寶寶的體溫，而應該先問自己上面的四個問題。發燒是寶寶成長的必經之路，是讓寶寶變得更加強壯必須付出的代價，媽媽們一定要用正確的態度來看待，這樣既能避免自己過於焦慮，也能給寶寶最好的照顧，讓寶寶少走冤枉路。

巧用加濕器，預防寶寶呼吸道疾病

過於乾燥的空氣會導致皮膚乾燥，從而加速空氣中細菌的滋生，還會加重寶寶已有的過敏、感冒咳嗽等呼吸道問題。使用暖氣或空調後，室內的空氣濕度會下降，這時就要使用加濕器來調節室內的濕度。

冬季到底要不要開空調？

前面提到過，寶寶穿得過多會阻礙動作能力和觸覺的發展。最常見的例子就是冬季時寶寶的大動作發展會比較慢，有的寶寶會出現討厭被撫摸等輕微的感官失調症狀。

因此，在寒冷的冬季，與其把寶寶裹成「粽子」，不如打開空調，讓寶寶在室內穿單衣舒服地活動。至於空調的溫度多高合適，英國的標準是一六～二〇℃，美國的標準是二〇～二三℃，大家可以結合自身的體感舒適度進行調整。

為什麼要使用加濕器？

過於乾燥的空氣會導致皮膚乾燥，從而加速空氣中細菌的滋生，還會加重寶寶已有的過敏、感冒咳嗽等呼吸道問題。使用暖氣或空調後，室內的空氣濕度會下降，這時就要使用加濕器來調節室內的濕度。美國梅約醫學中心建議，冬季室內濕度水準應保持在三〇～六〇％，最理想的是保持在四五％左右。

加濕器會導致寶寶患肺炎嗎？

市面上有一些加濕器宣稱具有抗菌作用，聽起來像是懶人的福音，因為這就意味著可以不用清洗加濕器。但現實是殘酷的，美國的一個機構對市面上的三十四款加濕器進行了檢測，發現即使是那些帶有抗菌功能的加濕器，如果連續使用三天不清洗，噴出來的濕氣中微生物的含量也會顯著增加。

因此，乾淨的加濕器並不會導致寶寶肺炎，網路上流傳的加濕器導致寶寶肺炎是因為不注意清潔加濕器才導致的。

如何清洗加濕器？

- **每天一次常規清潔：**清空加濕器裡剩餘的水，用流水沖洗儲水罐，擦乾底座後重新灌入乾淨的水；

- **每週一次徹底清潔：**用白醋溶解水垢，然後用清潔劑或漂白劑徹底清潔整個部件；
- **收起來之前：**像每週那樣進行一次徹底清潔，擦乾後再收起來；
- **使用之前：**每年冬季重新使用前，仍然需要進行一次徹底清潔。

為了寶寶和全家人的呼吸健康，千萬不要偷懶，即使再貴的加濕器，如果不定期清潔，也會成為滋生細菌的溫床。

如何選購加濕器？

◆款式

根據加濕器噴出水霧的溫度，市面上的加濕器分為熱霧加濕器和冷霧加濕器兩種。考慮到熱霧加濕器存在灼傷寶寶的隱患，美國兒科醫生都建議使用冷霧加濕器。其中冷霧加濕器又分兩大類，即超音波型和純淨蒸發型。

超音波型是目前市面上最普遍的款式，其優點是耗電少、壽命長，缺點是如果使用的水質過硬，會出現「白粉」現象。純淨蒸發型儘管沒有「白粉」的問題，但雜音較大，而且需要定期更換紙芯，我個人不太推薦。

◆房間的面積

為保證加濕器更好地發揮作用，需要根據房間的大小來選擇功率大小合適的加濕器。如果你只是希望家裡的局部地區提高濕度，比如寶寶的床邊，那麼一個小功率的加濕器就足夠了。

◆是否方便清潔

加濕器最好每天、每週定期進行清潔，因此在購買加濕器時最好選擇方便拆裝的款式。

◆水箱容積

若需要長時間使用加濕器，就需要選擇一款水箱容積夠大的加濕器，免去頻繁加水的麻煩。

關於加濕器的「白粉」現象

超音波加濕器很容易出現「白粉」，這是大部分父母使用加濕器時的一大顧慮。這種現象通常出現在水質過硬的地區，因為硬水中含有很多礦物質，加濕器把水轉化成水霧的同時，也把很多礦物質打碎，它們隨著加濕器進入空氣中，就形成了「白粉」。

「白粉」會成為微生物滋生的溫床，同時也會隨著呼吸進入人體呼吸道。如果寶寶已經有呼吸道感染的問題，加濕器產生的「白粉」很可能會加重寶寶的症狀。因此，小D的肺部專科醫生建議，在水質比較硬的地區，使用加濕器時盡量使用純淨水、涼開水，或者購置一款水質軟化器。

寶寶施打疫苗應避免的五大迷思

很多父母都覺得寶寶感冒時接種疫苗會產生較大副作用，拒絕接種疫苗。

研究發現，輕微的感冒是不影響疫苗接種的。

當然，接種疫苗會產生一些副作用，父母不必過於恐慌。

接種疫苗後，如果出現蕁麻疹、高燒到三九℃以上或出現驚厥，需要立即就醫。

在美國，育兒是非常個人的事情，所以兒科醫生比較尊重家長的意願，每次說明利弊後，都用「建議」給出他們的意見，而避免用「必須」這個詞，除非是原則性的問題。以下幾種情況就是父母「必須」做到的：一是寶寶必須仰臥睡覺，二是寶寶坐車時必須使用安全座椅，三是寶寶必須按時接種疫苗（除特殊情況醫生不讓接種外）。

但是對於接種疫苗，很多父母都存在一些誤解，下面就來解讀一下這些常見的錯誤。

關於施打疫苗的五大誤解

〔誤解1〕有些疫苗1歲內要打好幾針，其實沒必要打那麼多，打一針就能夠保護寶寶

很多疫苗打一次是不夠的，有些需要接種幾次才能起到牢固的免疫作用（比如無細胞百日咳疫苗1歲內需要接種三次）。有的疫苗每年都需要接種，以應對不斷變化的細菌（比如流感疫苗需要在每年流感季開始前接種）。所以，接種疫苗一定要根據醫生的要求進行，不能擅自減少或增加接種的次數。

〔誤解2〕寶寶感冒時不能接種疫苗

很多父母都覺得寶寶感冒時接種疫苗會產生較大的副作用，因此在感冒期間拒絕接種疫苗。其實研究發現，輕微的感冒是不影響疫苗接種的。但如果感冒症狀比較嚴重，甚至還有其他的併發症，如耳朵感染等，暫時不能接種。

當然，接種疫苗會產生一些副作用，比如發燒、出疹子、接種處紅腫等。但這些反應不常見，即使出現也是正常的，父母不必過於恐慌。接種疫苗後，如果出現蕁麻疹、高燒到三九℃以上或出現驚厥等，需要立即就醫。

〔誤解3〕寶寶的免疫系統還在發育當中，不能接種這麼多疫苗

1歲以內的寶寶要接種的疫苗種類比較多，但有研究表明，生活中每天都有無數的細菌或病毒在鍛鍊寶寶的免疫系統，從地上的細菌（比如寶寶吃了掉在地上的餅乾），到食物中的病毒，再到空氣中傳播的粉塵等，健康的寶寶都可以應對這些挑戰。專家指出，相比這些，疫苗中的細菌顯得非常微不足道，而這些微不足道的細菌卻可以讓寶寶的免疫系統更加強大。

〔誤解4〕接種疫苗就是把細菌注入寶寶的身體，這樣寶寶會有生病的危險

目前大部分疫苗都是滅活疫苗，也就是說，寶寶不會因為接種流感疫苗而得流感，也不會因為接種百日咳疫苗而得百日咳。即使有一些疫苗中有活性很低的細菌（比如麻疹），引起疾病的機率也非常低，這些結論都是經過大規模臨床驗證的。

〔誤解5〕疫苗會導致寶寶自閉或其他發育問題

這個所謂的「結論」最初來自一九九八年發表在美國的一本醫學雜誌《The Lancet》上的文章，這篇文章指出了疫苗和自閉的聯繫。後來該結論已經被全世界的科學家證實是一場精心設計的騙局。雜誌專門進行了闢謠，但謠傳卻從未停止過。

不可否認，疫苗的確會出現副作用，極端情況下副作用還比較嚴重。事實上，所有的藥物都有副作用，極端情況下也會出現非常嚴重的後果。所以，這是一個權衡利弊的過程。舉個例子，如果寶寶不打麻疹、腮腺炎和風疹的混合疫苗（MMR），一旦得腮腺炎，出現併發症腦炎的機率是三百分之一；但因為疫苗副作用而出現腦炎的機率卻小於一百萬之一。這樣一比較，利弊就非常明顯了。

如何淡定應對寶寶腹瀉？

如何判斷寶寶是否腹瀉呢？
此處的關鍵字是「突然」和「持續」。
如果寶寶偶爾有一次大便突然從濕軟狀變成水狀，其實並不需要擔心。
但寶寶的大便連續幾天都呈水狀，大便的次數也比以前增多，就代表寶寶腹瀉了。

如何確定寶寶腹瀉了？

談寶寶腹瀉前，先來談一談寶寶的大便。很多媽媽容易以大人大便的標準來判斷寶寶是否腹瀉，這是不正確的。寶寶的大便在規律吃副食品後會慢慢成形，在這之前的大便通常都是不成形的，顯得比較濕軟。特別是母乳餵養的寶寶，大便會更加濕軟，排便次數也更多。這些都是正常的現象，並不是腹瀉。

在這個前提下，如何判斷寶寶是否腹瀉呢？最關鍵的是看寶寶大便的性狀是否突然發生了改變，並且這種情況是否持續發生。此處的關鍵字是「突然」和「持續」。如果寶寶偶爾有一次大便突然從濕軟狀變成水狀，其實並不需要擔心。但如果寶寶的大便連續幾天都呈水狀，而且大便的次數也比以前增多，就表明寶寶腹瀉了。

什麼時候需要去醫院？

大多數情況下，腹瀉痊癒需要的只是時間，時間到了，寶寶自己會痊癒。但如果寶寶腹瀉時出現以下情況，則需要立即去醫院：

持續嘔吐；出現嚴重的脫水現象，表現為尿量明顯減少、發黃，以及囟門下陷、哭時沒有眼淚等；大便帶血或顏色發黑；昏迷；3個月以下的寶寶如果伴有發燒，即使溫度不高也需要立即去醫院。

寶寶腹瀉時的家庭護理要點

◆補水

補水是處理寶寶腹瀉最重要的一件事。腹瀉本身並不可怕，但如果因為腹瀉導致脫水，在極端的情況下可能會有致命的危險。因此，寶寶腹瀉時，一定要增加餵奶的頻率。如果寶寶腹瀉頻繁，還需要補充電解質水。有的寶寶因為腹瀉導致不愛喝奶，這時可以增加電解質水的補充。由於電解質水都是水果口味的，口感比較好，所以寶寶的接受度普遍比較高。補充電解質的方法按照說明書即可。

◆營養豐富的飲食

添加副食品後的寶寶即使腹瀉，只要不影響胃口，也建議正常餵養，只要不吃刺激腸胃的食物即可。**在美國，對付寶寶腹瀉有個傳統的菜單「BRAT」，即B（香蕉）+R（米粉）+A（蘋果泥）+T（吐司麵包）**。小D的兒科醫生說，這個並不是止瀉的菜單，只不過這個菜單上的食物都是低纖維的，而且提供了比較均衡的營養，因此很適合腹瀉的寶寶吃。

對於亞洲寶寶而言，完全沒必要照搬這個菜單，只要按照寶寶平時的飲食習慣餵養即可，唯一要注意的是不要再添加新的副食品。中國傳統的觀點認為，腹瀉後應該吃清淡的食物，甚至需要餓一餓，這種觀點其實是不太科學的。美國兒科學會指出，營養豐富的飲食（同時包含蛋白質、穀物和蔬菜），能夠縮短腹瀉的時間，因為補充的營養素可以幫助寶寶對抗體內的感染。

此外，如果寶寶腹瀉期間食欲不佳，甚至有些消瘦，也是正常的，不用過於擔心。等腹瀉痊癒後，這些症狀就會消失。

◆補充優酪乳

美國不建議給寶寶補充益生菌，建議添加副食品後的寶寶經由喝優酪乳來補充腸道內的有益菌。但要注意，選購優酪乳時一定要看清配料表，給寶寶喝的優酪乳要盡量少含或不含添加劑、防腐劑，最好不含糖和蜂蜜，但一定要含有活性菌。

◆注意臀部的護理

寶寶腹瀉時，為防止紅屁股，一定要勤換尿布。每次換好後，要在寶寶的屁股上塗抹護臀霜。如果寶寶已經出現紅屁股的現象，每次換好尿布並清洗完寶寶的屁股後，可以用吹風機（暖風）吹乾，然後塗上治療紅屁股的軟膏。

CHAPTER 5

【認知老師、語言復健師教我的事】

早教啟蒙篇

幫助寶寶奠定最佳的學習基礎

如果你認為——

□帶孩子去上早教班，最大的目的就是讓寶寶提早學習。

□ 0 ～ 3 個月寶寶只會哭，不會發聲音，語言啟蒙 3 個月後再進行才有效率。

□美術啟蒙要早，早點送孩子去繪畫班，他就能學會形體掌握與用色技巧。

□智商高的孩子，認知能力也會比較高。

□面對孩子的「為什麼？」家長應該當下提供正確答案，滿足他的好奇心。

□寶寶玩益智玩具時，家長在一旁指導，寶寶玩得更好就更有自信。

如果你認同以上項目任何一項，
那麼以下大 J 的分享一定會讓你耳目一新，
看看美國認知老師、語言復健師傳授幼兒早期啟蒙新知，
掌握每個學習黃金期，為孩子打好學習的基礎。

我從美國的音樂早教班學到的事

與其說上早教班的目的是教寶寶，不如說早教班是在教父母如何跟寶寶互動。
小寶寶的使命是「玩」，而不是「學習」，
玩得越多，玩得越深入，他大腦的潛力就開發得越好。
因此，父母可以借助早教班來學習如何更好地幫助寶寶進行發展。

早教班給我的啟發是什麼？

◆寶寶需要全方位的感官發展

我以前一直有一種誤解，覺得寶寶去上音樂早教班就應該多聽樂器演奏、多聽音樂。其實美國的音樂早教班會把撫觸、大動作、精細動作和語言發展都融合在音樂裡。我特地跟早教班的音樂老師討論過，她說，當寶寶的全部感官都被調動起來時，他們會更有效地接收資訊。

在音樂早教課上，我學會了一邊唱「Head, Shoulder, Knees & Toes」，一邊摸小D的頭、肩膀、膝蓋等，讓她認識自己身上的這些部位；我學會了把她放在大腿上一邊前後搖擺，一邊唱著「Row, Row, Row Your Boat」，來鍛鍊她的前庭覺（平衡能力）；我藉由「Patty Cake」教會了小D拍手……等等。

我從來沒有生硬地問小D：「你的眼睛在哪裡？」也從來沒有傻乎乎地自己拍手試圖教會她。這些技能基本上都是透過這些歌曲，她自然而且愉快地學會的。

◆當寶寶注意力集中時，學習能力更強

小D在矯正8個月時還無法發出輔音，跟其他小朋友比起來有些落後。我曾經像複讀機似地對著她發音，試圖教會她，但她完全沒反應。後來去上音樂早教課時，老師教了「Old MacDonald Had A Farm」，裡面有各種各樣的動物叫聲，每次老師教唱後，都會問：「What does the sheep say?」（綿羊是怎麼叫的？）同班的孩子都會一起大叫：「Ba——」幾節課之後，小D竟然也能發出羊叫、牛叫等聲音了，這時自然而然地就發出了輔音。

這件事對我的啟示非常大，讓我真正明白了「興趣才是最好的老師」。當小D不感興趣的時候，她的對外接收器是關閉的，這時無論我們怎麼教她都是徒勞的。對於語言發展也是如此，只有當寶寶對某個事物感興趣時，我們告訴她那是什麼，她才能學會。

◆孩子需要高品質的親子陪伴

這一點說起來簡單，但做起來非常不容易。有多少父母陪著孩子玩的時候，還在想著自己的工作或在低頭看手機？抑或為了得到一張好看的萌娃照而不停地拍照？但在早教班裡，大人必須和寶寶在一起待四十五分鐘，這期間需要排除一切干擾，盡情陪寶寶玩耍。其實大人在陪寶寶時是否有誠意，寶寶是可以感受得到的。這樣的早教班，尤其適合那些不知道怎麼跟孩子互動的爸爸們。每次小D爸爸帶她參加早教班回來，都會熱情高漲，一定要和她再玩一下新學到的遊戲。

你對早教班是否有錯誤的期望？

〔錯誤1〕去早教班的目的是學習

這裡要區分兩個容易混淆的概念，即「早教」和「早教班」。早教對寶寶來說是非常重要的，早教的過程體現在每時每刻跟寶寶的互動中，而不是僅僅指望每週一兩次的早教班來完成。如果你期望寶寶參加音樂早教班後可以唱幾首歌或擺弄幾下樂器，那麼你一定會失望的。所以，請調整自己的預期，少一點兒功利心，也許你的收穫會更大。

〔錯誤2〕寶寶不合群，不愛和其他寶寶玩

很多媽媽帶小月齡寶寶去參加早教班後，經常會得出這樣的結論。其實，孩子的發展有自己的內在規律，比如3、4個月時寶寶不怕生，到了6個月以後就變得怕生。這其實代表寶寶的認知進一步發展，能夠區分生人和熟人了。2歲以前的寶寶玩耍時是平行玩耍，也就是說，即便其他寶寶在場，寶寶們也是自顧自地玩耍，他們之間幾乎沒有互動。等到3歲左右，寶寶才開始學會互動玩耍。這是非常正常的發展規律，父母們千萬不要妄下結論，隨便給寶寶貼上標籤。瞭解這些後，父母可以帶寶寶去接觸其他的孩子，但需要尊重寶寶自己的意願，不要強迫寶寶和陌生人打招呼或者和其他寶寶互動。

〔錯誤3〕去早教班是為了讓寶寶學習，而不是讓大人學習

其實，與其說上早教班的目的是教寶寶，不如說早教班是在教父母如何跟寶寶互動。每次帶

小D去早教班，對我來說都是很好的學習過程，我可以學習如何跟小D互動，如何把音樂融入家庭生活中，如何讓小D每天在家都像去早教班那麼開心……小寶寶的使命是「玩」，而不是「學習」，玩得越多，玩得越深入，他大腦的潛力就開發得越好。因此，父母可以借助早教班來學習如何更好地幫助寶寶進行發展。

在家進行早教的三個原則

其實早教班的很多方法都可以在家實施。比如，我在音樂早教班上學到的一些方法，就經常在家裡嘗試。

〔原則1〕創造一個音樂的環境

如果可以，請關掉電視機，每天給寶寶放一些音樂，可以是古典音樂，也可以是童謠。如果你想有意識地培養雙語寶寶，可以每天中英文歌曲輪流切換給寶寶聽。這些潛移默化的「鍛鍊耳朵」過程，就是一種很好的早教方法。

〔原則2〕盡可能地運用寶寶的五感

給寶寶做被動操、撫觸時，要看著他，對他說話或者溫柔地唱歌；唱兒歌時，最好配合肢體語言，一開始寶寶不會時，可以手把手教寶寶做，等寶寶大了就會自己模仿。

〔原則3〕用心陪伴

這一點再怎麼強調也不過分。參加早教班後，我每次和小D一起玩的時候，就把手機放在遠處。無法觸手可及時，就不會再想著給她拍照，也不會想看朋友圈。就是這樣一個小小的舉動，大幅度提高了我和小D親子互動的品質。

大J特別提醒

我很享受帶小D去音樂早教班的經歷，每次看到小D出神地看著老師演奏，開心地和我一起唱歌，好奇地看著其他寶寶一起敲鼓，我就覺得特別滿足。這就是我對於早教班的期望，讓她快樂，讓她知道外面還有一個和家裡很不一樣的世界。

1歲以內寶寶認知能力發展里程碑

3～5個月寶寶對外面的世界更加好奇，也願意探索周圍的人和事物。寶寶逐漸開始明白「因果關係」，即他的一個行為可以引起一個結果。這個階段父母要做的就是少干預、多鼓勵、多肯定，讓寶寶自己去探索事物之間的因果關係。

小D從矯正3個月開始，有一位認知老師專門負責她的認知能力發展，老師跟她一起玩，讓她在遊戲中學習和發展。那時我才意識到，原來玩對於寶寶來說如此重要。在和認知老師的交流過程中我發現，原來1歲以內寶寶的認知能力發展和大動作發展一樣，有一些標誌性的里程碑，父母的適當介入能夠幫助寶寶獲得更好的發展。

0～3個月寶寶認知能力發展

◆關鍵的里程碑：建立安全感

這個階段的寶寶還不明白爸爸媽媽離開他之後也是存在的，也不害怕陌生人，誰抱他都很喜歡。在這個階段，父母對寶寶要做到有求必應，這樣能夠幫助寶寶建立良好的安全感，讓寶寶相信這個世界是安全的，這對他今後認知能力的發展非常有好處。

◆**父母可以這麼做**

最初3個月是父母和寶寶互相熟悉、建立信任的時間，要多讓寶寶看媽媽的臉，不管寶寶哭還是笑，媽媽都要及時回應他。媽媽每天最好和寶寶有一段肌膚相親的時間，比如給寶寶做撫觸、洗澡等。不要小看這些簡單的事情，這是寶寶未來發育和發展的基礎，只有寶寶得到足夠的愛和安全感，才能有信心去學習新的技能。

3～5個月寶寶認知能力發展

◆**關鍵的里程碑：明白因果關係**

這個階段，寶寶對外面的世界更加好奇，也願意探索周圍的人和事物。寶寶逐漸開始明白「因果關係」，即他的一個行為可以引起一個結果。比如，寶寶明白音樂盒只有按下某個鍵才會發出聲音。所以，他會去搆玩具、抓玩具、吃玩具，敲打玩具發出聲音等。這些都表明寶寶開始用自己的方法去探索世界，表明他的小腦袋已經開始運作起來，懂得思考了。

◆**父母可以這麼做**

在小D3～5個月時，我給她準備了搖鈴、會發出聲音的球、不倒翁等玩具，讓她自己進行探索。一開始，我會跟她一起玩這些玩具，比如碰不倒翁等，慢慢地她就明白了玩具的「因果關係」。但要注意的是，不要一次給寶寶過多的玩具，尤其是聲光電玩具，這樣容易分散寶寶的注意力，不能讓寶寶專心地探索。

從這個階段開始，父母要保護好寶寶脆弱的「探索欲」。比如，小D在矯正5個月左右開始喜歡敲打玩具，敲得越大聲她越感興趣。千萬不要因為擔心損壞玩具而阻止寶寶這樣做，相反，應該用誇張的表情和聲音鼓勵寶寶的探索行為。這個階段父母要做的就是少干預、多鼓勵、多肯定，讓寶寶自己去探索事物之間的因果關係。

5～7個月寶寶認知能力發展

◆關鍵的里程碑：理解空間關係

在這之前，寶寶看到的世界是二維的。從第5個月開始，寶寶突然發現世界原來是立體的。寶寶開始明白事物不是獨立存在的，對事物之間的運作方式有了初步的印象，知道事物與事物之間是有關係的。比如，一個玩具可以放在另一個玩具上面，東西可以放在盒子裡……等等。

◆父母可以這麼做

小D從大概矯正6個月開始，突然對各種瓶瓶罐罐和盒子特別感興趣。無論我們給她買了什麼禮物，她最著迷的總是那些包裝盒，這是因為她開始對空間感興趣。她慢慢明白，原來盒子裡可以放東西，可以關上和打開，還可以疊高或推倒。那段時間，我到處收集各種空容器給小D玩，包括礦泉水瓶、首飾盒、透明的塑膠盒、紙杯、金屬茶葉罐等，這些容器材質不同、形狀各異，激發了她探索空間的欲望。比如，我引導小D把積木放進一個透明的塑膠盒子裡，然後把盒子倒過來，積木就掉了出來。透過我的示範，小D明白了原來盒子可以裝東西，接下來就開始翻各種盒子，把裡面的東西倒出來，把積木放進去，樂此不疲。

7~9個月寶寶認知能力發展

◆關鍵的里程碑：明白事物永久存在性

在這之前，寶寶一直以為東西不在視野裡就是消失了。從第七個月開始，他開始明白原來事物是永久存在的，物體離開他的視線後其實還是存在的。比如積木從他的手中滑落時，他會隨著滑落的方向去尋找，而不是以為積木消失了。

◆父母可以這麼做

好長一段時間內，我都以為小D無法理解事物的永久存在性。每次她的玩具掉後，她的眼睛不會隨著玩具去找，反而會來看我。有一次，小D的老師看到後，發現問題出在我身上，因為每次小D的玩具一掉，我總是立刻給她一個新玩具，完全沒有留給她反應的時間。在那之後，小D再掉玩具時，我會先等三秒，看她會不會去找玩具，或者看著她說：「呀，玩具去哪兒了？」然後，我會用手指引導她去看掉下的玩具。幾次以後，她自己就明白了。有時候，媽媽做得少一些，反而會給寶寶更多的空間去探索和思考解決方案。在小D明白「事物永久存在性」之後，我開始和她玩「躲貓貓」的遊戲，幫助她強化這個概念。

9~12個月寶寶認知能力發展

◆關鍵的里程碑：回想記憶和模仿能力

在這之前，寶寶的記憶都是「認知記憶」，這種記憶非常短暫，只是記住當下發生的事情，轉身就會忘記。從這個階段開始，寶寶開始有「回想記憶」，可以記住過去幾天發生的一些事。再加上寶寶的模仿能力比較強，你會發現自己幾天前對寶寶做過的某個動作，在幾天之後寶寶突然也會做了。

這段時間也是寶寶分離焦慮的第一個爆發期。由於他明白了「事物的永久存在性」，知道即使看不到媽媽，媽媽也是存在的。所以，他會用大哭大叫來表示反抗，希望媽媽能夠趕快回到他身邊。

◆父母可以這麼做

在這個階段，我開始有意識地鍛鍊小D的語言能力。一開始，我和小D面對面坐著，我用誇張的口型教她說「up」，可是發現她根本不知道我在幹什麼。但她每次都會在我不經意時突然冒出一個幾天前教給她的單字。開始我覺得這可能是因為小D的學習能力不強或反應慢造成的，後來才意識到寶寶的記憶與模仿方法和大人是不一樣的。他們不像大人那樣，每天有專門的學習時間，而是時時刻刻都在模仿大人。由於他們有了「回想記憶」，所以看到大人的行為就會記住，過一段時間就會模仿著做出來。如果這種模仿得到大人的鼓勵，他們就會不斷地進行模仿。

當小D發出一些簡單的輔音時，我會用這些輔音組成一個詞語，然後說一個句子。比如她說「ba」，我就會說：「b-a，baba，他是你的爸爸。」

要注意的是，說任何詞語的時候，都要指向詞語對應的人或物體。一定要把詞語和事物聯繫起來，否則對寶寶來說是毫無意義的。

1歲以內寶寶的語言啟蒙

0～3個月寶寶的語言發展：被動接收期

◆這個階段寶寶的特點——會發出母音

這個階段的寶寶除了哭，大部分時間不怎麼發聲音，但媽媽們千萬不要忽略這段時期的語言啟蒙。小D的餵養與語言復健師說，寶寶通常對媽媽的聲音會有偏好，他們是透過觀察媽媽和周圍人的互動來被動接收語言資訊的。他們會把頭轉向有聲音的方向，當我們對著寶寶說話時，他們會非常認真地聽，有時還會笑。有些寶寶在第三個月末會發出一些母音，比如「a」「o」等等。

◆爸媽可以這麼做

從小D一出生開始，我就近距離對著她的臉跟她說話，給她唱歌。每天我和她做任何事時，我都會用陳述句說出來，比如「小D和媽媽一起吃飯」「我們去換尿布了」。

當小D第一次無意識地發出「a」的聲音時，我就模仿她發音，她覺得很有趣，會繼續嘗試。之後她每次發出這些沒有意義的聲音時，我都會去模仿，然後再加上一些「真正的語言」。比如她發出「o」的聲音後，我會說：「哦，原來你說的是這麼回事啊。」模仿寶寶是給寶寶正面鼓勵，再加上一些其他的話，是為了讓寶寶明白「交談」的含義，他會知道「原來我說一句，媽媽就會回一句」。

4～7個月寶寶的語言發展：咿咿呀呀期

◆這個階段寶寶的特點——開始說輔音

這個階段的寶寶開始注意大人說話的細節，他會注意到每個詞語發的聲音是不同的，聲調是有變化的。寶寶開始會說一些輔音，比如「ba」「ma」。當我們叫寶寶的名字時，他開始有反應，也會用不同的聲音來表達自己的情緒。

◆爸媽可以這麼做

當小D發出一些簡單的輔音時，我會用這些輔音組成一個詞語，然後說一個句子。比如她說「ba」，我就會說：「b-a，baba，他是你的爸爸。」「b-ei，bei，這個是杯子。」要注意的是，說任何詞語的時候，都要指向詞語對應的人或物體，這是語言啟蒙的關鍵點。一定要把詞語和事物聯繫起來，而不要撇開語境獨立教詞語，否則對寶寶來說是毫無意義的。

8～12個月寶寶的語言發展：愛說「火星語」的嘰嘰喳喳期

◆這個階段寶寶的特點——用動作配合「火星語」表達自己的意思

如果之前跟寶寶的互動建立得比較好，這個階段的寶寶會發出更多咿咿呀呀的聲音，也越來越明白大人說話的意思。比如，你說一個他最喜歡的玩具的名字，他會停下來看著你，好像明白了你的意思。他會用一些動作配合自己的「火星語」來表達自己的意思，比如用手指向自己想去的地方，揮手表示「再見」等。

◆爸媽可以這麼做

從這個階段開始，我對小D說話時開始有意識地用簡單的句子幫助她把一些詞語和她的日常動作及生活用品聯繫起來。比如，每天起床時，我會對她說「起床」，看到奶瓶，我會指著奶瓶說「奶瓶」。慢慢地，小D看到奶瓶會說「nao」，其實她是想說「奶」，但不用去糾正她，而是讓她看著我的嘴型，我慢慢地說：「奶瓶，你想說『奶瓶』對嗎？」也就是說，要強化正確的發音，而不是糾正錯誤的發音。

此外，跟寶寶說話時要盡量避免嬰兒語，比如「吃ㄋㄟㄋㄟ」等，聽起來很可愛，但對寶寶的語言發展並沒有好處。大人對寶寶說的話還要前後一致，不能今天指著貓對寶寶說：「這是喵喵」，明天又說「這是貓咪」，寶寶會被搞糊塗的。

幫寶寶語言啟蒙的其他一些小技巧

- **讓寶寶看著你的嘴型**：對寶寶說話時，盡量和寶寶平視，讓他看到你發音時的嘴型；
- **控制電子產品的使用時間**：盡量不使用電子產品，因為電子產品對寶寶的眼睛會有傷害，而且寶寶對電子產品的接收是被動的，不利於語言和認知的發展；
- **讀繪本**：選擇一些圖大字少、讀起來朗朗上口的繪本，每天讀給寶寶聽，將非常有利於寶寶的語言發展；
- **唱兒歌**：每天和寶寶一起唱兒歌，同時配合一些手勢，是很好的親子遊戲。

大J特別提醒

語言啟蒙聽上去很玄妙，其實就是父母每天高品質的陪伴，多和寶寶互動，再加上一些順應寶寶每個階段發展的技巧，就可以起到語言啟蒙的作用。

聰明的寶寶會玩，聰明的父母會教

趴是0～6個月寶寶很重要的一種遊戲，它能夠幫助寶寶鍛鍊肌肉。
一開始寶寶只能勉強抬頭幾秒，慢慢地可以抬起頭，
之後就可以用肘部支撐起身體，最後能夠用手支撐起身體。
準備一個遊戲墊，每天只要寶寶醒著就讓他趴著，一開始少量多次，慢慢延長時間。

0～6個月寶寶，父母可以這樣跟他玩

〔遊戲1〕建立和周圍人的連接

寶寶來到這個世界上的第一個任務，就是和照顧他的人建立連接。比如，當你對寶寶說話時，他會看著你，變得安靜起來。同時，他也會經由把臉轉過去、閉上眼睛、哭鬧等方式表明自己不想再進行互動了。在這個階段，寶寶的視力也會慢慢變好，逐漸可以看清楚遠方的東西了。

- **適合的玩具**：你；黑白對比強烈的卡片；彩色搖鈴。
- **父母可以這樣做**：

❶寶寶的視野範圍內（通常是二十五公分～四十公分）緩慢移動一個彩色的玩具，看寶寶的眼睛是否會隨著玩具移動。這是最基礎的追視訓練。

❷一手拿一個搖鈴，先用左手搖幾下，等幾秒看寶寶是否會注視左手上的搖鈴，然後再用右手搖幾下，看寶寶是否會注視你的右手。這是轉換注意力最基礎的方法，即寶寶會對自己感興趣的物體產生注意力。

〔遊戲2〕學習抓握

寶寶看到一個感興趣的物體後，會朝那個方向伸手，試圖抓住它。這是最基礎的手眼協調能力的發展。隨後，寶寶學會把一個玩具從左手轉移到右手，這是最基本的雙手配合能力。

- **適合的玩具：**大人的手指；適合抓握的玩具，比如搖鈴、積木等。
- **父母可以這麼做：**

❶在一定距離給寶寶兩個不同的搖鈴，鼓勵寶寶自己去握喜歡的那個。

❷給寶寶兩個玩具，等寶寶先抓住一個玩具後，再給他第二個。一開始，他會扔掉之前的玩具去抓第二個玩具。慢慢地，他就學會一手抓兩個玩具，這表明他的抓握能力進一步提高了。

〔遊戲3〕用嘴巴來探索物體

寶寶透過把東西放進嘴巴來探索他周圍的事物。嘴巴是寶寶生命最初最敏感的一個器官，經由嘴巴寶寶可以更好地瞭解物體的材質、形狀、大小、味道等。

- **適合的玩具：**不同材質、不同形狀的玩具，比如布書、積木、咬咬膠等。

• **父母可以這麼做**：給寶寶乾淨、安全的玩具，讓他們盡情地放在嘴裡咬。同時，要定期清潔寶寶的玩具。

〔遊戲4〕練習趴著

趴是這個階段的寶寶很重要的一種遊戲，它能夠幫助寶寶鍛鍊肌肉。一開始寶寶只能勉強抬頭幾秒，慢慢地可以抬起頭，之後就可以用肘部支撐起身體，最後能夠用手支撐起身體。

• **適合的玩具**：你和寶寶一起趴著互相對話；鏡子。

• **父母可以這麼做**：從寶寶出生開始，準備一個遊戲墊，每天只要寶寶醒著就讓他趴著，一開始少量多次，慢慢延長時間。

6個月～1歲寶寶，父母可以這樣跟他玩

〔遊戲1〕重複遊戲

這個階段的寶寶喜歡重複他們感興趣的活動。重複能夠幫助他們掌握新的技能，明白因果關係。

• **適合的玩具**：搖鈴、音樂玩具、積木等。

• **父母可以這麼做**：

❶讓寶寶自己先嘗試怎麼玩玩具。比如，讓他自己發現按一下按鈕人物就會跳出來。如果

寶寶有按按鈕的意識，卻無法對準或按動按鈕，可以把你的手放在他手上一起完成，而不是你直接幫他按。這個過程就是在教寶寶如何做，讓寶寶重複遊戲。

❷如果寶寶把你搭的積木塔推倒，你就再搭一個，再讓他推倒。不斷重複，直到寶寶失去興趣為止。

〔遊戲2〕學會手指握

手指握是寶寶進階版的精細動作，這個動作對手指肌肉的協調能力有很高的要求。學會手指握之後，寶寶就可以撿起非常小的物體，這是他今後掌握吃飯和寫字技能的基礎。在這個階段，寶寶也學會了用手指指東西，比如用手指著奶瓶表示要喝奶，這是他與人進行交流的基礎。

- **適合的玩具：**大塊拼圖（拼圖上面帶把手）；觸覺書、洞洞書。
- **父母可以這麼做：**

❶讓寶寶嘗試用大拇指和食指握住拼圖上面的把手，把拼圖拿出來。一開始寶寶並不知道怎麼做，大人可以示範給他看。

❷多練習幾次之後，寶寶就會掌握。準備一些觸覺書、洞洞書，在讀書的同時，鼓勵寶寶用手指去探索書裡的內容。

〔遊戲3〕瞭解事物之間的聯繫

當寶寶在玩疊疊樂或形狀盒時，就是在瞭解不同大小和形狀的東西之間的聯繫。他們藉由扔進去、倒出來等過程來理解事物是怎麼聯繫起來的，透過不斷地試錯來提高解決問題的能力。

• **適合的玩具：**形狀盒；大積木和容器；疊疊樂。

• **父母可以這麼做：**

❶向寶寶示範兩個玩具的關係，比如把積木扔進盒子裡，拿兩塊積木互相敲打或疊起來等。這個過程能夠讓寶寶擴展玩耍的技能，而不只是停留在觀察和觸摸階段。

❷給寶寶一個疊疊樂，一開始大人需要示範給寶寶看，之後可以讓寶寶自己嘗試解決問題。

〔遊戲4〕語言啟蒙

即使寶寶還不會說第一個詞語，但他們其實已經在和大人進行「對話」了。這個階段和寶寶交流時，需要給他們留下回饋的機會，而不只是大人自己不停地說。

• **適合的玩具：**繪本；兒歌；手指遊戲。

• **父母可以這麼做：**

❶幫助寶寶「翻譯」他們的聲音。比如，當你給寶寶唱兒歌時，他笑著揮舞手臂，你可以說：「你喜歡這首歌啊，我們再唱一遍吧！」讓寶寶知道你懂他，同時也是在鼓勵他更好地表達。

❷可以給寶寶做一本書，裡面畫上他熟悉的家庭成員、寵物、最愛的玩具等，並把每張圖片都標上名字，這樣在為寶寶讀這本書時，能夠讓寶寶認識身邊熟悉的人和物。

巧用角色扮演遊戲化解1～2歲育兒難題

寶寶也會有壓力和情緒，很多時候大人是無法感同身受的。比如很多寶寶害怕打針，即便大人告訴他無數次「沒事的」，他還是會害怕。而經由醫生扮演的遊戲，可以幫助寶寶提前預演這樣的經歷，在遊戲過程中寶寶的情緒得到了釋放，下次遇到這樣的情況就會更好地去應對。

1歲以後，我開始有意識地和小D玩各種角色扮演的遊戲，讓她扮演媽媽、醫生、廚師等，圍繞著各種各樣的情景進行玩耍。讓我沒想到的是，很多育兒過程中出現的難題，如不想睡覺、不愛刷牙、害怕打針等，竟然也藉由這樣的扮演遊戲得以化解。

每晚我把小D放在小床上後，就會給她一個娃娃和一本繪本，然後跟她說：「現在娃娃要睡覺了，小D媽媽可以給娃娃讀讀繪本，哄她入睡嗎？」她不再像以前那樣捨不得我離開，而是爽快地和我說再見，然後一個人在小床上開始履行當「媽媽」的義務，對著娃娃嘰裡呱啦說一會兒就慢慢入睡了。

之前小D每次去打疫苗都會哭得撕心裂肺，現在每次去打疫苗之前，我就會和她玩假扮醫生的遊戲。小D扮演醫生，我當病人，她給我打針，我趁著遊戲告訴她打針的重要性。等到真正打疫苗時，她不再大哭大鬧，而是乖乖地配合醫生。

為什麼角色扮演遊戲如此神奇，它到底有哪些好處呢？

角色扮演遊戲幫助孩子瞭解自己和世界

寶寶學習任何技能都是藉由觀察他人並進行模仿實踐，從而內化為自己的技能的，而角色扮演的遊戲為寶寶提供了一種有效的途徑，能夠讓他們隨心所欲地體驗周圍的世界。這一點在寶寶玩娃娃時表現得特別明顯。比如，小D喜歡扮演「媽媽」哄娃娃睡覺，這正是她透過模仿我照顧她的方式來掌握這些技能的。

角色扮演遊戲幫助孩子釋放情緒

寶寶也會有壓力和情緒，很多時候大人是無法感同身受的。比如很多寶寶害怕打針，即便大人告訴他無數次「沒事的，疼一下下就好了」，對寶寶來說仍是蒼白無力的鼓勵，他還是會感到害怕。而經由醫生扮演的遊戲，可以幫助寶寶提前預演這樣的經歷，在遊戲過程中寶寶的情緒得到了釋放，當下次真的遇到這樣的情況，他就會更好地去應對。

我們有個小鄰居Quinny，今年5歲。每天放學回家，媽媽就會和Quinny玩「老師和學生」的遊戲，女兒扮演老師，媽媽扮演學生。媽媽幾乎不用特地詢問學校發生了什麼，透過角色扮演的遊戲，女兒自然而然就把一天中發生的開心、難過的事情分享給她。

角色扮演遊戲幫助孩子發展綜合能力

角色扮演的遊戲比一般的玩耍複雜得多，大人可以引導寶寶把之前遇到的場景和技能運用到遊戲中，這個過程能鍛鍊寶寶的記憶、思考等能力。

我曾經邀請過幾個2、3歲的孩子和小D一起玩逛超市的遊戲。在遊戲過程中我發現，角色扮演遊戲能夠讓不同年齡的孩子綜合運用自己所學到的技能，發揮各自的特長。比如，小D會把蔬菜、水果放進籃子裡（整理歸類的技能）；3歲的孩子會嘗試數各個籃子裡的蔬菜和水果，並說出大概需要多少錢（數學的早期啟蒙）；3歲半的孩子則自導自演，說：「孩子們，我們買些馬鈴薯吧，晚上做炸薯條吃。」（想像力和語言表達）

幫助各階段孩子玩角色扮演遊戲的方法

談到角色扮演遊戲，很多人覺得就是玩「扮家家酒」，其實「扮家家酒」只是角色扮演遊戲的一種。

〔方法1〕從熟悉的真實場景開始（1歲以上）

最初級的角色扮演遊戲，最好從寶寶熟悉的真實場景開始。我一開始和小D最常玩的就是餵娃娃吃飯，在小廚房裡準備晚餐，給娃娃洗澡、穿衣服等等。這些角色扮演的要求不高，寶寶還原大人的行為就可以進行，是最基本的玩法，1歲以後的寶寶都可以玩。

並非借助那些價格不菲的小廚房才能玩角色扮演的遊戲，一個簡陋的紙箱就能讓寶寶玩得不亦樂乎。比如，寶寶可以扮演郵差幫忙投信，也可以扮演媽媽幫忙取信。

〔方法2〕把繪本「演」出來（1歲半以上）

我從小D3個月開始，堅持給她讀繪本，一些她喜歡的繪本我們甚至讀了上百遍。針對小D喜歡的繪本，我們常常會「表演」出來。當然，在「表演」之前，需要先準備一些道具。

〔方法3〕更加抽象的扮演遊戲（3歲以上）

3歲之前的大部分角色扮演遊戲都需要一些道具來配合，而3歲以後玩角色扮演遊戲，道具的作用就不是那麼大了。比如，寶寶可以把一個球想像成蘋果，可以假裝手上有個杯子來喝水……等等。也就是說，這個時期的角色扮演遊戲變得更加抽象，因此也對寶寶的想像力、語言能力和認知能力提出了更高的要求。

大J特別提醒

我非常喜歡和小D一起玩角色扮演遊戲，有時旁人看到我們兩個像傻瓜一樣各自拿著一輛車在地上亂跑亂撞，我倆卻樂在其中。角色扮演遊戲能夠幫助成人喚醒內心的那個「小孩」，從而打破了小孩與成人之間的圍牆，使得大人與寶寶在心理上更加親密，大人也會更加懂得孩子的內心，這樣許多原本棘手的問題很容易就得到了化解。

1～6歲塗鴉期，別用成人的標準扼殺孩子的創造力

很多家長看到孩子在畫畫，總是忍不住指導：「太陽應該是圓的」「花怎會是黑色的」這樣指導有兩個非常明顯的弊端：

一是當家長用「評價」的眼光糾正孩子時，孩子會因為受到否定而喪失興趣；

二是這種看似合乎常理的評判限制了孩子的想像力，禁錮了孩子的思維。

我曾拿小D的幾幅塗鴉給國內的親朋好友看，結果被他們潑了一頭冷水，這不是瞎塗嗎？怎麼不好好教她畫畫呢？

無獨有偶，我一位國內的閨蜜最近送她2歲半的兒子去上了畫畫早教班，她給我發來了兒子的第一幅作品，是一幅簡筆畫。她告訴我，老師會一步一步教孩子畫出動物。還很自豪地跟我說，兒子畫得很像。

這件事讓我意識到，很多父母並不瞭解兒童畫畫的發展規律，卻在自以為是地扼殺孩子的創造力。小D在矯正1歲左右開始接觸畫畫，她的精細動作復健師和認知老師都會帶著她畫畫，也參加過畫畫早教班。這些過程對我來說就像一次洗腦的過程，在這期間我明白了孩子的畫畫和成人定義的畫畫是不一樣的。

尊重塗鴉期兒童的發展規律

記得小D第一次使用蠟筆，是在她矯正13個月時。當時她握著蠟筆胡亂揮舞，不小心在白紙上留下了幾個點和幾道痕跡，她停下來看著那些痕跡，興奮地對我笑起來，很有成就感。接下來她又嘗試了幾次，而且變成了一種有意識的行為。小D的老師說，這是寶寶認知能力的進步，她明白了在紙上移動蠟筆會得到什麼，明白了「因果關係」。

創造力是很寶貴的能力，創造力強的孩子具有很好的解決問題能力。塗鴉期的孩子往往展現出非凡的創造力，卻很容易被大人一不小心而扼殺掉。因此，瞭解並尊重塗鴉期兒童的發展規律就顯得尤為重要。

◆1～2歲——隨意塗鴉

這個階段的寶寶剛剛明白，手臂的動作可以讓手上的筆劃出痕跡。這個階段的塗鴉主要表現為隨意的點，有時會出現「小蝌蚪」。這是寶寶最初接觸塗鴉的階段，大人一定要好好保護寶寶畫畫的興趣。而且在這樣的塗鴉過程中，寶寶透過感受蠟筆的質感、氣味以及筆尖劃過紙張的感覺等，各項感官也得到了發展。

◆2～3歲——有控制地塗鴉

隨著寶寶對手部肌肉的控制能力越來越強，這個時期寶寶的塗鴉會顯得更加有控制力，主要表現為可以往返手臂，塗鴉中會出現一些形狀，比如沒有閉合的圓圈、直線、曲線等。這時寶寶主動畫畫的意識開始萌芽，儘管他畫的還是那些我們看不懂的形狀，但他們會用想像力為自己畫的東西賦予某些特定的意義。

大J特別提醒

對於學齡前的孩子而言，所謂的畫畫其實只是一種塗鴉。對他們來說，塗鴉的意義在於探索如何用手使用工具，以便為今後寫字做準備；探索如何把腦子裡的想法經由圖畫表達出來，有助於發展形象思維；能夠培養孩子的創造力，讓孩子的思維隨著塗鴉自由飛翔。

◆ 3～4歲——線條和圖案

從這個階段開始，寶寶的塗鴉中開始出現直線、曲線和圖案。寶寶會在畫畫之前思考畫什麼，會藉由畫畫來表達自己的想法。在大人眼裡，寶寶這時的畫作還非常「抽象」，但如果你願意聽寶寶說，他會捧著自己的畫作告訴你其中的故事。

◆ 4～6歲——物體和人物

從這個階段開始，孩子的畫作會出現更多的細節，也更加符合常理。比如小狗不再是由幾個圓圈組成的，而是有耳朵、眼睛等；也不會在臉旁邊畫出尾巴，而是知道畫出軀幹了。這些都說明孩子的形象思維正在日益成熟，他能夠把平時生活中看到的事物記錄在腦海裡，並透過圖畫呈現出來。

引導孩子進行塗鴉的四個原則

孩子畫畫能力的發展具有內在的節奏，在孩子6歲之前的塗鴉期，千萬不要刻意去教孩子如何畫畫，尤其是不要輕易讓孩子學習寫生，這些很可能會禁錮孩子的創造力和想像力。父母可以嘗試以下的方法去激發孩子的創造力，讓孩子愛上畫畫。

〔原則1〕把畫畫作為每天的常規遊戲

父母不要把畫畫看成一件很嚴肅的事，而是把它當成每天的遊戲之一。這種態度上的轉換，不僅能讓家長降低對孩子畫畫的預期，也給孩子一個更自由和輕鬆的環境來發展他的畫畫能力。

〔原則2〕不要隨意指導孩子

很多家長看到孩子在畫畫，總是忍不住指導「太陽應該是圓的」「花怎麼會是黑色的呢」……等等。這樣指導有兩個非常明顯的弊端：一是當家長總是用「評價」的眼光糾正孩子時，孩子會因為受到否定而喪失畫畫的興趣；二是這種看似合乎常理的評判限制了孩子的想像力，禁錮了孩子的思維，對孩子今後的發展是毫無益處的。因此，父母不要總想告訴孩子怎麼畫才是「正確」的，而是放手讓孩子自由發揮。

〔原則3〕注重過程，而不是結果

對於孩子畫畫這件事，很多家長都容易陷入一個錯誤，即總是關注孩子到底畫出了什麼，畫得像不像。事實上，**透過孩子的畫作去探尋孩子的內心世界才是最重要的。因此，不要急著去評價孩子的作品好不好，而是應該認真傾聽孩子講述的故事，也許他只畫了一個簡單的圓，卻對應著一個精彩的故事。**

〔原則4〕引導孩子多觀察生活

隨著孩子逐漸長大，他們在畫畫時會向父母求助，比如「媽媽，我想畫一隻鳥，可是畫不好，你幫我畫吧」。這時，父母不要直接畫給孩子看，更不要丟給孩子一本書，讓他照著書上畫。相反，應該帶著孩子去戶外或動物園看真實的鳥，引導孩子觀察真實的鳥是什麼樣子的。

大J特別提醒

希望更多的父母能明白，對於孩子畫畫這件事，要尊重孩子自有的發展規律，不能急於求成，更不能用成人的標準去評判孩子的作品。創造力是孩子心裡的一團火苗，家長的任務就是保護好火苗，不讓它熄滅，甚至讓它越燒越旺。隨著時間的推移，等孩子的繪畫技巧日益成熟，畫出好的作品就是水到渠成的事。

智商高的寶寶一定聰明嗎？

在寶寶的早期階段，特別是0～3歲，大腦還處於高度發展階段，在這期間為寶寶提供良性的刺激、健康的環境，他的認知能力就能得到最大發展。

毫無疑問，智商高的孩子學習新知識或新技能的速度會更快，但如果沒有良好的認知能力做支撐，高智商並不等同於好成績或好的工作能力。

智商和認知是同一件事嗎？

智商和認知之間有關係，但絕對不能畫等號。智商很大程度上是由先天決定的，人在成年後的智商通常是固定的，不會再提高。而認知是一種能力，很大程度上受環境的影響，是可以透過訓練來提高的。人在成年之後的智商是穩定的，但如果一直保持學習的狀態，認知是可以不斷提高的。

在寶寶的早期階段，特別是0～3歲，大腦還處於高度發展階段，如果在這期間能夠為寶寶提供良性的刺激、健康的環境等，他的認知能力就能夠得到最大化的發展。

毫無疑問，智商高的孩子學習新知識或新技能的速度會更快，但如果沒有良好的認知能力做支撐，高智商並不等同於好成績或好的工作能力。比如，孩子注意力無法集中，沒有很好的反思、總結能力等，這些都會限制他的發展。

認知到底是什麼？

認知是由一系列發展能力組成的：

◆知覺

知覺包括視覺、聽覺、觸覺、嗅覺和味覺，是寶寶最初認識這個世界的途徑。知覺好比一個接收器，知覺的正常運作，能夠保證寶寶順暢地接受外部世界的各種刺激。

◆專注力

專注力是指寶寶對某個物體、行動或想法持續保持注意的能力。寶寶生來就具有專注力，而且每個寶寶早期的專注力持續時間都差不多。但從學齡期前後，寶寶的專注力持續時間就會顯示出明顯的差別。因此，家長應該從小保護好寶寶的專注力，幫助鍛鍊並提高他的專注力。

◆動作能力

大動作是寶寶一切能力發展的基礎，而核心力量更是基礎的基礎。當寶寶還無法抬頭或獨坐時，他就會集中有限的精力用以維持身體的平衡，從而無法接受外界的新刺激。經常有媽媽跟我說：「我家寶寶8個月還不會獨坐，而且他也不會指人或指東西，我擔心他的認知出現了延遲。」在這裡，一定要區分「能力」和「意願」這兩個概念。如果寶寶還無法獨坐，他的肩膀通常沒有很強的穩定性，這時即使他有意願指東西，也沒有這個能力做出這個動作。因此，針對這樣的寶寶，關鍵在於幫助他鍛鍊獨坐，而不是跳過這個階段，去關注其他方面。

◆語言能力

在美國，不會對3歲之前的寶寶測試智商，也不會對1歲之前的寶寶測試認知能力。之所以有這樣的年齡限制，就是因為語言能力在認知能力和智商的發展方面具有很關鍵的作用。只有當孩子可以清楚地表達自己的思想時，才能對他的認知能力和智商有更好的解讀和判斷。

◆其他能力

除了以上幾種能力，認知還包括解決問題的能力、調節情緒的能力、統籌計劃的能力……等等。這些能力聽上去似乎和寶寶沒什麼關係，事實上寶寶天生都具備這些能力，只不過在他們成長的過程中，由於家長的「熱心」或「誤解」而被扼殺或者抑制了。

比如，9個月的寶寶看到自己愛吃的泡芙零食罐，剛想自己打開，父母就開始幫忙，從而扼殺了寶寶解決問題的能力。再比如，孩子突然大哭大鬧，父母不瞭解這是孩子在表達自己的需求，而是簡單粗暴地制止他哭，這等於抑制了寶寶學習調節情緒的能力。

家長會不會提問，是培養孩子獨立思考的關鍵

每個孩子從會說話起，就常常提出「十萬個為什麼」。
如果家長和老師能夠掌握一些提問技巧，
啟發孩子進行更多的思考，而不僅僅是停留在「對錯」的層面，
就能有效幫助孩子培養獨立思考的能力。

記得我第一次出國讀書時，受到的最大衝擊就是覺得國外的學生都敢於表達自己，也願意表達自己。老師出作業時不會追求所謂的標準答案，只要你說得有理有據、邏輯清晰，就可以得高分。這對於從小接受國內教育，凡事都追求標準答案的我來說，實在是太不一樣了。記得我的老師總是跟我說一句話：「You need to have your point of view.」（你需要有自己的觀點。）

小D出生後，我更加有意識地去觀察其他孩子，發現國外的孩子即使再小，都具有獨立思考的能力，常常願意表達和父母、朋友不一樣的觀點。我在想，到底什麼樣的環境才能培養獨立思考的孩子？帶著這樣的疑問，我諮詢了小D的認知老師。

每個孩子從會說話起，就常常提出「十萬個為什麼」。如果家長和老師能夠掌握一些提問技巧，啟發孩子進行更多的思考，而不僅僅是停留在「對錯」的層面，就能有效幫助孩子培養獨立思考的能力。小D的認知老師跟我分享了一個思考能力模型，這是不少北美頂尖學校對老師培訓

的課程之一，對於家長具有很好的參考意義。

思考能力的六個層次

心理學家布魯姆（Bloom）曾經對孩子的思考能力進行分類，從低階到高階，共分六大類；並提出孩子的思考能力都是從低階向高階發展的，只有掌握了低階的能力，才能掌握更高階的能力，逐層提高，一直發展到最高階。

下圖的模型自下而上展示了最基本的思考能力到最高階的思考能力。從模型中可以看出，我們通常習慣問的「記住沒有」「對不對」等，屬於低階的思考能力。一般來說，孩子的思考能力不會自動提高到新的層面，這期間需要有「誘因」，也就是需要教育環境的激發，而這當中最關鍵的，就是老師或家長是否有意識地針對低階層面的能力進行「啟發式」提問，來鼓勵孩子向高階的思考能力發展。

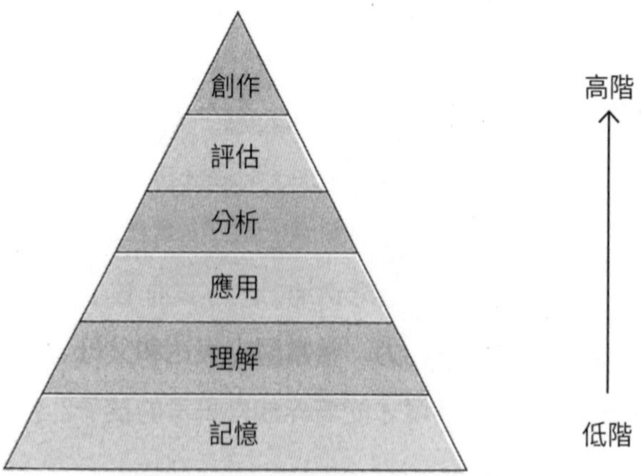

思考能力發展模型

布魯姆思考能力模型的應用：以《小紅帽》的故事為例

不管你的孩子多大，這個思考能力的模型都是適用的，其實對於成人也有很好的借鑑意義。下面就以大家都很熟悉的《小紅帽》的故事為例，來說明在每個層面該如何通過提問來幫助孩子更好地發展思考能力。

◆第一層：記憶

在這個層面，孩子藉由記憶可以複述書中的基本資訊，可以回答一些關於書中人或物的基本問題。你可以這樣提問：

- 小紅帽要去見誰？
- 小紅帽手裡提的籃子裡裝著什麼？
- 她穿了什麼樣的衣服？

提問關鍵字是「誰」「哪裡」「什麼」「多少」「什麼時候」「怎樣」等確認資訊內容的問題。

◆第二層：理解

在這個層面，孩子能夠理解故事的含義和事情發生的先後順序，可以用自己的語言非常簡單地說出故事的梗概。你可以這樣提問：

- 為什麼小紅帽需要穿過森林？
- 為什麼大灰狼要穿上奶奶的衣服？
- 這個故事主要說了什麼？

提問關鍵字是「複述」「主要觀點」「為什麼」「有什麼區別」等需要在理解的基礎上進行回答的問題。

◆第三層：應用

在這個層面，孩子有能力進行初步的融會貫通。也就是說，他可以把其他場合中學到的類似知識跟從這個故事中學到的知識和資訊聯繫起來。你可以這樣提問：

- 如果小紅帽是和朋友一起去看外婆，會發生什麼？
- 森林裡很黑，還有什麼情況下也會很黑？
- 小紅帽是步行穿過森林的，除此之外，她還可以利用什麼方式到外婆家？

提問關鍵字是「有其他什麼情況是一樣的」「如果……會發生……」「還有……方式」等。這個層面的提問精髓在於啟發孩子把其他場合中學到的知識運用到當下的故事中，起到舉一反三的作用。

◆第四層：分析

這個層面的提問鼓勵孩子動腦筋，充分收集證據來支撐自己的觀點。你可以這樣提問：

- 如果你是小紅帽，你做的會和她有什麼不同？
- 為什麼獨自走過小樹林很危險？

提問關鍵字是「你的觀點有什麼不同或為什麼一樣」「你可以從中發現什麼」等。這個層面的提問給孩子提供了不同的場景，鼓勵孩子跳出故事情節本身，對自己掌握的知識進行重新組合，挑選出重要的資訊來得出自己的結論。

大一點兒的孩子會在學校參與辯論，辯論是鍛鍊這個層面思考能力很好的方式。平時在家父母也可以有意識地跟孩子進行這樣的「辯論」遊戲，還可以交換角色來進行辯論。

◆第五層：評估

在這個層面，孩子會對自己得出的結論進行評估，或者維護自己得出的結論。你可以提出有關個人觀點的問題：

- 你覺得大灰狼欺騙小紅帽的做法對嗎？

• 你會對小紅帽提出哪些建議？

提問關鍵字是「你認為是對的或錯的」「有沒有更好的建議」等。當孩子給出一個答案後，你需要追問「為什麼你覺得是錯的或對的」。對於更大的孩子，可以問：你覺得作者在描述這個故事時是否有什麼錯誤？在整個故事展開的過程中，是否出現了前後矛盾的情況？

◆第六層：創作

在這個層面，需要鼓勵孩子發揮創造力，或者基於現在的故事情節對故事進行「二次創作」。可以要求孩子根據現有的資訊重新創作一個新的結尾，或者完全改編整個故事情節；也可以鼓勵孩子根據這個故事創作一首小詩或者一首歌曲。

認知老師的這次分享對我具有很大的啟發。回想我以前的學習經歷和父母的教育經歷，大部分老師和家長的提問大多停留在下面的三個層面，極少會涉及上面的三個層面。理解這個模型之後，家長在日常生活中可以有意識地通過向孩子提問來培養孩子獨立思考的能力。說到底，獨立思考能力是一種思維模式，是需要從小就開始培養的。

如何保護寶寶極脆弱的專注力？

當我們在談寶寶專注力的時候，首先要明白一點：

對於一個還不滿1歲的寶寶，不要期望他能夠集中注意力達十分鐘以上。

美國的一些機構通過研究得出以下公式：

孩子的專注力持續時間（分鐘）＝生理年齡～生理年齡＋1

「我家寶寶玩一會兒玩具就不想玩了。」

「我女兒注意力集中的時間很短。」

「怎麼才能提高寶寶的注意力？」

這是很多媽媽諮詢過我的問題，也是我前不久剛請教過小D的認知老師的問題。在美國，很多學齡前兒童被診斷有ADD（Attention Deficit Disorder，即注意力缺陷障礙）。所以，很多媽媽從寶寶很小時就擔心自己的寶寶有這樣的問題。下面就來分享一下認知老師和我交流的觀點。

大原則：不要對寶寶抱有不切實際的期望

當我們在談寶寶專注力的時候，首先要明白一點：小寶寶天生就是動個不停的。對於一個還不滿1歲的寶寶，不要期望他能夠集中注意力達十分鐘以上。

關於每個年齡段的寶寶注意力到底可以持續多久，美國的一些機構通過研究得出以下公式：孩子的專注力持續時間（分鐘）＝生理年齡～生理年齡＋1

例如，你的孩子2歲，那麼他專注力的持續時間就是二～三分鐘。

既然這樣，為什麼上學後同一個班級的孩子專注力持續時間會不一樣呢？這是因為儘管每個孩子的起點差不多，但在成長過程中，一些寶寶的專注力沒有得到很好的保護，從而沒有得到很好的發展和提高。

如何保護和提高寶寶的專注力

◆打造一個安全、舒適的玩耍區域

這是一個很簡單卻經常被忽視的問題。事實上，寶寶玩耍的場所也會影響他的專注力。如果寶寶玩耍的區域有潛在的危險，家長會一直處於提心吊膽的狀態，總是跟孩子說「不可以」，這樣寶寶的專注力自然總是被打斷。因此，從寶寶出生開始，父母就要有意識地為他建立一個安全、舒適的玩耍區域，放心大膽地讓寶寶去探索，不隨意打斷寶寶。慢慢地寶寶就會培養起良好的專注力。

我家在客廳開闢出一個專門的區域給小D玩耍。我在那個區域鋪上遊戲墊，所有的玩具都放在籃子裡，小D會爬後，自己可以去拿玩具。因為我個人不喜歡「圈養」，所以我家沒有買圍欄，但整個客廳都做了安全防護，這為小D提供了一個可以專注玩耍的地方。

◆2歲以內盡量不看電視或視頻

研究指出，電視或視頻對兒童專注力的發展有很大的危害。很多孩子可以對著電視半天一動也不動，在這種狀態下，孩子並沒有主動調動控制專注力的肌肉群，而是處於刺激過度的狀態，這對孩子專注力的發展並沒有好處。

小D出生後，只要她醒著，我家客廳的電視機就處於關閉的狀態。很多媽媽都說做不到這麼嚴格，而且覺得對孩子看電視不應該限制這麼嚴格。育兒方法說到底是個人的選擇，只不過我們需要知道，無論今天做出何種選擇，今後都願意為此買單。

◆為孩子提供簡單、開放式的玩具

如果沒有外界的干擾，小寶寶天生就願意專注地研究一個哪怕很簡單的玩具或物品。比如，他們拿到一塊上頭有花紋的布後，會先仔細觀察上面的花紋，然後再用身體進行探索——用嘴巴啃、拿在手裡揮舞、放在頭上等，可以玩很久。現在的很多玩具都是聲光電玩具，這類玩具會讓寶寶因為受到過度的刺激而變得容易疲倦，從而影響專注力的培養。

◆做好的觀察者，懂得適時退出

在寶寶專注地玩耍時，有的家長經常會「多管閒事」。比如，當寶寶一個人在玩積木時，家長會湊過去說：「呀，積木不是那樣搭的，應該這樣搭。」再比如，寶寶正在專心玩耍，家長也不管寶寶是否玩好，抱起寶寶就去換尿布或餵奶。這些我們覺得特別正常的事情，其實都是在破壞寶寶的專注力。

當然，並不是說家長一定不要介入寶寶的遊戲，如果寶寶要求，家長就可以和他一起玩。小D玩耍時，我的做法是先在一旁看著，不插嘴，等她因為玩不好玩具而沮喪或玩夠了時，會主動過來找我，這時我就會介入，和她一起玩或給她示範如何玩。一旦她自己又玩起來，我就會繼續退到一旁。要提高孩子的專注力，父母就應該從做一個好的觀察者開始。

◆給孩子自主選擇的權利

每個人都會對自己感興趣的東西更有專注力，寶寶也一樣。因此，每天給寶寶玩具時，可以給他一些自主選擇的機會，而不是大人要求他玩某個玩具。這裡說的「選擇」，不是一下子給寶寶十幾種玩具，那樣只會分散寶寶的專注力。家長可以給寶寶提供兩三種玩具，問寶寶自己想玩哪一個。如果寶寶小時候有機會自己選擇玩具，並且可以專注地玩較長一段時間，長大後他對大人要求的活動就會有更好的專注力。

CHAPTER 6

【認知老師教我的事】

規則與管教篇

愛與規矩並行，讓寶寶成為更好的人

如果你認為——

☐小寶寶愛咬人，當下就要嚴正制止，以免他養成壞習慣。

☐孩子開始說「不」「不要」是反抗期的表現，父母不應該縱容。

☐ 3 歲以下孩子之間發生衝突，大人不應該干預，因為孩子沒有惡意。

☐生性倔強的孩子更應從小嚴格管教，及早磨掉他的壞脾氣。

☐孩子一不如意就大吵大鬧，大人要堅定立場，不要去理會他。

以上都是父母管教孩子時容易有的迷思，

本章中，大 J 要分享美國認知老師傳授她的教養祕訣，

愛與規矩並行，拿捏自由與紀律，教出自律自愛、尊重他人的好孩子。

如何管教1歲以內的寶寶？

對於1歲以內的寶寶，不要去改正他不好的行為，而是去強化他好的行為。這個年齡階段的寶寶，能夠從父母的表現中明白哪些行為值得鼓勵，更樂意去做。對於不好的行為該怎麼辦呢？應對方法就是冷處理和分散注意力。

小D的認知老師說過，當寶寶開始具有自我意識時，儘管父母發現他「脾氣」見長，沒以前好帶了，但從認知發展的角度來看，這是件好事，代表寶寶的心智進一步成熟了。很多父母都知道要同理孩子（體諒孩子的情緒）、跟孩子說理（建立正確的規則），但其實這種方式對於1歲以內的寶寶是行不通的。

這是因為1歲以內的寶寶還不能完全理解父母的話，他們主要是透過對父母和身邊人的行為來判斷哪些行為是值得鼓勵的，哪些行為是被禁止的。比如，你和家人說話的方式、你生氣時處理情緒的方式等，都會潛移默化地影響寶寶。也就是說，從寶寶一出生開始，父母就要以身作則，為寶寶做好榜樣。

1歲以內的寶寶無理取鬧怎麼辦？

1歲以內的寶寶還不能用語言表達自己的情緒，哭是他們唯一的表達方式。所以在使用下面的方法之前，一定要先排除寶寶存在餓了、尿了、病了等生理和病理方面的問題。

◆冷處理、忽視

很多媽媽都有過這樣的經歷，你越是告訴寶寶不要做某些事，他就越想去做。這是因為這個年齡階段的寶寶很喜歡得到關注，他們還無法區分「好」的關注（表揚）和「壞」的關注（批評），只要受到關注，他們就會非常開心。所以，當你告訴寶寶不要做某件事時，他以為這是對他的關注，以為自己得到了鼓勵，因此才會繼續做下去。事實上，**當寶寶無理取鬧時，正確的做法是「冷處理」。過一會兒，他發現這樣得不到關注，自然就會覺得沒意思而停止了。相反的，如果你每次都制止或責備他，無意間就強化了他的行為。**

記得小D剛長牙的時候，有一次我抱著她，她在我肩膀上狠狠地咬了一口。我非常嚴肅地跟她說：「你不可以這樣，你把媽媽咬疼了。」結果她還繼續咬，我越是「教育」她，她越是變本加厲。在和小D的認知老師溝通後，我改變了策略，她再咬我的時候，我直接把她放到遊戲墊上，我和爸爸以及其他人都一致忽略她，也沒有任何眼神的交流。把她剛放下時，她還挺開心，但過了一會兒，她就感到無聊，翻身來找我了。這樣過了幾次以後，她就不再咬我了，後來再也沒發生過咬我的情況。

◆轉移注意力

寶寶有時陷入不良的情緒當中很難出來，會不停地大哭。他們也會表現得很「叛逆」，大人越不讓做的事情，他們越想做。這個年齡階段寶寶的記憶都是短期記憶，所以很容易被轉移注意力，家長可以利用這個特點來解決問題。

小D曾經很喜歡拿爸爸的眼鏡玩，不讓她拿她就會大哭，甚至會哭到嘔吐。後來復健師教給我們一個小妙招，即把小D抱到廚房，用非常誇張的語氣給她介紹廚房裡的瓶瓶罐罐，小D就被這些新鮮事物吸引而平靜下來。這就是藉由改變場景或利用新鮮事物來轉移寶寶的注意力。

◆正面強化

認知老師說，這一點是所有方法中最重要的。對於1歲以內的寶寶，不要去改正他不好的行為，而是去強化他好的行為。這個年齡階段的寶寶，能夠從父母的表現中明白哪些行為是值得鼓勵的，從而更加樂意去做。那麼，對於不好的行為該怎麼辦呢？應對方法就是前面所說的冷處理和分散注意力。**這個年齡段的寶寶還沒有形成「好」與「壞」的標準，也不明白父母管教的含義，所以最關鍵的是不要強化他不好的行為。**

孩子無理取鬧背後的祕密：爸爸媽媽，我需要你們的關注

小D2歲左右時，語言進入爆發期，不僅能聽懂我們說的中英文雙語，還會使用一些簡單的中文和英文詞彙。與此同時，她也出現了越來越頻繁的尖叫和哼哼唧唧的現象。認知老師說，這

是2歲左右的寶寶非常典型的表現，英語裡稱這種叫聲為「whining」（哀鳴聲），現在如果不及時介入，寶寶就會覺得「我只要大叫就能得到想要的」。

從出生開始，寶寶就依賴大人來滿足他們的需求，無論是餓了、餓了，還是睏了、累了，這些最基本、最簡單的需求都是大人幫助他們完成的。於是他們逐漸明白，要滿足自己的需求，就需要得到大人的關注。但當他們試圖被關注卻遭到失敗時，就會感到無助和沮喪，所以才會啟動大哭大叫的模式，以贏得大人進一步的關注。

寶寶的思維是很簡單的，他們不會考慮自己的行為在大人眼裡是否是好的，他們只做自己認為有效的行為。如果寶寶的每一次大叫都能得到大人的關注，他就會把這當成自己的「撒手鐧」，會持續使用這種方法。這正是好多媽媽反映寶寶越大脾氣越差的原因。事實上，從某種程度上來講，正是因為在寶寶最初出現這種苗頭的時候，大人沒能及時、正確地引導，才會導致寶寶的行為愈演愈烈。

寶寶無理取鬧時，大人正確引導的四個方法

〔方法1〕防患於未然：「寶貝，你並不需要透過大叫來贏得我的注意。」

寶寶大叫的目的是贏得大人的注意。**如果大人從一開始就讓寶寶覺得踏實，知道父母永遠在關注他，那麼他出現大叫的機率就會減少很多。**而讓寶寶感到踏實，最重要的就是父母高品質的陪伴，即和寶寶在一起時不玩手機，保證每天都有親子閱讀的時間，跟寶寶有擁抱、親吻等親密的接觸，對寶寶的反應能及時地回饋，這些都可以給寶寶帶來愛和滿足。

〔方法2〕認可寶寶的需求：「寶貝，我知道你需要我。」

每次寶寶表達自己的需求時，只要這種需求是正當的，都應該及時滿足他。我看到過很多父母，自己在忙著做一些事時，孩子跑過來說：「媽媽，可以幫我拼拼圖嗎？」父母會直接拒絕甚至忽略孩子的要求，直到孩子哭鬧起來，他們才停下手上的事去關注孩子。儘管我們並不需要孩子一叫就立刻停下手上的事情去回應他，但至少要記得及時回應他，讓他知道父母一直都在關注他的需求。例如，你正在和朋友打電話，孩子過來找你一起玩，你希望孩子能等一下，你可以說：「媽媽正在和阿姨打電話，等我打完電話再來和你一起玩好嗎？」但要注意等待時間的問題，孩子越小就越沒有耐心，所以，遇到這種情況，要盡快結束手上的工作，並認真履行自己的承諾。

有一次，我在鄰居家喝下午茶、聊天，她的女兒跑過來要和她說事情。我看到小女孩握住媽媽的手腕，媽媽也握住女兒的小手繼續和我聊天。聊完後，她轉過頭對女兒說：「好了，寶貝，你要和媽媽說什麼？」事後鄰居告訴我，這是她和女兒之間的約定，如果媽媽正在忙，而女兒想和媽媽說話，就用這個動作來告訴媽媽她想跟媽媽說話，等媽媽忙完就會來跟女兒說話。鄰居和我分享的心得是，孩子其實只需要大人的一個回饋，這個回饋可以只是握住她的手，但至少讓她知道：媽媽知道你的需要，只是你要等一下。這樣孩子就不會因為覺得被忽略而大叫大鬧了。

〔方法3〕教會正確表達：「寶貝，你大叫的時候我不明白你要什麼。」

每次小D大叫時，我都會用平靜的語調對她說：「你想幹什麼可以告訴我，但你大叫的時候我不明白你要什麼。」小D一開始非常排斥表達自己的需求，會繼續大哭大叫，這時我就會先讓她平靜下來，然後幫助她來表達：「是不是因為剛剛媽媽在燒水，沒幫你撿掉了的娃娃？你用手指給我看，你想要什麼？」幾次之後，小D就會發現，大哭大叫的時候並不能表達自己的需求，而是需要平靜下來跟媽媽說。對於大一點兒的孩子，可以鼓勵他們用語言表達需求；對小月齡的孩子，可以教他們用手勢來表達。

對於倔脾氣的寶寶，哭叫起來不容易停下來，這就需要先安撫他，然後再教他如何表達需求，千萬不要在孩子情緒失控的時候嘗試教他，否則只會適得其反。

〔方法4〕堅持到底：「寶貝，你這樣做並不能得到你想要的。」

小D的老師打了個很好的比方，她說孩子過了1歲以後其實一直在試探大人的底線，這就好像玩賭博機，你玩了十次，即使輸了九次，但只要贏一次，你還是想繼續賭下去。

孩子也一樣，當他們試圖透過大哭大叫來得到自己想要的東西時，即使十次當中只成功了一次，他們也會覺得這一招是有效的。因此，父母管教孩子的關鍵就在於，讓孩子明白他使用的招數是沒用的，而我已經把正確的方法教給你了，透過這種方法你才能得到自己想要的。

很多媽媽都說，教孩子使用正確的方法好難、好累啊。對於這個問題，我的心得是，育兒的問題一開始就要走在正確的軌道上，這樣今後的道路才會越走越順利。

孩子總是愛說「不」，怎麼辦？

1歲半～2歲的孩子自我意識開始萌發，語言也慢慢開始發展，會說一些簡單的詞語。他們意識到語言可以用來表達意願，於是就透過說「不」告訴大人：我要自己做主。換一個角度來看的話，媽媽們不必為此感到苦惱，反而應該感到欣慰，因為你的小寶貝又長大了一點兒！

小D從矯正15個月時開始進入語言爆發期，中文和英文的很多單字都開始從她嘴裡往外蹦。而且不知從哪一天開始，對於我所說的任何話，她的回應都是「No」或「不」。

——Dorothy, can we go out?（我們要不要出去？）

——No, no!（不要！）

——那我們待在家裡玩吧！

——不要！

每天面對她的無數個「不要」，我不知道到底該怎麼辦才好，只好求助於小D的認知老師。

為什麼會出現這樣的情況？

認知老師告訴我，這種現象很普遍，一般出現在寶寶1歲半～2歲的階段。這個階段的孩子自我意識開始萌發，語言也慢慢開始發展，會說一些簡單的詞語。他們突然意識到，語言是可以用來表達意願的，於是就透過樂此不疲地說「不」告訴大人：我要自己做主。

認知老師為此還特地祝賀我，她說，這代表你女兒在認知方面迎來了新的里程碑，朝著獨立自信的個體發展又近了一步。所以，換一個角度來看的話，媽媽們不必為此感到苦惱，反而應該感到欣慰，因為你的小寶貝又長大了一點兒！

針對寶寶總是說「不」的情況，我們既不希望自己成為毫無原則、輕易妥協的父母，也不希望自己每天都強迫孩子做我們希望他做的事，那麼到底怎樣做才對呢？為此，認知老師教了我**「兩個基礎」**和**「三大招」**，經過我的實踐，發現這些方法很有效。

第一基礎：家長自己不要經常說「不」

認知老師說，她曾經做過一個試驗，全天開著錄影機記錄一位媽媽帶孩子的過程。重播錄影時，那位媽媽自己都感到震驚，她在一天當中對著孩子說了無數次「不」。孩子的第一模仿對象就是父母，如果他每天收到的資訊中含有大量的否定詞語，他自然很容易學會說「不」。

因此，在養育孩子的過程中，家長要多進行正面強化，要有選擇性地說「不」。對於危及生命安全的事情（比如碰插座等），要堅定地說「不」；而對於生活中的其他情況，則要謹慎使用

「不」。舉個例子，與其說：「不要站在浴缸裡玩。」不如說：「我們坐在浴缸裡洗澡吧，因為浴缸太滑了，站著容易摔倒。」

第二基礎：協助孩子擴展表達方式

很多時候，這個階段的孩子說「不」只是一種慣性，比如文章開頭提到的小D和我的對話，她嘴裡說了「不」，事實上可能並不是這麼想的。這就需要家長在平時有意識地教孩子學會正確表達自己的意願，比如可以用對話的形式來幫助寶寶學習正確的表達方式。

舉個例子，小D特別喜歡玩動物農場積木，我就會拿著這些積木和她玩這樣的遊戲。一開始都是我自問自答：

——如果我們問小貓，你要不要吃魚？小貓怎麼回答？

——要！

——如果我們問小牛，你要不要吃草？小牛怎麼回答？

——要！

這樣的句式進行了幾次後，我就會順勢問：

——如果我們問小D，你要不要吃午飯？小D怎麼回答？

有時，小D就會說「要」。經由這樣的過程，能夠幫助她慢慢打破總想說「不」的慣性。這樣的方法也適用於繪本、兒歌等，家長可以根據孩子的愛好來選擇使用的方式。

第一招：利用遊戲化解矛盾

我一個閨蜜的孩子現在2歲多，每天說「不」的情況非常嚴重。閨蜜向我吐槽說，每次一聽到孩子說「不」，她就開始教育孩子，結果常常因為一點兒小事就吵起來，每天都搞得筋疲力盡。這是很多父母都容易犯的錯誤，很多時候孩子說「不」，並不是真的要和我們作對。所以，千萬不要太認真，一認真你就輸了，不妨通過遊戲來化解一下。下面舉兩個例子說明。

〔情景1〕我要求小D每晚睡覺前和我一起收拾玩具

我問：「Shall we clean up the toys, Dorothy?」（我們一起收拾玩具好嗎？）小D：「No!」（不！）

然後，她就轉身離開了。這時，我不會大動干戈，而是開始唱在早教班收拾玩具時大家一起唱的兒歌「Clean Up」，並把一塊積木放進盒子裡。我剛開始唱沒多久，小D就轉身過來，非常愉快地和我一起收拾起來。就是這麼簡單的一首歌，讓小D覺得這是在玩遊戲，而不是媽媽在要求她做事。

〔情景2〕我們馬上要出門了，小D還在遊戲墊上玩，而我要給她換尿布

我問：「媽媽抱你起來換尿布可以嗎？」小D：「不！」

這時，我不會強行把她抱起來，因為她已經說「不」了，強行抱起來她肯定會哭鬧。於是，我又設計了一個遊戲。

「小D，我們來比賽吧，看誰最先爬到臥室？」

然後，我就和小D一起爬，讓她追趕我，結果很快她就爬到了臥室，還讓我換了尿布。

第二招：盡量給孩子選擇權

如果理解孩子說「不」背後的心理訴求——想要獨立，我們就可以給他多一些選項，讓他具有選擇的權利。一旦有了選擇權，寶寶就會有「自己做主」的感覺，從而能有效避免一味說「不」的現象。例如：

不要說：「我們吃早飯，好嗎？」而是說：「你早餐想吃麵包，還是蛋餅？」

不要說：「我們穿衣服吧！」而是說：「你今天要穿藍色的衣服，還是紅色的衣服？」

對於這個年齡階段的寶寶來說，選擇不用多，兩個就足夠了。但要注意的是，你給出的選擇一定是自己可以接受的，完全沒必要為了提供更多的選擇而加大自己的工作量。

有時候，孩子會出現對兩個選擇猶豫不決的情況，這時，我們可以在提供選擇後，再加上一個時間限制，以給孩子造成緊迫感。比如，你可以說：「我數到十哦，如果你還不選擇，我就替

你選！」通常孩子都會很快做出決定。

第三招：巧妙利用孩子模仿的天性

這個年齡段的孩子特別愛模仿，對於我們希望他做的事情，父母可以巧妙利用他們模仿的天性來引導。舉個例子，我們將要出門，我希望小D可以穿上鞋。

我問：「我們穿上鞋出門好嗎？」小D：「No!」（意料之中）

於是，我不再問她，而是把她的鞋子拿下來放在我身邊，然後自己坐下來穿鞋，一邊穿一邊自言自語：

「我要出去玩了，我先把鞋穿好，這樣才能出門。小D，你要不要和我一起出去玩啊？我們一起穿鞋吧。」

這時，小D就會自己走過來坐在我旁邊，試圖拿起鞋子。經由這樣的方式，小D的配合度就會比較高。

我的寶寶被人「欺負」了，怎麼辦？

這個年齡段的孩子還無法理解很多規則，但他們學習和模仿的能力已經很強了。如果我們簡單粗暴地教孩子搶回玩具，孩子的確能學會。從短期來看，也許我們的孩子「贏」了；但從長期看，他們錯過了學習規則的機會，也錯過學習正確應對這類情況的方法。

我一直帶小D參加紐約的音樂早教課，每次老師拿出玩具，開始進入自由活動時間時，我就看到一群寶寶呼啦啦地爬（走）過去，這時我的腦海裡總會響起趙忠祥老師的聲音：「在遙遠的非洲大草原，一群年幼的獅子剛剛出生，牠們首先要學會的就是如何在這個弱肉強食的草原上生存。」有時看著這些孩子，覺得他們就像一個小小動物世界的現實版。小D最初去參加這些早教班或者戶外活動時，總是發生玩具被搶的情況。這一度成為我和她的認知老師經常討論的話題，如果遇到這種情況，父母到底應該擔當什麼樣的角色，怎麼做才恰當？

處理孩子被欺負時的兩個大前提

〔前提1〕不要好為人師

永遠不要試圖告訴其他孩子的父母，他們該怎麼教育自己的孩子；永遠不要試圖管教其他孩子。每個家庭的育兒風格都不相同，你所認為對的育兒風格，不一定適用於其他家庭。

不加以評判，就意味著雖然你不認同別人的做法，但卻尊重多樣性的存在。沒必要把孩子之間本來很小的一件事情升級到大人之間的矛盾衝突。接下來我要分享的，都是如何從自身出發去保護自己的孩子。

〔前提2〕不要以暴制暴

很長一段時間內，我媽媽總是擔心小D被「欺負」是不是因為太懦弱了，她一直跟我說應該教她把玩具搶回來。這個年齡段的孩子還無法理解很多規則，但他們學習和模仿的能力已經很強了。如果我們簡單粗暴地教孩子搶回玩具，孩子的確能學會。從短期來看，也許我們的孩子「贏」了；但從長期看，他們錯過了學習規則的機會，也錯過了學習正確應對這類情況的方法。

什麼情況下父母需要干預？

——孩子覺得委屈哭了

面對孩子之間的衝突，很多父母的第一個疑問就是，孩子的事情是否應該讓孩子自己解決？關於父母是否要干預，關鍵看兩點，即寶寶的年齡和寶寶被搶後的情緒。

3歲以下的寶寶之間有衝突時，不建議父母當「旁觀者」，讓他們自己去解決，因為他們的心智還沒成熟到可以自己解決的程度。這個年齡段的寶寶語言發展、認知發展還沒成熟，很多時候我們大人眼裡的「暴力」行為，只是因為孩子無法用語言表達而已，因此需要父母進行適當的引導。基於這個大前提，父母是否應該干預的另外一個條件，就是寶寶被搶玩具後的情緒反應。小D第一次參加早教課被搶玩具大概是在矯正6個月時，那時候她其實是無所謂的，玩具被搶之後，她自己又拿了一個玩具玩起來。這時，我就選擇不干預，因為其他孩子的行為並沒有對她產生影響。

但到她矯正10個月時，有一次，一個男孩拿走了她的玩具，她愣了幾秒以後就哭了起來。這時，父母就需要進行適當的干預。因為**在這個階段她還無法獨自解決問題，這個時候父母的「不作為」會讓她產生困擾，讓她疑惑自己以後再遇到困難是否還要求助於父母，以及其他孩子搶玩具的行為到底是否正確。**

孩子之間發生衝突時，父母的三步驟干預法

〔步驟1〕鼓勵孩子表達自己的意願

孩子之間發生衝突時，父母不要第一時間就替孩子出頭，而是給孩子表達自己的機會。每次小D的玩具被搶後，她都會又哭又叫，我會問她：「怎麼了？你告訴媽媽為什麼哭。」當她還不能自己表達的時候，我會替她表達：「你是想要那個玩具，對嗎？」同時，我教她用手指向那個玩具。等她能夠自己表達時，我會鼓勵她：「你要什麼？指給媽媽看吧。」同時，我教她一些簡單的單字，比如「mine」（我的，同時拍自己胸口），「help me」（幫助我）等，這些都是求救的信

號。讓孩子學會正確表達自己的意願，能夠幫助他認識自己的情緒，等到今後遇到同樣的問題時，他就可以透過表達來求救，而不是一味地哭鬧和大叫。

〔步驟2〕使用同理心

如果寶寶表達了自己的負面情緒，家長要及時給予回饋。比如，可以透過語言、擁抱、親吻等方式來對孩子表示理解和接納。這樣一方面可以安撫寶寶的情緒；另一方面也讓他明白：自己受到委屈時，父母是值得信賴的求救對象，他們會來保護我。其實，孩子安全感的建立就體現在這些點點滴滴當中。

〔步驟3〕幫助寶寶取回玩具

通常小D受「欺負」之後，如果我安撫了她，其他孩子的家長就會介入，有的父母會讓自己的孩子把玩具還給小D。但如果其他家長沒有干預的話，我會走到搶小D玩具的那個孩子面前說：「她正在玩這個玩具，你可不可以等她玩好了你再玩？」說的時候語氣要平靜、堅定，並且看著孩子的眼睛說。大部分情況下，都可以取回玩具。

小D在很長一段時間內都處於「被欺負」的狀態，但我還是樂此不疲地帶她去和不同的孩子進行互動。因為我覺得這是幫助寶寶接觸社會很重要的一課，透過這些互動她會明白，世界不是只像在家裡那樣，不是所有的人都會像父母那樣讓著她。我要做的就是成為一個引導者，既適度保護她，也讓她明白哪些行為是正確的、哪些行為是不對的，以及應該如何應對別人錯誤的行為。

寶寶打人，你管得不對才是大問題

很多寶寶打了家裡人時，一些父母或長輩會順勢和孩子繼續打鬧，甚至帶著開玩笑的語氣說：「呀，你敢打媽媽，你這個小壞蛋！」這種做法是很不正確的。

因為這樣會讓孩子誤以為「打人」可以得到關注，是父母和我互動的一種方式。

小D第一次出現打人的情況，是在她矯正13個月時，當時我邀請了法國鄰居的兒子來家裡玩。我和鄰居在一旁喝咖啡，兩個孩子在遊戲墊上玩。突然，小D摸了一下那個男孩的臉，並打了一下。當時我感到有些震驚，覺得她怎麼變得這麼「暴力」。

我當時有點兒手足無措，抱起小D和鄰居說了句「對不起」，就不了了之了。後來，跟小D認知老師溝通過我才明白，小寶寶的「打人」行為很常見，關鍵要看父母的引導是否得當。

寶寶為什麼「愛打人」？

認知老師告訴我，學齡前的寶寶語言表達能力還很有限，當他們想表達卻無法表達自己時，第一反應就是使用他們更熟悉的方式——肢體語言，於是就會出現大人眼中所謂的「暴力行為」，比如打人、踢人、咬人等。所以，這個年齡段的孩子出現打人的行為是很正常的，關鍵在於家長該如何去引導孩子。

防患於未然：教寶寶如何表達友好

在日常生活中，父母要有意識地教寶寶正確地表達友好的行為。比如，我會教小D去抱抱娃娃、親親娃娃，她要摸娃娃時，我會一邊示範給她看，一邊說「要輕輕地摸」。平時朋友來我家玩，我會教小D揮手說「嗨」來打招呼，臨別時會教她揮手說「拜拜」。在寶寶語言發展還不完善的情況下，這些示範就是在教寶寶如何使用動作來表示友好。

冷靜處理：讓寶寶明白自己的不當行為對他人的影響

當寶寶打人時，不管是打家庭成員還是其他寶寶，父母一定要及時干預，千萬不要一笑了之。父母的干預行為本身就是在告訴寶寶，這種行為是不對的，是不被允許的。如果父母不及時干預，其實就是在默許寶寶這樣的行為。當然，對於如何干預，父母也需要講究技巧。

◆明確地表達自己的立場

很多寶寶打了家裡人時，一些父母或長輩會順勢和孩子繼續打鬧，甚至帶著開玩笑的語氣說：「呀，你敢打媽媽，你這個小壞蛋！」這種做法是很不正確的。因為這樣會讓孩子錯誤地以為「打人」原來是可以得到關注的，是父母和我進行互動的一種方式。那麼等他跟其他孩子一起玩時，看到自己喜歡的小朋友，他也會用同樣的方式來獲取關注。

面對孩子「打人」的問題，還有一些家長會走另外一種極端，即覺得特別氣憤，甚至會打孩子來教訓他，希望藉由這樣的懲罰讓孩子記住打人是不對的。但對於3歲之前的孩子來說，這種做法高估了他的理解能力，因為他還不太明白「懲罰」的意思。相反，父母打他的行為會給他一個錯誤的示範，讓孩子以為「原來我可以打人，因為爸爸媽媽也是這麼做的」。

這時，最好的處理方法就是馬上把孩子帶到一旁，看著孩子的眼睛，用平靜並且堅定的語氣說：「不可以打人，打人會傷害別人。」其中最關鍵的是要讓寶寶停止正在進行的活動，這樣他才能認真聽你說話。

◆幫助孩子進行情緒梳理

在制止孩子後，父母需要根據孩子「打人」時的情況來進行處理。如果孩子感到很生氣，父母可以抓住孩子的手，繼續和孩子說：「不可以打人！」先讓孩子平靜下來，然後可以幫助孩子說出自己的感受（如果是大一點的孩子，可以詢問他的感受）：「你很生氣，對嗎？非常生氣，這麼大的生氣！」父母可以一邊說，一邊比畫出西瓜的樣子，因為對於小寶寶來說，生氣程度用大小來表示會更加直觀。這種方式其實是在幫助孩子認清自己的情緒，讓他慢慢明白自己行為背後的情緒是什麼。只有先瞭解情緒，才能學會如何控制和釋放它。

如果幫助孩子梳理情緒之後，他還是想打人，你可以說：「如果你繼續打人，就只能讓你去其他地方玩了。」這樣可以讓孩子明白，如果執意做出被禁止的行為，他是需要承擔後果的。

如果寶寶沒有生氣，只是在表達友好，只不過下手重了一些，家長可以跟孩子說：「你是希望Susie和你一起玩，對嗎？你可以這樣告訴她。」然後，示範給寶寶看，比如揮手說「嗨」，教寶寶如何正確表達自己的友好。

◆重視道歉的過程

這是很多父母都容易忽略的問題。面對孩子打人，我最關注的通常是弄清楚對錯並教育孩子，卻忘記了向別人道歉。其實這是非常重要的一個環節，能夠讓孩子學會對自己的行為負責。

如果小D出現打人的情況，我會等小D平靜下來後對她說：「你看，Brian被你打痛了，我們可以去說『對不起』嗎？」這是在陳述事實，之後我會把焦點轉移到她的行為對對方造成的後果：「你看，Brian很難過，因為你打了他。我們該怎麼做才能讓他開心起來呢？」說完，我和小D一起去跟被打的小朋友握手或擁抱，並跟他說「對不起」。

父母永遠要起表率作用

永遠別小看父母榜樣的力量，孩子最容易模仿的對象就是自己的父母。如果父母平時遇到問題總是情緒失控，比如大吵大鬧，甚至動手等，這等於告訴孩子，這些行為都是被允許的。因此，要想教會孩子控制情緒，父母首先要學會控制情緒。「打人」是孩子成長過程中很常見的現象，如果父母引導得當，不但能夠有效控制孩子的不當行為，還能教會孩子如何與人友好相處，如何正確表達自己的情緒。而且處理這種情況對父母來說也是一種情緒修練的過程，不是嗎？

倔強孩子正是「績優股」，關鍵是父母如何引導

倔強的孩子從小就是特別有主意的人，認定的事情會不顧一切地去完成，這正是父母覺得他們「難養」「不聽話」的原因。

對於這類孩子，只要小時候父母不強行打壓他們的意志，成年後更容易成為領導者。因為他們知道自己想要什麼，不會去盲從，不會輕易屈服於他人的意見。

小D剛2歲時，她的倔脾氣就已經很「出名」了。她小時候一旦願望得不到滿足就會大哭，哭聲非常激烈，甚至有一次導致鄰居報警，讓人家誤以為出了什麼事。

我曾經問小D的認知老師她如何形容小D的性格，老師用了兩個詞：「strong-willed」（意志堅強，也叫倔強）、「spirited」（生氣勃勃，也叫脾氣暴躁）。相比「調皮孩子」「難養」「不聽話」，這兩個單詞可以有正、反兩種含義，端看你如何看待這個問題。此外，倔強的孩子雖然看上去難養，但如果教養得當，就可以成為「高投入、高回報」的「績優股」。

為什麼說倔強的孩子是「績優股」

倔強的孩子從小就是特別有主意的人，認定的事情會不顧一切地去完成，這正是父母覺得他

們「難養」「不聽話」的原因。

對於這類孩子，只要小時候父母不強行打壓他們的意志，他們成年後更容易成為領導者。因為他們知道自己想要什麼，不會去盲從，不會輕易屈服於他人的意見。此外，這類孩子很擅長自我激勵，會為了達到自己的目標而不停地奮鬥。

養育倔強孩子的禁忌

面對倔強的孩子，家長的第一反應通常是如何調教他們，這是家長的本能反應。因為他們覺得自己的孩子相比其他孩子更加「頑劣」，為了讓孩子順從、聽話，父母常常會使用大吼大叫、指責謾罵甚至武力制伏的方式來對待孩子。這是教養倔強孩子最大的禁忌。這樣的做法容易出現兩種極端：一類孩子會屈服，覺得「你們說什麼，我就做什麼」，但就此會喪失執著等寶貴的特質；另一類孩子會變得更加「頑劣」，他們覺得「哪裡有壓迫，哪裡就有反抗」，真的變成一個叛逆的「調皮孩子」。

要想培養好這支「績優股」，父母要注重親子關係的培養，透過良好的親子關係來進行影響和正面引導孩子，而不是跟孩子對著幹。小D的認知老師曾和我強調過，有效的管教＝九〇％的親子關係＋一〇％持續、堅定地遵守規則。

倔強的孩子需要體驗式學習

對於倔強的孩子而言，再多的說教都比不上讓他自己體驗一回。因為他們內心堅定，不容易受外界的影響，只有親自嘗試過、體驗過才會甘休。比如，你告訴他很多次燈泡是燙的，不能摸，甚至都要使用武力來限制他了，他還是試圖去摸。這時，不如讓他自己摸一下，被燙一次之後，他就會長記性。當然，這樣做的前提是不會對孩子造成嚴重的傷害。

此外，不要總對孩子說「不可以」，說得過多孩子就會「免疫」。可以在一些小事上讓孩子吃一下「苦頭」，等到下次真的遇到危險的事情，再跟他說「不可以」時，他就會聽進去。

巧妙利用倔強孩子的掌控欲

倔強的孩子通常會有更強的掌控欲，他們總是希望自己能夠控制更多的事情，家長不妨利用這個特點來順勢引導孩子。比如對於刷牙這件事，家長幫他刷牙時，他可能很抗拒，但如果你把牙刷給他，讓他自己刷，他就會變得很配合。也許一開始他刷得並不乾淨，但他非常樂意學習，家長可以多花點兒時間示範。當孩子感到更獨立，感到自己能掌控更多事情時，就會更加配合。

這一點我深有體會。小D以前穿鞋、脫鞋都會跟我鬧，後來我就索性跟她說：「哦，這是你自己的事，你自己脫吧。」這時，她反而會平靜下來自己嘗試。看她自己無法完成，我就會問：「需要幫忙嗎？」「要！」接下來我就可以名正言順地教她做了。對於很多她力所能及的事，我都會先讓她自己做，等她需要我幫忙時我再提供幫助，這樣反而少了很多無謂的鬥爭。

利用規律作息來建立規則

為倔強的孩子建立規則時，要避免說「你不可以」「你必須」這類詞語，因為這樣很容易讓父母和孩子形成對立面，從而給了他們「寧死不從」的機會。因此，家長不妨利用孩子的作息來建立規則，也就是說，我並沒有要求你做什麼，只不過是因為每天就該這樣做。比如，「每天晚上八點需要睡覺，睡前媽媽會讀繪本，如果你配合，我們就有時間讀兩本繪本」；「我們每天都是先做完作業，再看電視」。

小D第一次嘗試過冰淇淋之後，就深深愛上了它。為防止她今後吃過量，我告訴她每週可以吃一次。現在每次經過冰淇淋的櫃檯，她就會對我大叫：「我要冰淇淋！我要冰淇淋！」這時，千萬不能跟她說「不能吃」，否則她一定會在公共場所發飆。相反，我會跟她說：「每週六吃冰淇淋，今天是週四，我們數數還有幾天就可以吃冰淇淋了，好嗎？」然後，我引導她伸出手指來數數：「一、二，哇，還有兩天就可以吃冰淇淋了，好開心。」她就會自己數一數，然後也特別開心地和我說「哇」。

花時間聆聽孩子的心聲

倔強的孩子更需要聆聽，他們之所以倔強、不聽勸，就是因為他們已經形成了自己的觀點，並且不願輕易改變這種觀點。對於這類孩子，多花時間聆聽他們的心聲，可以幫助父母更好地瞭解他們。

一位朋友曾分享過她3歲女兒的故事。有段時間她女兒不肯洗澡，怎麼勸說都沒用。經過幾次這樣不愉快的經歷之後，朋友決定換換方式，於是她問女兒：「我知道你不想洗澡，但你可以告訴我為什麼嗎？」這一問，果然發現了問題的原因。原來她女兒最近在幼稚園新學了一首兒歌，兒歌描述了一個孩子被水嗆到的故事，她之所以害怕洗澡，是因為怕自己會像兒歌裡的孩子一樣被水嗆到。明白真相之後，朋友順勢引導，終於破解了孩子不肯洗澡的難題。

倔強的孩子特別擅長製造和父母之間的「鬥爭」，而很多時候父母也會無意識地陷入其中，於是很多管教問題就會演變為權力之爭，要看到底誰說了算。

我的一個小經驗就是留意自己在哪些情況下特別容易被孩子激怒，然後在心平氣和的時候，在心裡預演一遍這些場景。如果再發生類似的問題，我就提醒自己在心裡按下「暫停鍵」，先不要發火。平時多排練幾遍，再遇到問題就不會那麼容易被激怒了。

我從不苛求自己做完美媽媽，也不要求自己不能生氣、不能發火，但我希望自己是不斷進步的，至少今天的我比上個月的我更加心平氣和，更能從容應對孩子情緒失控的局面，這就足夠了。

愛孩子就要先學會跟他好好說話

2、3歲的孩子不會故意去做一些不良的行為，
很多時候他們只是因為無法用語言表達自己的情緒，只能藉由行為來表達。
因此，面對孩子的過激行為，最關鍵的是協助他們正確認識情緒，
而不是對他們進行「人身攻擊」，或給他們貼上各種負面的標籤。

「你這孩子怎麼這麼調皮？」

「我跟你說過不要這麼做，你偏不聽，現在吃苦頭了吧？」

這些話大家應該都不陌生，在美國我也常常聽到類似的評論。每每這時，我都會想起小D的認知老師跟我說過的一句話：「There is no『wrong』kid; there is only『wrong』way of parenting. And parenting all starts from how we communicate.」（這個世界上沒有「調皮孩子」，只有不恰當的育兒方式，而一切育兒方式的關鍵就在於我們如何跟孩子溝通。）

在和認知老師接觸的過程中，我親眼見證了溝通的藝術。無數次因為小D不聽話而導致我的嗓門越來越大時，老師在一旁輕輕地點撥幾句話，就會出現神奇的效果。而這時，我也常常會感歎，這樣說效果真好啊！如何說孩子才會聽，這是一門藝術，我也還在學習的路上。

多用描述性語言，少用評判性語言

小D目前正是精力旺盛、探索欲很強的階段。她願意參與很多事情，比如和我一起疊衣服，把擦過嘴的餐巾紙丟進垃圾桶，嘗試著自己穿鞋……等等。但有時，我一個轉身回來就會發現畫風突變，本來應該把餐巾紙放進垃圾桶，結果她把整盒餐巾紙全部抽出來了。這時，我通常會習慣性地進行評價：「你怎麼這麼調皮，把紙巾弄得到處都是？」大部分情況下，小D並不會停止她的行為，而這時我明顯感到自己的情緒受到了影響，有時就會演變成「我是你媽媽，你必須聽我的」這樣的權力鬥爭。

有一次，類似的情況發生時，小D的老師也在場。她看到後，蹲下來看著小D的眼睛，平靜地說：「這些紙巾在地上擋住了路，我們都不能好好走路了。」令我感到驚訝的是，小D聽完之後真的停下來了。

後來老師和我說，同樣是指出把紙巾弄得地上到處都是，如果少評價孩子的行為，只描述事實並指出這個事實可能產生的影響，孩子就更願意合作。因為家長一旦有評價，就容易引發孩子的抵抗情緒。其實孩子生來就是願意合作的，只不過很多時候親子溝通的情緒影響了他們，讓他們產生了抵觸。這樣做的另一個好處，就是當父母在描述事實時情緒會更加平靜，自然也更加容易解決問題。

多給情緒貼標籤，少給個人貼標籤

小D的自我意識很強。有一次，我和小D的認知老師急著帶她出門去參加音樂課，我因為太趕時間而沒有提前知會她，直接把她抱到門口，開始幫她穿鞋。她不肯穿鞋，還試圖踢我。我當時脫口而出：「你怎麼這麼不乖，怎麼可以踢人？」結果我氣急敗壞，小D也在一旁大叫，場面一團糟。

這時，認知老師蹲下來對小D說：「我看得出來你很生氣，因為你並不想出門。但我們不可以踢人，踢人會痛。」她繼續大叫時，老師就反覆說：「你很生氣，太生氣了，真的非常生氣！」直到小D最終冷靜下來。

事後，老師和我總結，孩子最初的自我認知都是從父母那裡開始的，很多父母面對孩子的一些「搗蛋」行為，不經意間就給孩子貼上一些標籤，比如「你太不乖了」「你不是好孩子」等。如果經常對孩子這樣說，就可能讓孩子形成一種自我認同，變成一種負面的暗示：因為「我不是好孩子」，所以「我就不聽話」。

其實2、3歲的孩子並不會故意去做一些不良的行為，很多時候他們只是因為無法用語言表達自己的情緒，只能藉由行為來表達。因此，面對孩子的過激行為，關鍵是協助他們正確認識情緒，而不是對他們進行「人身攻擊」，或給他們貼上各種負面的標籤。協助孩子認識自己的情緒，是讓孩子學習情緒管理的第一步；而減少對孩子的負面評價，則有助於孩子形成積極正面的自我認同感。

多提供彌補方式，少使用懲罰工具

一次，小D的幾位復健師來家裡開團隊會議，總結小D近期的發育和發展情況。其間，小D一直想玩大家的水杯，被我制止了很多次仍然無效，後來終於把一杯水倒在了餵養與語言復健師Carol身上。我一下子跳起來，一把抱起小D，對她說：「跟你說了很多次你都不聽，看，打翻了吧？趕緊對Carol說『對不起』！」小D大概是被我的反應嚇到了，就是不肯說，還掙扎著想下來，我卻堅持讓她說完「對不起」再放她下來。

小D的認知老師看到後，拿出一張紙巾遞給小D，並跟她說：「哎呀，你不小心把杯子打翻了。Carol的褲子都濕了，你可以去幫她擦擦，跟她說『對不起』嗎？」這幾句話顯然比我剛才做的一切管用，小D非常配合地去擦了Carol的褲子，還在大家的提示下說了「對不起」。

第二天我和認知老師談起這件事，她說這通常也是大部分家長容易犯的錯誤。**當孩子做錯事後，家長們常常急於糾正錯誤，希望孩子可以馬上說「對不起」，但因為太著急了，既沒有讓孩子的情緒得到抒發，也沒有讓孩子明白自己到底做錯了什麼。**有的父母甚至會因為孩子反抗而進行打罵，那就更加不應該了。

為人父母的我們常常會忘記，不僅成人之間需要溝通技巧，親子之間更需要溝通的技巧，而其中最關鍵的就是要尊重和接納孩子。不管多調皮的孩子，犯錯後都會有羞愧的情緒，而懲罰和打罵的方式並沒有讓孩子為情緒找到出口。正確的方法是教孩子學會對自己的錯誤行為負責，並允許他做出彌補，以便讓孩子的羞愧情緒轉變成更加正面積極的情緒：我的確做錯了，但我可以為自己的錯誤負責，我現在正在彌補自己所犯下的錯。

Terrible two：孩子的第一次獨立宣言，你聽懂了嗎？

當孩子正在非常激烈地發脾氣時，家長的第一反應就是希望孩子立刻停下來。
但對於正處於負面情緒當中的孩子來說，
他們聽不進去任何話，反而會變本加厲。
事實上，對於正在發脾氣的孩子來說，最好的方法是陪伴而不干預

「Terrible two」背後真正的原因是什麼？

「Terrible two」（可怕的2歲）泛指2歲左右的孩子表現出的壞脾氣、撒潑、無理取鬧、大哭大叫等現象。為什麼2歲左右的孩子會有這些表現，這些行為背後的原因到底是什麼呢？

◆孩子天生需要關注

孩子從出生開始就希望得到關注，如果不能及時得到關注，他們就會藉由負面的行為來尋求關注，比如尖叫、大哭、撒潑打滾、黏人等。的確，當孩子出現這些行為時，大人往往就會去關注他們，不是嗎？這就像兩個人談戀愛時，誰沒有過故意發脾氣來獲得另一半關注的經歷呢？如果父母能夠提前往孩子的「關注需求帳戶」存款，那麼孩子表現出負面行為的機率就會小很多。

而最好的「存款」方式就是高品質的陪伴，比如每天花十分鐘，拋開一切雜事、不帶任何目的地和孩子大笑、玩耍，或專心致志地搭積木、玩黏土等。

◆孩子天生需要權利

從孩子出生開始，大人就為他們做一切決定，從什麼時候吃飯、吃什麼到穿什麼衣服、去哪裡玩等，孩子可以自己決定的事情少之又少。隨著孩子慢慢長大，他的自我意識逐漸增強，他開始希望掌控自己的世界。但由於他們的語言發展還比較有限，無法表達自己的意願，於是就會用極端的行為來表示抗議和宣佈自己的「主權」。

這就是為什麼越是受寵的孩子脾氣越差、越難管教，原因就在於大人給的愛不是他想要的。當孩子想要尋求獨立和權利時，大人卻事無巨細地樣樣包辦。

對於孩子而言，「關注」和「權利」兩者缺一不可。以小D為例，她從小到大並不缺少關注，至今醫生看到她都會由衷地說，儘管她是早產寶寶，但她的安全感建立得很好，是個被愛充盈的孩子。但我之前很少賦予她權利，總把她當成那個小小的弱不禁風的寶寶，而忽略了她想自己做主的意願。而這則成為小D大發脾氣的導火線。

面對孩子暴風驟雨般的脾氣，父母應該怎麼辦？

滿足了孩子「關注」和「權利」的需求後，並不意味著他們百分之百不會再發脾氣。因此，家長還需要提前學習如何應對這樣的情況。

◆自己保持冷靜

處於「Terrible two」階段的孩子，發脾氣時再也不像小時候那樣只是哭，他們會在地上打滾、亂踢、大叫、打人、摔東西等。如果這樣的情況恰巧發生在公共場所，父母就會更迫切地希望孩子能夠立即停止哭鬧。這樣導致的結果就是孩子大哭大鬧，父母大吼大叫：「再不停下來我就不要你了！再不停下來我就打你了！」

其實，這樣的做法只能導致兩敗俱傷，根本不能解決問題。很多父母說，道理我都懂，但「調皮孩子」一鬧，我就控制不住自己。我也發過脾氣，明白那種火氣直往上躥的感覺。我現在常常使用一種叫作「假裝平靜」（fake it until you make it）的方法來平復自己的情緒。每次遇到小D哭鬧時，我會立即提醒自己：「我即使發脾氣也解決不了問題，還不如先冷靜下來。」同時，我會把聲音放低，語調變輕，她哭得越大聲，我的語調就越溫柔。

這個方法對我來說很有效。經過多次嘗試以後，我現在已經能夠很平靜地應對這些情況了。事實上，當我越平靜時，通常能夠越快地解決孩子發脾氣的問題。

◆陪伴卻不干預

當孩子正在非常激烈地發脾氣時，家長的第一反應就是希望孩子立刻停下來。但對於正處在負面情緒當中的孩子來說，他們聽不進去任何話，反而會變本加厲。事實上，對於正在發脾氣的孩子來說，最好的方法是陪伴而不干預。

通常我會陪在小D旁邊，不做任何事。有時她發洩完就會好起來，有時她會持續哭鬧很長時間，這時我就會平靜地對她說：「我知道你很難過，你想出去玩，但現在天黑了，我們不可以出去了。」跟孩子說話時，關鍵在於家長的語音、語調、表情和肢體語言都要表現得平靜且堅定，這樣才能告訴孩子：父母會堅持自己的原則，你即使大哭大鬧也沒有用。如果是在公共場所發生這種情況，為避免打擾大家，可以把孩子轉移到一個人少的地方再進行。

◆事後談論

當孩子平靜後，記得要第一時間把孩子抱起來親親他，讓他知道「媽媽還是愛你的」，同時也讓他知道好的行為是值得鼓勵的。之後，父母最好用簡單的語言複述一下之前發生的行為，比如：「我知道你剛才很生氣，因為你想出去玩。」（協助孩子用語言描述自己的情緒。）「不好意思，我剛才無法理解你，因為你一直哭，我不知道你想幹什麼。」（讓孩子明白，語言表達比哭更加直接、有效。）

建立規則與愛並行的親子關係

面對孩子年齡漸長、脾氣漸大，父母經常會表現出兩種極端的方式：要麼簡單粗暴地打罵孩子，要麼毫無原則地進行妥協。這兩種方式的共同點就是總想立即解決問題。所謂的「Terrible two」只是孩子的第一次獨立宣言，但絕不是最後一次，之後還會有「Horrible three」（恐怖的3歲）、青春期等。因此，父母需要從一開始就認真地考慮如何應對這些特殊的時期，致力於建立規則與愛並行的親子關係。

CHAPTER 7

【大動作復健師、精細動作復健師教我的事】

動作能力發展篇

四肢發達，頭腦才會更聰明

如果你認為——

☐抬頭、翻身、爬行都是寶寶的天生本能，家長不須刻意協助。

☐寶寶會爬行之後就應該把握時機，讓他快快學走路。

☐孩子有青蛙腿，應該幫他拉直矯正。

☐寶寶開始學走路，可以用學步車協助他走路。

☐孩子的精細動作發展遲緩，就應讓他多練習精細動作。

以上若有任何一項你的答案是「YES」，那麼你應該仔細閱讀本章，
看看美國大動作復健師與精細動作復健師如何協助孩子的動作發展。
研究證明，動作能力發展良好的寶寶，大腦的發展也更好，
依循具體的專業建議，幫你的寶寶發展全方位的動作能力吧。

核心肌肉群：寶寶發育問題的根源

核心肌肉群是所有能力，包括大動作、精細動作和咀嚼等能力的基礎。
核心肌肉群，就是身體的中部軀幹，包括腹部、背部和骨盆的肌肉，它的主要功能是負責身體的穩定性。
寶寶的發展過程，特別是大動作的發展過程就像蓋大樓，而核心肌肉群就是地基。

「我家寶寶雖然會坐了，但坐起來背是彎的，還搖搖晃晃。」
「我家寶寶吃副食品時總是吞咽不好，還老是乾嘔。」
「我家寶寶伸手搆東西時總是不精準。」
「我家寶寶只會用腹部匍匐爬行，不會手膝爬。」
「我家寶寶雖然會站了，但站起來時膝蓋是繃直的。」

其實這些問題小D都經歷過，小D在美國的所有復健師都跟我說：「Everything comes from core.」（核心肌肉群是一切的基礎。）就是說，寶寶任何方面的發展都需要從全域來看，而核心肌肉群是所有能力，包括坐、爬等大動作，抓握等精細動作和咀嚼等能力發展的基礎。

為什麼要訓練核心肌肉群？

核心肌肉群，就是身體的中部軀幹，包括腹部、背部和骨盆的肌肉，它的主要功能是負責身體的穩定性。試想一下，當你在一輛非常顛簸的車上坐著吃飯或搆東西時，是不是感到非常困難？如果小寶寶的核心肌肉群比較弱，他們就好比坐在一輛顛簸的車上，自然無法順利完成其他的動作。

寶寶的發展過程，特別是大動作的發展過程就像蓋大樓，而核心肌肉群就是地基。只有地基打得扎實，樓才能蓋得高而不倒。不要以為寶寶會抬頭、會坐就可以了，會做一個動作和完成這個動作是否標準、是否輕鬆還是有很大區別的。那麼，什麼叫標準？什麼叫輕鬆？最簡單的一個判斷方法，就是對照大人的動作。舉例來說，大人站立的時候膝蓋是放鬆的，但很多寶寶站立時膝蓋是繃直的，這就是不標準的。所以，不管寶寶現在處於哪個階段，核心肌肉群都是需要持續進行鍛鍊的。

寶寶會抬頭後如何鍛鍊核心肌肉群？

手膝爬是鍛鍊核心肌肉群最好的方法之一。小D的大動作復健師一直鼓勵她多練習手膝爬，不要急著站和走。手膝爬除了能夠鍛鍊核心肌肉群，還能幫助鍛鍊手臂力量、身體協調能力等，好處多多。在寶寶還不會手膝爬時，也有一些方法可以鍛鍊核心肌肉群。

◆**拉坐**

進行拉坐的前提是寶寶的頭不能後仰。一旦發現拉坐起身時寶寶的頭後仰，就應該立即停止拉坐，因為強行拉坐有害無益。

• **初級版：**一開始做的時候，我和老公會配合進行。我用雙手拉住小D的手，老公用一個小D喜歡的玩具逗她，吸引她起來。拉坐動作的要點是寶寶的下巴要內收，這樣才能讓核心肌肉群出力，達到鍛鍊的目的。一開始拉她的時候，我會用一點力氣，這樣她就更容易起來。

• **進階版：**當小D更加強壯後，我就讓她握住我的食指自己起來，而不是我拉她起來。可見即使是同一個動作，隨著難度的變化，對肌肉的要求也是不一樣的。

• **如何融入日常生活：**小D從任何躺著的姿勢（比如換尿布）起來時，我都不會直接把她抱起來，而是藉由拉坐讓她起來。這是我一直強調的觀念，一定要把這些訓練融入日常生活當中，這樣寶寶就不會排斥復健和運動。

◆**「飛機飛」或「超人飛」**

這個動作和拉坐相輔相成，拉坐可以鍛鍊寶寶肚子上的肌肉，而「飛機飛」「超人飛」可以鍛鍊寶寶後背的肌肉。如果平舉寶寶時，寶寶的手腳都下垂，就代表寶寶的肌肉還沒有能力做這個遊戲，這時就先做普通版的抬頭訓練，再慢慢過渡到這個遊戲。

- **初級版：**雙手抓住寶寶的身體，讓寶寶懸空，鼓勵他的頭和腳兩頭翹起。
- **進階版：**如果「飛機飛」或「超人飛」寶寶已經做得很輕鬆了，就可以鼓勵寶寶伸手去搆東西，同時保持兩頭翹起。不要小看這個搆東西的動作，即便寶寶「兩頭翹」已經做得很好，在搆東西時腳也很容易垂下來，或者手搆不準。這代表相比初級版，進階版的難度加大了。
- **如何融入日常生活：**平時在家裡抱小D走動時，我們都會時不時讓她這樣「飛起來」。有時，我還會用這樣的姿勢帶著她參觀屋子。

寶寶會坐後如何鍛鍊核心肌肉群？

小D會坐之後，我們就透過瑜伽球讓她練習如何維持身體平衡，從而鍛鍊核心肌肉群。

- **初級版：**我讓小D面對我坐在瑜伽球上，我用雙手扶住她的身體，然後上下顛球，讓她學習控制平衡。注意，扶住寶寶的身體時，扶的位置越高，對寶寶來說難度就越低，我一開始是扶小D的腋下，後來換成扶她的腰部。當小D習慣在球上的狀態後，我會緩慢地將球往上、下、左、右四個方向轉動，讓她靠自己的力量（核心肌肉群）始終保持在球的正中央。剛開始由於她的核心肌肉群不夠強壯，非常容易順勢倒下去。我會把球轉向一邊，然後停頓半分鐘，讓她慢慢找到平衡並調整過來。隨著她核心肌肉群逐漸強壯，中間停頓的時間就可以縮短。

- **進階版：**當小D熟練了瑜伽球的訓練以後，我會進一步提高難度。這時需要兩個人來配合寶寶，我繼續扶住小D的身體，讓她坐在球上，老公在一側用玩具逗她，讓她轉動身體，用另一側的手去搆玩具。注意，一定要用另一側的手去搆玩具。比如老公在小D的右邊，就需要小D用左手去搆玩具。這個動作既需要她維持身體平衡，也需要她伸展腰部兩側的肌肉，對核心肌肉群的要求非常高。
- **如何融入生活：**每天我和小D都有唱歌時間，唱歌的時候，我會把小D放在球上，一邊唱歌一邊隨著音樂的節奏轉動瑜伽球，以鍛鍊她的平衡感。

大J特別提醒

以前我一直以為美國在醫學方面很先進，但在寶寶的發育和發展方面，美國其實挺「笨」的，就是主張老老實實把基本功做好，從來不走捷徑。以大動作訓練為例，復健師不會推薦任何藥物和儀器。他們不僅追求寶寶能夠抬頭和獨坐，還會看抬頭和獨坐的動作是否標準，而且會反覆讓寶寶練習核心肌肉群這個基本功，就像大動作復健師所說的「Slow is new fast」（慢即是更快）。

如何幫助寶寶練習抬頭？

頭部控制是寶寶的第一個大動作發展里程碑，也是接下來所有大動作發展的基礎。
新生兒的大動作發展是從上往下進行的，不會抬頭，就不會有接下來的翻身、獨坐、爬行和走路。

小D出院後，大動作復健師為她做了一項動作能力評估，情況很不樂觀。她的軀幹肌張力低，而上肢肌張力高。好長一段時間內，她的頭頸和整個身體都是軟的，根本沒有力量抬頭，而且她非常討厭趴的動作。相比於其他大動作，抬頭是最簡單的，她卻花了整整三個月才能抬頭至九十度，反而後來的大動作追趕沒花那麼長時間。現在回想起來，也許正是那三個月每天堅持練習抬頭為她接下來的大動作發展打下了堅實的基礎。

新生兒的大動作發展是從上往下進行的，不會抬頭，就不會有接下來的翻身、獨坐、爬行和走路，可見抬頭是多麼重要。

那麼，該如何幫助寶寶進行抬頭練習呢？

轉頭：基本功

0～2個月的寶寶仰臥時，能夠自己把頭從中間轉向兩邊。這個看似很普通的動作，其實是寶寶頭部控制的第一步。如果發現寶寶已經超過兩個月還無法自己轉頭，就需要父母幫助寶寶進行練習。大人可以拿一個發光或發聲的玩具，在寶寶視力範圍（三十公分）以內，從左到右緩慢移動，鼓勵寶寶跟著玩具轉動頭部。對於早產寶寶而言，只要寶寶過了原本的預產期就可以進行這項訓練。轉頭是趴著的前提，所以在練習趴之前，一定要把這個基本功練扎實。

趴：大動作發展的第一步

趴的重要性怎麼強調都不過分。趴對於寶寶抬頭、增強肩頸力量等都是至關重要的。美國的兒科醫生在給新生兒做第一次體檢時，總是會說一句話：平時讓他多趴著。趴有很多變形的方法，我選擇大動作復健師推薦使用的幾種方法來和大家分享。

◆墊高胸部——適合剛開始練習趴的寶寶

寶寶剛開始練習趴時，頭頸的力量還不夠強，有時候家長再怎麼用玩具逗，寶寶也抬不起頭。有的寶寶嘗試幾次以後仍不成功，就會喪失信心，不再喜歡趴的動作。因此，一開始可以用毯子或哺乳枕墊在寶寶的腋下，這樣寶寶會比較容易抬頭。如果寶寶抬頭成功，哪怕僅僅抬起一點點，大人也一定要給予鼓勵。趴是大動作發展的第一步，大人給予及時的肯定，可以強化寶寶對運動的喜愛，建立信心，今後就不容易排斥動作能力訓練。

◆「袋鼠趴」——適合剛開始練習趴或不喜歡趴的寶寶

剛出生的寶寶都特別喜歡聽媽媽的心跳聲，因為這是他們在子宮裡一直聽到的聲音，會讓他們感到安心。「袋鼠抱」是指寶寶趴在媽媽胸口的抱法，是美國NICU一直使用的早產寶寶療法，而「袋鼠趴」就是從「袋鼠抱」演變過來的。媽媽可以斜靠在躺椅上，讓寶寶躺在自己胸口，對著寶寶說話，鼓勵寶寶抬頭看媽媽的臉。之後可以慢慢增加難度，媽媽平躺在地上讓寶寶練習「袋鼠趴」。「袋鼠趴」是普通趴一種很好的過渡，不僅能避免寶寶不習慣直接在地上趴，還能增進親子互動。

◆球上趴——進階版的趴，可以選擇性使用

這是小D一直進行的趴法，是普通趴的進階版。我前面提到過，小D到矯正3個月時還無法抬頭，大動作復健師說要使用瑜伽球來強化訓練。小D一開始的球上趴訓練都是大動作復健師做的，後來我和老公也學會在球上對小D進行訓練。需要強調的是，球上趴是比較專業的訓練方法，如果家長沒有信心完成，寧可不練，也千萬不要硬來。進行這個練習時，最好有兩個大人來配合。把寶寶平放在球上，一個人緩慢地將球往前、後、左、右移動，另外一個大人面對寶寶，呼喊寶寶的名字或拿著玩具逗引寶寶。當球往前、往後移動時，鼓勵寶寶的頭往上抬；當球往左、往右移動時，鼓勵寶寶的頭分別往右上和左上抬（和球移動的方向相反）。

拉坐（終極版）

經過一段時間的訓練，如果寶寶趴著時可以抬頭，並且可以左右轉動頭部，就可以讓寶寶開始練習拉坐。但要注意，進行拉坐的前提是寶寶的頭不能後仰。最後也是最重要的一點，寶寶只要不是仰臥，都可以鍛鍊頭部和頸部的力量。小D的大動作復健師非常反對長期讓寶寶仰臥，他建議，寶寶醒著的時候要盡量減少仰臥的時間，多改變寶寶的姿勢。

總結：幫助寶寶訓練抬頭時，大人要隨時陪在身邊

◆少抱，多趴

這一點說起來容易，做起來難。寶寶剛出生時，大人覺得怎麼疼愛都不夠。尤其是老人，恨不得天天抱著寶寶。我的父母都在國內，每次視頻看到小D趴著，剛過五分鐘就心疼地說：「趕快抱抱，趴著多累啊！」大人總是用自己的標準去評判寶寶，其實寶寶剛開始對趴並沒有所謂的厭惡或喜歡，他們後來形成的喜歡或厭惡，都只是折射出大人的態度而已。

◆讓寶寶多趴，並不意味著放任不管

在寶寶出生的頭3個月，由於他剛從溫暖的子宮來到這個世界，因此十分敏感和脆弱，這時寶寶還沒有學會「自我安撫」，所以在幫助寶寶訓練抬頭時，大人需要隨時陪在他身邊，跟他說話，對他微笑。

如何幫助寶寶練習翻身？

寶寶翻身的前提是學會跨越中線。

具體方法是讓寶寶平躺，把一個玩具放在寶寶的正上方，當寶寶伸右手向上搆的時候，慢慢把玩具向寶寶的左邊移動，鼓勵寶寶跨越身體中線去搆玩具。

幫助寶寶練習翻身的前提條件

寶寶可以進行翻身訓練的前提，是必須具備以下能力：

- 可以趴著抬頭一分鐘以上；
- 躺著時，可以用手搆到腳；
- 趴著時，可以用一隻手或雙手去搆前面的玩具。

如果寶寶還不能做到以上三點，就要退到前一步，先訓練寶寶抬頭。

側身玩

小D在一開始是無法側身躺著的，剛把她放成側身的姿勢，她很快就變成了仰臥。這時我會用自己的手或大腿支撐住她的背部，在她前面放一個她喜歡的玩具逗引她。慢慢地，小D就習慣了不需要我的支撐而側著身玩耍。這時我就把玩具拿遠一些，鼓勵她伸手去搆。需要注意的是，寶寶側躺時背部和頭部始終需要呈一條直線，既不前傾也不後仰。小D一開始搆玩具時會習慣性地把頭往後仰，我會把她糾正過來，讓她繼續訓練，直到她能夠很輕鬆地側面躺著，雙手自然向前拿玩具，身體呈一條直線為止。這個動作身體兩邊都需要練習。

跨越身體中線練習

寶寶翻身的前提是學會跨越身體中線。具體方法是讓寶寶平躺，把一個玩具放在寶寶的正上方，當寶寶伸右手向上搆的時候，慢慢把玩具向寶寶的左邊移動，鼓勵寶寶跨越身體中線去搆玩具。

小D剛開始做這個動作時，向上伸手都很困難，因為她肌張力弱，躺著的時候地心引力會將她的手往下拽。這時我會幫她伸手，慢慢地等她可以自己抬手時，我就拉她一把，讓她的手跨越中線，直到她自己可以非常流暢地完成跨越中線的動作。這個動作也需要兩邊都練習。

上肢、下肢分開運動

新生兒不知道自己的四肢是可以分開運動的，如果強行讓一個新生兒翻身，他就會像一根筆直的木頭一樣翻過去。因此，需要訓練寶寶有意識地將上肢和下肢分開進行運動。具體方法是讓寶寶平躺在墊子上，讓寶寶的上身盡量保持不動，大人抓住他的兩隻腳左右擺動。慢慢地，可以讓寶寶的左手抓右腳向左擺，右手抓左腳向右擺，每次擺過去之後都可以停留幾秒鐘，好讓寶寶體會這個位置的感覺，讓肌肉留下記憶。

小D一開始只能用左手拉住左腳，右手拉住右腳。後來藉由這個訓練，她才慢慢有意識地進行左右搖擺。一旦搖擺起來，就很容易順勢翻過身去，這其實就是最初的翻身動作。

總結：將訓練融入遊戲，有益孩子的身心發展

- **既是訓練，又是遊戲：**不要把玩和訓練分開，要把這種訓練融入日常的玩耍和遊戲當中，讓寶寶覺得這只是媽媽和自己玩的一個遊戲而已。
- **要有足夠的耐心：**好多媽媽剛訓練一兩天，覺得沒效果，就開始著急。做一個不恰當的比喻，如果你家養過狗，你回想一下訓練小狗坐下這個動作花了多少時間。大動作訓練千萬不能急躁，這是個量變到質變的過程。
- **多享受和寶寶在一起的時光：**小D剛出生的前幾個月，我幾乎沒怎麼享受過初為人母的喜悅，更多的是焦慮和擔心。直到她開始叫「媽媽」，並且我走到哪兒她都會爬在後面跟著

我時，我才忽然意識到孩子這麼快就長大了，這才開始後悔當初沒有多享受跟她在一起的時光，而是一味地擔心她的健康。如果媽媽很享受跟寶寶在一起的感覺，寶寶是可以感受到的，這對於寶寶的身心發展都是非常有益的。

如何幫助寶寶練習爬行？

小D的大動作復健師曾說過，很多寶寶之所以不會爬，其實不是大動作發展有問題，而是很多父母沒有給他們提供合適的環境來練習爬行。練習爬行時，寶寶難免會有磕碰的情況，這是成長的代價，父母不要因為過度保護而不敢放手讓寶寶爬，這樣會限制寶寶的正常發展。

訓練寶寶爬行的大動作前提

對於寶寶的大動作訓練，特別是早產寶寶或發展有延遲的寶寶，不要只關注月齡，而是要看寶寶上一階段的動作能力是否已經訓練扎實。就像大動作復健師所說的，大動作發展的過程就像建大樓，只有地基打結實，樓才能建得高、建得穩。

寶寶能夠爬行的前提是可以坐得很好，什麼是坐得好的標準呢？

- 可以獨坐，不需要自己用手或靠父母支撐；
- 坐的時候背是挺直而不是弓著的；
- 當寶寶坐著失去平衡時，會伸手去支撐地面。

爬行之前的準備工作？

小D的大動作復健師曾說過，很多寶寶之所以不會爬，其實不是大動作發展有問題，而是很多父母沒有給他們提供合適的環境來練習爬行。

- **在地板上爬：**寶寶一出生，就應該在地上放一塊遊戲墊，讓寶寶在上面練習趴。等到練習爬行時，則需要在地板上進行練習。
- **心理準備：**練習爬行時，寶寶難免會有磕碰的情況，這是成長的代價，父母不要因為過度保護而不敢放手讓寶寶爬，這樣會限制寶寶的正常發展。
- **不要急著訓練站立：**寶寶剛會爬行沒多久，很多家長就急著訓練寶寶站立。事實上，一旦寶寶學會站立，就不願再爬了。因此，一定要讓寶寶盡量多爬，等他爬的動作練扎實後，自然會進入站立和走路的階段。

訓練寶寶爬行的三階段做法

爬行是寶寶所有大動作中最複雜的過程。因為在爬行時，身體從上到下幾乎所有的肌肉都需要被調動起來，同時還需要協調手和腳的動作。透過和大動作復健師一起訓練小D爬行的經驗，我總結出下面三個階段。

〔階段1〕鍛鍊肌肉力量

這個階段是基礎。如果你發現寶寶到後面兩個階段無法完成相應的動作，請回到第一階段，把基礎打好。

- **加強手臂力量：**如果經常讓寶寶練習趴，到後來他自己會用手把身體撐起來（就像大人做俯臥撐一樣），這其實就是在鍛鍊手臂的力量。大多數寶寶的這個行為是自發的，但小D並沒有，所以需要我們幫忙將她擺成這個姿勢，一開始鼓勵她保持這個姿勢的時間盡量長一些，後來又鼓勵她一隻手撐著地面，另一隻手去拿前面的玩具。
- **鍛鍊核心肌肉群：**這裡又提到了核心肌肉群，因為它是寶寶所有動作能力發展的基礎，需要不斷進行鍛鍊和強化。
- **增強骨盆力量：**這對於大部分足月寶寶來說並不是問題，因為他們在媽媽子宮裡的最後一兩個月是盤著腿蜷縮著的，這個姿勢本身就可以訓練骨盆的力量。但由於早產寶寶沒有經歷過這種擁擠的狀態，所以他們習慣伸直腿，而不是蜷縮著腿。對於這類寶寶，平時要有意識地讓他用手去搆腳，並放到嘴巴裡，換尿布時也可以幫助寶寶被動抬腿，這些都可以起到強化盆骨關節的作用。

〔階段2〕穩定性訓練，先習慣手膝撐地

幫助寶寶練習爬行時，需要逐步拆解，先追求動作穩定，再訓練移動。不要直接讓寶寶練習

爬行，這樣難度太大了。

- **維持手膝撐地的姿勢**：剛開始可以讓寶寶做出手膝撐地的姿勢，並維持一小會兒。小D一開始可以維持的時間非常短，要麼手趴下，要麼腿往後蹬。但沒關係，每天少量多次地訓練，慢慢地寶寶維持的時間就會越來越長，你可以明顯感受到他更有勁了。如果這個姿勢能夠保持穩定，可以拿一個玩具放在與寶寶額頭齊平的位置，讓寶寶保持這個姿勢的同時用一隻手去搆玩具，進一步加強難度。
- **手膝撐地，前後搖擺**：保持住這個姿勢後，可以讓寶寶試著前後搖擺。一開始寶寶可能不明白怎麼做，需要在大人的引導下嘗試，讓寶寶感受搖擺的過程，逐漸過渡到寶寶可以自發進行這個動作。搖擺是為了讓寶寶學會有控制地轉移重心。做到「有控制」很重要，只有這樣才能讓寶寶始終保持這個位置而不倒下。
- **手膝撐地，伸手搆物**：在寶寶前額齊平的位置放一個玩具，鼓勵寶寶去搆取。這時，注意讓寶寶繼續維持手膝撐地的狀態。小D一開始搆物時手很快就撐不住了，這代表她的肌肉力量還不夠強，無法單手撐住地面，自然就不可能一手一腳替換著向前爬行。

〔階段3〕移動性訓練

不要以為到了第三階段寶寶就可以自由地爬行了，有些寶寶由於病理原因（比如肌張力低），有些寶寶由於心理原因（比如害怕），一開始還是需要大人協助他們慢慢建立自信心，直到他們可以獨立爬行為止。

- **學會從坐姿轉移重心：**當寶寶坐著時，可以在他側面離他稍微遠一點兒的地方放一個玩具，鼓勵寶寶自己去搆取。這時，寶寶需要一隻手撐地，同時伸展背部去搆玩具。透過這樣的練習，寶寶才能學會從坐到爬、從爬到坐的自由切換。
- **用毛巾做輔助：**寶寶剛開始手膝爬的時候，常常會因為核心力量不夠強而肚子著地。這時，可以用一條毛巾作為輔助，讓寶寶適應爬行的姿勢和手腳並用的協調能力。具體方法如下：讓寶寶俯臥在地上，在他的胸部放一條毛巾，拉起毛巾的兩端慢慢將寶寶拉起來，變成手膝爬的姿勢。注意，毛巾一定要放在寶寶胸部，而不是肚子上。將寶寶拉起來後，讓寶寶慢慢適應手膝爬的姿勢，要注意保持他的頭是抬起並且處在中央的。這時如果你摸寶寶的手臂，可以感受到他的手臂在用力支撐著身體的重量。將一邊的毛巾往前拉，另一邊的毛巾往後拉，讓寶寶體會爬的過程。
- **大人用手做輔助：**由於小D之前一直習慣腹部爬行，所以她每次手膝爬時仍習慣於向後蹬腿，結果就很容易倒下。對於這種情況，大人可以用手扶著寶寶的腿來進行練習。先讓寶寶處於手膝著地的姿勢；大人把手放在寶寶的大腿兩側，剛開始需要用手一左一右給寶寶一點兒提示，這樣他才能自己往前爬；等寶寶慢慢熟悉了這個過程，就不需要大人再提示了。但有些寶寶還是需要大人用手扶著腿，以防止他因為沒有協調好而把腿向外蹬。

不要盲目糾正寶寶的「青蛙腿」

寶寶在媽媽子宮裡時，很長時間內都是蜷縮著的，因此盆骨和膝蓋都是彎曲的。

寶寶出生後，需要幾個月的時間關節才能正常伸展。

我們所說的嬰兒「青蛙腿」，就是指寶寶的關節還沒有伸展開，是正常的現象。

「不要穿紙尿布，否則會讓寶寶變成『青蛙腿』。」

「從小要把寶寶的腿裹住，長大後腿才會又長又直。」

這些觀點你是不是都聽說過？嬰兒的「青蛙腿」的確是很普遍的現象。小D因為早產導致肌張力異常，一直在大動作復健師的幫助下進行復健。她的任何姿勢都要經過大動作復健師來把關。我看到小D躺著時有「青蛙腿」的趨勢，總想把她拉直。大動作復健師看到後，連忙制止我，跟我說明了關於「青蛙腿」的那些錯誤迷思。

本文主要是針對18個月以內的寶寶討論的。

嬰兒出現「青蛙腿」正常嗎？

寶寶在媽媽子宮裡時，很長時間內都是蜷縮著的，因此骨盆和膝蓋都是彎曲的。寶寶出生後，需要幾個月的時間關節才能正常伸展。如果寶寶出生時是臀位的話，伸展關節需要的時間會更長。我們通常所說的嬰兒「青蛙腿」，其實就是指寶寶的關節還沒有伸展開，這是非常正常的現象。

關於「紙尿褲導致『青蛙腿』」的論斷，更是無稽之談，這是寶寶發育的正常現象，完全和紙尿褲無關。通常到18個月後，寶寶的膝關節才會慢慢伸直，寶寶2歲以後出現「青蛙腿」的情況就非常少見了。

強行拉直寶寶的「青蛙腿」會有什麼後果？

我們首先來瞭解一下盆骨關節的構造。寶寶的大腿根部有個像球一樣的骨頭嵌套在球窩裡（如下頁圖1所示），當寶寶出現「青蛙腿」時，由於大腿骨頭被膝關節支撐著，因此對盆骨關節的壓力是最小的。

在寶寶出生後的最初幾個月，由於球窩的邊緣是軟骨，因此球狀骨頭嵌套得很鬆。如果這時候盆骨被人為拉伸（如下頁圖2所示），很容易造成球窩處的軟骨受傷（醫學上稱之為「髖關節發育不良」），而且這種傷害是終身的，或者造成球狀骨頭滑出球窩（醫學上稱之為「髖關節脫位」）。

最可怕的是，髖關節發育不良或髖關節脫位對寶寶來說是不痛的。很多出現這種問題的寶寶，都要等到會走路才發現異常，而通常這時問題就已經比較嚴重了。

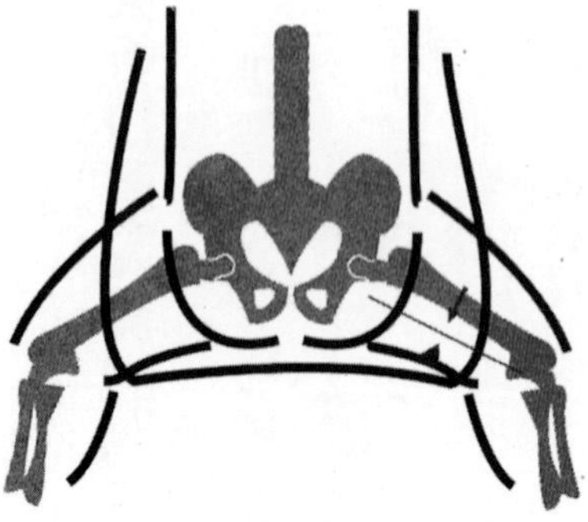

圖1

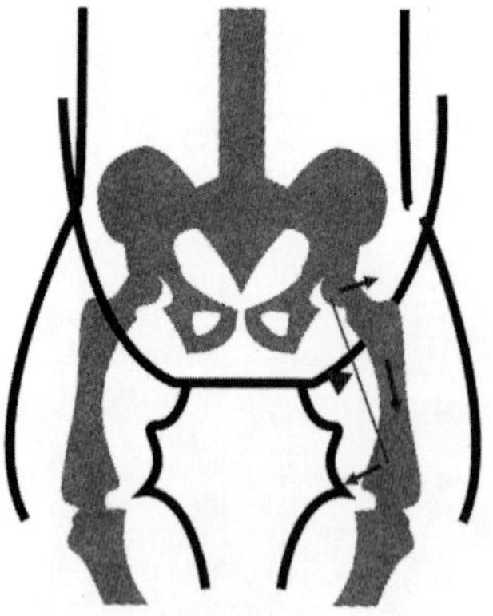

圖2

如何避免對骨盆關節的損傷？

寶寶出生後的前六個月是出現髖關節問題的高發期，6個月以後寶寶的髖關節逐漸變得強壯，這個風險就會顯著降低。當然，不要以為不幫寶寶拉直腿就萬事大吉了，其他一些不正確的做法也可能會對寶寶的盆骨關節造成傷害。

◆包襁褓

小月齡寶寶都會有驚跳反射，包襁褓可以讓寶寶睡得更踏實。小D從醫院回家後，一直包襁褓到矯正5個月。小D在NICU的護理師特地關照我們，寶寶的襁褓一定要上緊下鬆，每次包好都需要檢查一下寶寶的腿是否可以活動，能否有足夠的空間讓寶寶形成「青蛙腿」。

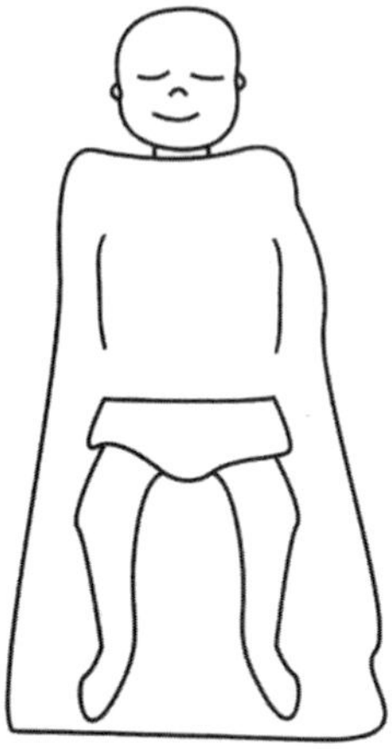
正確

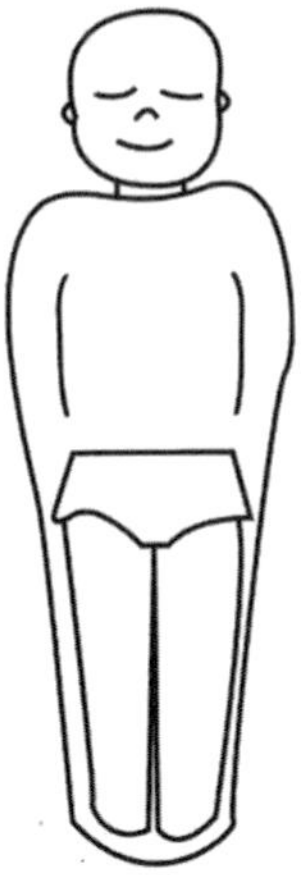
不正確

◆**安全座椅**

為寶寶挑選安全座椅時，一定要挑選大小合適的款式。安全座椅過窄，相當於人為地將寶寶的腿拉直，增加了傷害髖關節的風險。

正確

不正確

◆背帶

這一點是大動作復健師特別要求我們注意的，因為美國發生過多起因為背帶導致寶寶髖關節脫臼的案例。買背帶不能只看品牌，關鍵還是要親自試一試，保證寶寶坐上去能夠形成「青蛙腿」，這樣才代表寶寶的整個屁股都受力坐在了背帶上。

建議

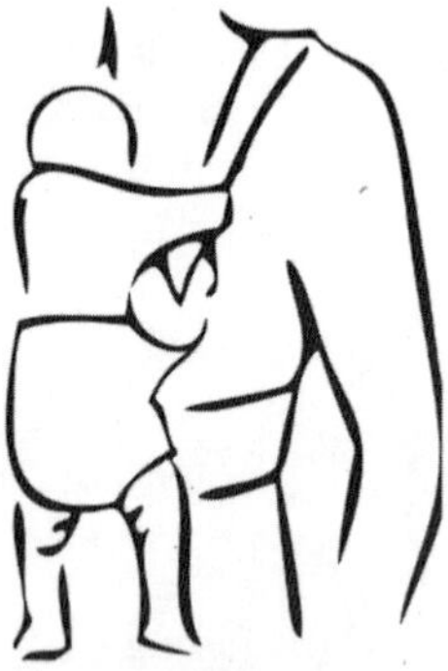

不建議

可見，「青蛙腿」不但是非常正常的，而且也是對寶寶最安全的姿勢。所以，千萬不要再打著愛的名義，去做傷害寶寶的事。

「W」形坐姿對於寶寶有害無益

「W」形坐姿是指寶寶坐時兩條腿的小腿都向外彎曲，如果從寶寶的頭頂看，他的腿就像字母「W」一樣。寶寶處於這種坐姿時，核心肌肉群沒有得到鍛鍊，無法發展良好的平衡反應，也無法進行跨越身體中線的練習。

在小D學會獨坐沒多久，有一天大動作復健師看到小D的坐姿後，連忙大聲叫道：「No, no, no『W』sitting！」（「W」形坐姿千萬要不得！）

我一開始還挺納悶，因為這個坐姿太常見了，我周圍好多朋友曬寶寶照片時常常會發現這樣的坐姿。但大動作復健師再三強調，對於寶寶的大動作發展，不僅要看會不會做動作，還要看動作是否標準，同時還要防止出現不良姿勢。下面就來談談「W」形坐姿。

「W」形坐姿的三大危害

「W」形坐姿是指寶寶坐時兩條腿的小腿都向外彎曲，如果從寶寶的頭頂看，他的腿就像字母「W」一樣。每個寶寶在剛剛學會獨坐時都非常容易形成「W」形坐姿，因為這種坐姿底盤最寬，重心最低，所以能夠坐得比較穩。寶寶是很聰明的，他們知道這是最省力的坐姿，是不需要花力氣去維持身體平衡的坐姿。如果寶寶在剛學會獨坐的期間經常使用這種坐姿，會影響接下來其他的大動作發展。因為寶寶處於這種坐姿時，核心肌肉群沒有得到鍛鍊，無法發展良好的平衡反應，也無法進行跨越身體中線的練習。

〔危害1〕影響核心肌肉群的鍛鍊

寶寶呈「W」形坐姿時，底盤很穩，所以寶寶可以一直「偷懶」，無須花費很多力氣來維持這種姿勢，從而無法得到鍛鍊核心肌肉群的作用。

〔危害2〕無法發展良好的平衡反應

當寶寶處於其他坐姿時，如果他想伸手去搆離自己稍遠的玩具，會出現失去重心、用手撐地的現象，這個過程能夠鍛鍊寶寶的平衡反應。而寶寶呈「W」形坐姿時，幾乎不會出現這種現象，因此無法練習身體的平衡反應。這個技能其實是非常重要的，今後寶寶走路或跑步摔倒時，可以利用這種反應來保護自己不受到嚴重的傷害。

〔危害3〕不能進行跨越身體中線的練習

跨越中線的技能具有整合左右大腦，影響今後閱讀、生活自理和學習等能力的作用。當寶寶處於正確的坐姿時，可以隨意轉動身體，從而可以進行手跨越身體中線的練習。但當寶寶呈「W」形坐姿時，就失去了轉動身體的自由度，無法鍛鍊手跨越身體中線的能力。大動作的發展過程就像搭積木，前階段的動作發展沒有得到很好的鍛鍊，下階段的動作發展就會受到影響。

寶寶已經養成了「W」形坐姿，怎麼辦？

瞭解「W」形坐姿的危害之後，很多媽媽可能都會感到驚慌，就像大動作復健師跟我說時我的反應一樣。對此，大動作復健師說，只要「W」形坐姿發現得早，並及時改正，並不會對寶寶造成太大的影響。首先，要繼續增強核心肌肉群的鍛鍊。寶寶之所以喜歡「W」形坐姿，就是因為這個坐姿是最省力的。換句話說，正是因為寶寶的核心肌肉群不夠強，寶寶才會選擇這個坐姿，因為這個坐姿最容易讓他維持身體的平衡。因此，要繼續加強寶寶核心肌肉群的練習。

其次，要鼓勵寶寶多用其他的坐姿。以下這些坐姿可以讓寶寶輪流選擇。

- **盤腿坐**：雙腿向內彎曲，這是寶寶剛開始練習坐時最應該鼓勵他採用的坐姿；
- **半盤腿坐**：一條腿伸直，一條腿向內彎曲；
- **側坐**：一條腿向內彎曲，另外一條腿向外彎曲；
- **「V」形坐**：兩條腿伸直，斜向前；
- **長坐**：兩條腿都向前伸直。

不同的坐姿鍛鍊的肌肉群其實是不一樣的。坐的時候，腿和屁股形成了一個底座，通常底座越寬，寶寶就坐得越穩。所以，從難度上來講，盤腿坐最容易，長坐最難。

寶寶過了1歲還不會走路，怎麼辦？

大部分家長都期望孩子在1歲左右會走路。美國兒科學會指出，寶寶在9～18個月開始獨立行走都是正常的。走路這件事常常被父母過度放大，以至於我們忘記了會走路只是個結果，從而忽略了寶寶之前的大動作發展情況。

「我家兒子現在13個月還不會走路，每次和社區其他孩子比，我都很擔心。」

「我家女兒11個月還不會走，我決定給她做復健。」

「你家小D已經14個月了還不會走，你不擔心嗎？」

1歲彷彿是個神奇的時間點，寶寶剛過1歲，所有的人都會來問，你家寶寶會走路了嗎？尤其是國內，好多人都認定「寶寶1歲會走路」，因此導致好多足月、健康寶寶的媽媽都會感到焦慮，更別說早產寶寶的媽媽了。

小D矯正14個月時還無法獨立行走，只能扶著站和走。記得她剛過矯正1歲生日時，我很希望她會走路，因為對於一個孩子被扣著「腦性麻痺高危險群兒童」帽子的媽媽而言，我深深地明白獨立行走的意義。那時我也有過焦慮，但透過與小D的大動作復健師的交流，我不再焦慮了。

過了1歲還不會走路，真的晚了嗎？

大部分家長都期望孩子在1歲左右會走路。美國兒科學會指出，寶寶在9～18個月開始獨立行走都是正常的，而且沒有任何研究表明早走路的孩子今後比晚走路的孩子有明顯的優勢。

在1歲前，寶寶需要花費很多精力來發展技能，比如認知能力的發展、大動作的發展、精細動作的發展、語言的發展等。有的寶寶對語言更感興趣，大動作的發展則相對慢一些，通常這種類型的寶寶被稱為「社交型寶寶」。有的寶寶是因為父母沒有給他們創造合適的機會，比如經常抱著寶寶，經常讓寶寶躺著，或者在寶寶會爬以後因為受到限制而不能鍛鍊爬行。這種情況下，寶寶就沒有機會去發展站立和走路的能力。

由於每個寶寶的興趣不一樣，他們會主動把精力先投入到自己感興趣的方面，然後再發展其他的方面。所以，如果寶寶過了1歲還不會走路，家長可以觀察一下，看寶寶是不是在其他方面表現得比較突出（比如語言方面），或者檢討一下平時是否提供給寶寶足夠多的鍛鍊機會。

什麼情況下家長需要注意

大動作發展和其他能力的發展一樣，是一個循序漸進、水到渠成的過程。走路這件事常常被父母過度放大，以至於我們忘記了會走路只是個結果，從而忽略了寶寶之前的大動作發展情況。舉例來說，如果寶寶從抬頭開始就比其他孩子慢，那麼他學會走路的時間很可能也會比較晚。所以，如果寶寶過了1歲還不會走路，父母們不要一味地擔心，而是應該根據寶寶之前的大動作發展情況，來調整當前和今後對大動作發展的預期。

健康的寶寶通常越大越好動。如果寶寶在1歲左右時表現得非常好動，那麼即使他不會走，你也會發現他會有意識地想扶著東西站起來，或者靠著沙發能夠站立得比較穩。這些現象都在告訴父母，寶寶正在發展相應的技能，以便為走路做準備。

相反，如果寶寶沒有這些意識，甚至還不能獨坐穩當，爬行也不是很理想，那麼父母就應該重視，盡早去醫院做檢查，並進行評估和干預。

有肌張力問題的寶寶，以及出生時有腦部出血、窒息而導致腦部損傷的寶寶，尤其需要注意。通常這類寶寶很早就表現出動作能力方面的問題。比如，小D從一開始大動作發展就有延遲，她抬頭的時間比正常時間晚了三個月，獨坐比正常時間晚了一個半月，自然地，我們預測她走路也會延遲。

小D的大動作復健師說，對於這類孩子，父母需要關注的是他們發育過程中追趕的趨勢，而不是一味地對照標準來衡量。小D是腦性麻痺高危險群兒童，她一直在追趕，儘管現在還有延遲，但從追趕趨勢來看，她一直在進步。對於這類寶寶，父母需要及時進行復健干預，而不是等到寶寶1歲時發現他不會走路才開始著急。同時，已經進行復健干預的父母，對寶寶的發展情況一定要有合理的預期，不能只對照標準或其他孩子來比較，而是要看寶寶的追趕趨勢。

關於寶寶走路的三個迷思

由於大家對於走路過度重視，導致很多父母揠苗助長，出現很多為讓寶寶盡快學會走路而發生的迷思。

〔迷思1〕會爬之後應該盡快練習走路

很多父母看到寶寶剛剛會爬，就急著讓他學習站立和行走，這種揠苗助長的做法是非常不可取的。小D的大動作復健師建議，足月寶寶要爬夠五百小時，早產寶寶要爬夠一千小時，因為多爬對寶寶各方面的發展都非常有幫助。例如：

- 鍛鍊核心肌肉群，而核心肌肉群是寶寶成長發育的基礎；
- 增強肩部的穩定性，為寶寶今後學習吃飯、寫字打基礎；
- 學習如何控制大腿，穩定自己的盆骨，為今後走路打基礎；
- 鍛鍊身體的協調能力，開發左右腦，為今後的學習能力、動作能力等打基礎。

〔迷思2〕用學步車幫助寶寶練習走路

美國兒科學會建議，禁止寶寶使用學步車。學步車不僅不能幫助寶寶學習走路，而且容易在寶寶還沒準備好時就提前讓寶寶練習走路，具有導致寶寶大腿肌肉發育不良的風險。

美國有研究表明，使用學步車的寶寶通常比不使用的寶寶晚走路至少一個半月。此外，學步車還容易發生危險，美國曾發生過無數起因為嬰兒使用學步車而摔倒的事故。

〔迷思3〕學步鞋能夠幫助寶寶學習走路

「學步鞋」這個名字本身就非常容易誤導人。鞋子的主要功能是保護腳部，穿學步鞋不是為了學習走路，而是為了保護寶寶的腳部不受到傷害。

寶寶在學步期間應該盡量光腳，直到寶寶可以獨立行走再開始穿鞋。**開始學步時讓寶寶光腳走，寶寶會更加容易抬頭挺胸，形成良好的走路姿勢，而且也會走得更加協調。**因為光腳走路時，腳掌的末梢神經能夠直接感受地面，接收地面傳來的壓力，也能感知地面的高低變化，以便及時調整身體的平衡。如果在學步期穿鞋走路的話，這些感知就會受到阻隔，寶寶需要低頭看著地面來判斷地面的變化，久而久之就容易形成低頭走路的習慣。

大J特別提醒

作為一個媽媽，我特別理解父母希望寶寶盡快學會走路的心情。但不能只關注寶寶會不會走路，而是要看寶寶是不是有這樣的發展意識來為行走做準備。只要前期做好了充分的準備，學會走路只是水到渠成的事。

到底什麼是肌張力異常？

肌張力和肌肉力量，這兩個概念一直被很多人混淆。
為了說清楚它們之間的區別，我來打個比方：
肌張力就像拉力器的彈簧，它是肌肉休息時候的狀態，是天生的，無法改變。
肌肉力量就是我們雙手拉拉力器時的力量，是經由後天鍛鍊形成的。

從小D出生到現在，我們每天都在和肌張力異常做鬥爭。可是，我一直沒有勇氣寫這個話題，因為這個問題真的很難說清楚。小D的大動作復健師是紐約最資深的專家之一，我每次問她肌張力到底是什麼，她都會說：「這真的是一個很抽象的概念，我的好多醫學碩士生學了幾個學期都無法說清楚這個概念。」

我之所以決定寫這個話題，是因為我發現很多人對肌張力有一些曲解。我接下來分享的不是學術討論，所以難免有不嚴謹的地方。我只是想用通俗的語言和大家分享一些個人心得，希望大家對肌張力能有更清晰的認識。

「肌張力」和「肌肉力量」有區別嗎？

肌張力（muscle tone）和肌肉力量（muscle strength），這兩個概念一直被很多人混淆。為了說清楚它們之間的區別，我來打個比方。肌張力就像拉力器的彈簧，它是肌肉休息時候的狀態。肌張力低就像彈簧很鬆時的狀態，肌張力高就像彈簧繃得很緊時的狀態。緊的彈簧不容易被拉動；鬆的彈簧雖然容易被拉動，但它的反應速度會比較慢。

肌肉力量就是我們雙手拉拉力器時的力量。肌張力是天生的，由大腦控制，無法改變。如果寶寶出生時有腦損傷，特別是有三、四級腦出血，通常導致肌張力異常的機率就非常高。肌張力還受情緒和環境的影響。人在情緒激動和環境吵鬧等情況下，容易出現肌張力高。肌肉力量則是經由後天鍛鍊形成的。我們通常會說「這個人力氣大」，其實指的就是肌肉力量。

瞭解這兩個概念之後，我們再來看一些比較常見的迷思。

關於肌張力常見的五個迷思

〔迷思1〕肌張力高的寶寶，應該多按摩和放鬆，少鍛鍊

之所以存在這樣的迷思，是因為混淆了肌張力和肌肉力量的概念。回到拉力器的比方，肌張力高就像阻力比較大的彈簧，而彈簧的阻力大是無法改變的。我們能做的只是鍛鍊自己雙臂的力量，讓外力強大到可以讓阻力比較大的彈簧拉伸。所以，肌張力高是需要通過鍛鍊來進行復健的，只有肌肉力量強大了，肌張力才能被有效控制。

〔迷思2〕既然肌張力無法改變，那麼其實復健是無效的

很多肌張力異常寶寶的媽媽常常過於關注肌張力。有的媽媽自己查了相關的資料，瞭解到肌張力無法改變後就變得非常絕望。其實她們忘記了最關鍵的一點，即復健的目的不是為了改變肌張力，而是讓寶寶掌握最基本的動作能力。如果理解了拉力器的比方，我們就應該明白，雖然肌張力無法改變，但經由復健可以鍛鍊肌肉力量，當肌肉力量足夠強時就可以控制肌張力，從而幫助肌張力異常的寶寶掌握動作技能。

〔迷思3〕我的寶寶軟綿綿的，代表肌張力低；我的寶寶總是繃直腿，代表肌張力高

如今，肌張力這個詞被越來越多的父母所知道，一些網站上流傳著一套自測寶寶肌張力是否異常的方法，以及肌張力異常寶寶的一些表現。於是，很多父母自己在家對照這些方法和表現來檢查寶寶的情況。

事實上，肌張力異常最直觀的表現就是動作發展延遲或動作異常，而不是透過寶寶身體的軟硬度來判斷是否存在肌張力異常。如果因為寶寶動作發展有延遲而懷疑肌張力異常，一定要去專業的機構進行評估，不要自行對照網上的標準來判斷。判定肌張力是否異常，需要專業人士進行臨床檢查來診斷。所謂肌張力異常，包括肌張力高、肌張力低以及混合型肌張力異常。小D就是混合型肌張力異常，她是四肢肌張力偏高，而軀幹和頭部肌張力偏低。對於不同類型的肌張力異常問題，復健的內容和針對性也是不同的。

〔迷思4〕如果寶寶肌張力異常，在家多做被動操就可以復健

如果寶寶肌張力異常，光靠在家做撫觸和被動操是遠遠不夠的，一定要去專業的復健中心進行復健訓練。那麼，復健時到底做哪些訓練呢？小D在美國的大動作復健其實就是鍛鍊的過程，透過鍛鍊提高肌肉力量，沒有按摩、打針、輸液。美國的復健理念是，要想提高肌肉力量，一定要經由主動的動作鍛鍊來完成，而按摩、被動操等都是被動的，效果非常有限。

家庭訓練和專業復健訓練是相輔相成的，之前介紹的訓練方法可以看作專業復健的「簡化版」，平時進行家庭訓練可以鞏固復健的效果，也可以讓寶寶不那麼排斥復健訓練。

〔迷思5〕我家寶寶雖然不會坐和爬，但是站得筆直，代表他沒問題

肌張力高有時候會讓人產生疑惑。比如，當寶寶還不能獨坐的時候，突然發現他可以站了，而且站得筆直，一點兒都不晃。很多媽媽就放棄坐和爬的訓練，直接鼓勵寶寶站甚至走。殊不知，這種筆直的站法，代表寶寶不是主動用肌肉在站立，而是利用高肌張力在被動地站立。檢驗寶寶是不是利用高肌張力站立的最好方法，是當寶寶站立時，用手去碰他的膝蓋。正常情況下，膝蓋是可以彎曲的，但如果是利用高肌張力在站立，整個膝蓋就是僵硬的。如果這時還鼓勵寶寶站立，不但沒有幫助，反而會傷害寶寶。對於肌張力異常的寶寶，一定要注意觀察他的大動作姿勢是否正確，以防進一步加重肌張力異常的程度。

1歲以內的寶寶，精細動作發展的重要性

所謂精細動作就是指手的抓握等操作能力和手眼協調的能力。精細動作發展與寶寶的智力發育密切相關。所謂的「心靈手巧」，就是這個意思。寶寶出生的第一年，是精細動作發展很關鍵的一年。

「三抬四翻六坐九爬」，從寶寶一出生開始，媽媽們就會聽到這樣的說法，這是大動作發展的一般規律。社區遛寶寶的阿姨、奶奶們聚在一塊兒，也總是討論抬頭、翻身、獨坐、爬行等大動作發展，而寶寶的精細動作卻常常被忽略掉。

所謂精細動作就是指手的抓握等操作能力和手眼協調的能力。精細動作發展與寶寶的智力發育密切相關。所謂的「心靈手巧」，就是這個意思。寶寶出生的第一年，是精細動作發展非常關鍵的一年。

0～3個月：讓寶寶的手掌打開，拇指不內扣

新生寶寶都有抓握反射，即當我們把一個手指放在寶寶的掌心時，寶寶會自動握住手指。這

是寶寶無意識的行為。大多數時候，寶寶都會握著拳，大拇指內扣。精細動作發展的第一步就是讓寶寶的手掌打開，拇指不內扣。

◆按摩

我每天給小D做撫觸時，會順帶按摩一下她的手指和手掌，具體方法是用自己的大拇指輕輕地按摩她的五根手指，從手指根部按摩到指尖。這樣的按摩能讓寶寶的手指更敏感，從而促進今後的精細動作發展。此外，我每天會和她握手很多次，這個看似非常簡單的動作，卻能讓小D的手掌打開，拇指不內扣。

◆玩具

搖鈴和握球非常適合這個階段的寶寶玩，透過這兩種玩具可以引導寶寶打開手掌。手掌打開是所有精細動作的前提，如果寶寶的手掌不能放鬆，總是握著拳頭，一切抓握及其他精細動作都免談。

4～6個月：精細動作發展的關鍵時期

這個階段是寶寶精細動作發展的關鍵時期。通常寶寶從第四個月開始，會有意識地去搆取自己喜歡的玩具，抓住後會放進嘴裡。再往後，他開始對自己的手腳感興趣，會用手去抓腳，會把玩具從一隻手傳遞到另一隻手。

◆玩耍時多轉換姿勢

小D還不會坐的時候，我就經常讓她以側臥、仰臥、俯臥等各種姿勢玩耍。這些不同的姿勢會促使她調整搆玩具和玩玩具的方法，這樣精細動作就會得到進一步的鍛鍊。需要提醒的是，早產寶寶通常比足月寶寶動得少，所以當早產寶寶還不能自己坐和爬時，需要經常幫他調整姿勢，不要讓他長時間保持一個姿勢不動。

◆玩具

積木是這個年齡段的寶寶很好的玩具。我買了三種不同大小、不同材質的積木給小D玩，這樣既可以讓她鍛鍊手指去適應大小不同的玩具，又能讓她的雙手感受不同的材質。為什麼要買不同材質的積木呢？因為人的手掌上分佈著非常豐富的神經元，藉由觸摸不同的材質，能夠讓寶寶的手掌變得更加敏感，從而促進精細動作的發展。

在這個時期，小D有時候抓握時還是會出現大拇指內扣的現象。我一旦發現就及時糾正，讓她重新抓。她在這個時期出現這樣的問題，更多的只是習慣問題，我要做的就把這種壞習慣扼殺在搖籃中。

7～9個月：讓寶寶慢慢學會自己餵自己

這個時期的寶寶已經能夠很熟練地拿著玩具敲打、搖晃或亂扔了。這個時期最大的挑戰就是如何讓寶寶慢慢學會自己餵自己。這並不是說一定要實現寶寶1歲就能獨自吃飯的目標，但家長要有這樣的意識，因為食物是訓練寶寶精細動作最好的玩具。

◆弄髒是好事

餵小D吃副食品時，她經常用手抓副食品，這時我會停下來告訴她，我們吃的是鮭魚泥，你摸摸它裡面是不是有顆粒；天氣暖和時，我會帶她去公園玩，讓她摸沙子、摸草。從大人的視角來看，這樣會比較髒，但從寶寶的視角來看，這正是他們探索和感知這個世界的方式。鼓勵寶寶多用手探索事物，不僅能促進精細動作的發展，還能促進認知能力的發展。

◆放手讓寶寶自己嘗試吃副食品

小D從7個半月開始，就不再滿足於我餵她吃副食品，總是想伸手抓湯匙。這時，我就手把手教她如何餵自己吃。此外，我每天都會準備一些手指食物讓她自己拿著吃。我一開始準備的手指食物是大塊、長條形的，比如長方形的磨牙餅乾；當她可以準確地拿起磨牙餅乾自己吃完時，我就把餅乾的形狀變窄、變短；這樣也難不倒她之後，我就換成星星形狀的小泡芙。之前的餅乾訓練的是大拇指和其他四個手指的抓握能力，而小泡芙是需要用大拇指和食指來抓握的。雖然大部分寶寶都是在10個月以後學會掌握這個技能的，但小D9個月時就可以自己吃泡芙了。相對於她的大動作發展速度而言，她的精細動作發展速度是非常快的。

放手讓寶寶自己吃副食品，最關鍵的是媽媽要有耐心，不要怕髒，也不要怕浪費食物。同時，還要適當地幫助寶寶，以免寶寶因為受挫而放棄自己嘗試。小D一開始吃不到時會很著急，我總是在她快要放棄的時候餵她一口，「引誘」她繼續努力。

10～12個月：單獨活動每一根手指

在這之前，寶寶的手是一個整體，要麼打開，要麼握拳，而到了這個時期，寶寶能夠單獨活動每一根手指了。比如，會用大拇指和食指拿東西，會用手指向他想要的玩具，也會跟著音樂拍手和揮手了。

◆戳洞遊戲

戳洞遊戲能鍛鍊寶寶的每根手指，讓他意識到原來每個手指都是可以獨立活動的。大人可以準備一些可食用的黏土，教寶寶一個手指一個手指地戳洞。

◆指套遊戲

這個時期的寶寶已經可以聽懂大人的很多話了，可以給寶寶的每個手指套上不同顏色的指套玩偶，然後給各個玩偶命名，讓每個玩偶講故事或唱歌，這樣寶寶就可以活動不同的手指。

總結：大動作和精細動作要同時進行

每個寶寶都有自己內在的發展規律，以上所說的只是大部分寶寶的發展規律，僅供父母作為參考。由於早產寶寶的發展普遍落後一些，因此早產寶寶的家長從戰略上要保持一顆平常心，在戰術上要有意識地多讓寶寶訓練，只要工夫下夠，寶寶一定會給你帶來驚喜。

大動作是一切精細動作發展的基礎，撇開大動作來談精細動作是不切實際的。所以，如果你發現自己的寶寶精細動作有些落後，首先要檢查大動作發展是不是正常，大動作和精細動作要同時進行。

CHAPTER 8

【兒科醫師教我的事】

早產寶寶護理篇

致早來的天使，相信奇蹟會發生

如果你認為——

☐腦出血一定會導致「腦性麻痺」。

☐腦性麻痺一定會導致殘疾或弱智，包括不能說話和吃飯。

☐寶寶先天的大腦損傷是永久的，無法經由後天修復。

☐早產就是一種「疾病」，需要及時治療。

以上項目皆是社會大眾對於早產的錯誤迷思，

身為早產兒的媽媽，大 J 以過來人的身分與父母分享，

美國兒科醫師教她的早產寶寶護理先進觀念與知識。

即使是早來的天使，只要照護妥當，也能擁有一對強壯的翅膀。

美國NICU醫生送給早產兒媽媽的三句話

大部分早產兒父母都會混淆「未發育成熟」和「生病」，
如果寶寶是「未發育成熟」，
只需要給寶寶提供生存支援，等他慢慢發育即可，
但如果早產寶寶「生病」了，那就需要進行科學干預。

上週末，我們再次帶著小D回到NICU去看望那裡的醫生和護理師。帶著小D回「家」看看，幾乎成為我們在紐約每到節日假日的活動。是的，我們稱NICU是小D的第一個「家」，她在那裡生活了整整一百一十五天，所有的醫生和護理師都認識這個堅強的小女孩。每次回去，我都感覺像見到家人般親切。在那段日子裡，我們每天經歷著雲霄飛車般的情緒波動，包括焦慮、不安、無助，以及對未來的不確定。那時，好多醫生和護理師不斷地鼓勵我們，回想起來，正是他們的鼓勵支撐我們走過了最黑暗的一百一十五天。那時，美國NICU醫生告訴我這三句話：

不要相信早產寶寶（Never trust preemies）

一開始醫生跟我說這句話的時候，我完全不理解是什麼意思。後來才明白，原來這句話的意思是說早產寶寶的情況是很難預測的，他們永遠不會按照既定的計劃來執行。

比如，每天早晨，醫生和護理師會到小D的床邊會診，討論之後二十四小時的計劃和主要治療目標。似乎小D每次都在很認真地聽，但每次都不按常理出牌。從趨勢上看，明明情況在慢慢變好，醫生剛剛調低咖啡因的用量，小D卻突然毫無徵兆地呼吸暫停次數猛增，醫生只好又把咖啡因的量調回去。到後來，凡是有重大的決定，比如要撤呼吸器等，醫生就會把我們叫到病房外和我們討論，生怕被小D聽到。

不過，不按常理出牌的小D也會給我們很多驚喜。比如小D戴呼吸器八十多天，一直沒有辦法去氧，我們甚至做好了帶氧回家的準備。但是有一天，小D自己不小心把呼吸器弄掉了。護理師說等等看情況如何，結果她完全可以自己呼吸了。醫生也只能搖頭表示無奈地接受她的變化。

重新解讀這句話：**早產寶寶既然選擇來到這個世界上，他們就注定是我們的孩子。只不過他們有自己的計劃，我們能做的就是放寬心去接受他們。**

早產寶寶總是往前進三步，往後退一步

（Preemies always take 3 steps forward, and 1 step back）

這是我們在NICU聽到最多的一句話。這種說法聽起來很打擊人，好像總在原地踏步，稍微看到一點成果，卻又開始倒退。小D使用呼吸器的過程就是個再好不過的例子。她把所有類型的呼吸器來來回回用了好幾輪。我們的心情也如坐雲霄飛車一樣，不斷地上下起伏。

其實早產寶寶在NICU的時候就是這樣。他們是提前來到這個世界的，是外界的手段迫使他們提前開始適應這個世界。所以，他們的身體需要一點兒時間來適應、調整和糾正錯誤。重新解讀這句話：**不要只盯著寶寶反覆或倒退的地方，時常提醒自己回頭看看。這時你會發現，原來和起點相比，寶寶已經走出了很遠。**

只看當下，只關注今天的事情（Live for now, focus on today）

每天在NICU，你會被告知太多的壞消息。醫生會跟你解釋這個消息的醫學定義是什麼，未來可能帶來的影響是什麼。似乎每天你都覺得未來像被一層又一層的黑紗籠罩著，你根本不知道後面是什麼。

小D在NICU的日子就是這樣的。她腦部有最高級別的出血；白細胞（舊稱白血球）數量下降，可能是受到了感染；呼吸器內有血，可能是因為動脈導管未閉合造成的；左右眼都有早產寶寶視網膜病變，需要繼續複查；肚子脹氣，是腸胃穿孔，需要手術……我們幾乎每天都跟醫生進行著這樣的對話，每次我的大腦總是先停頓一下，然後開始快速思考這意味著什麼，意味著小D以後不能行走了嗎？她還能看到東西嗎？抗生素會不會讓她的體質變得特別脆弱？手術後的疤痕會有多大？呼吸器插管會不會影響以後的餵養？

後來我們才慢慢明白，與其花時間去猜測未來的不確定性，不如盯著今天看。看她今天的呼吸暫停次數比昨天少了幾次；今天第一次靠胃管喝下了一毫升母乳；今天的手術很成功；今天好像睜眼看到我們了；現在睡得像天使一樣安靜……這些才給了我們繼續走下去的力量。重新解讀

這句話：我們又成功地度過了一天，寶寶又進步了一點點，讓我們慶祝今天的小勝利，一起去迎接明天的挑戰！

區分早產寶寶是「未發育成熟」還是「生病」

「我家寶寶現在還在保溫箱，什麼時候可以出來啊？」「我家寶寶上週已經撤下呼吸器，今天又用上了，擔心死了！」「我家寶寶到現在還是胃管餵養，什麼時候可以自己吃奶啊？」「醫生說要給我家寶寶用抗生素，可是抗生素對寶寶不好吧？」

這些問題都是早產兒媽媽群裡經常談論的話題，為此媽媽們每天都有各種擔心和焦慮。但事實上，並不是所有看上去的「問題」都是問題，有些是不需過分擔憂的。

小D出生的當天下午，我還在術後觀察室，小D的NICU醫生過來說：「寶寶在你肚子裡跟病毒戰鬥了好久，所以她病得很厲害。我們並不擔心她發育不成熟，而是擔心她的疾病。」並且暗示我們，如果可以的話，應該盡早去看看她，因為這可能是最後一面了。

就是在那時，我第一次接觸到「未發育成熟」（immature）和「生病」（sickness）這兩個概念。大部分早產兒父母都會混淆這兩個概念，有些醫生也不跟父母們說清這兩者之間的區別。有一部分早產寶寶非常健康，只是「未發育成熟」。他們和足月寶寶唯一的區別就是他們是在子宮外繼續發育的。但也有很多早產寶寶（尤其是小月齡早產寶寶）出生時是「生病」的，或者他們在住院期間得病了。在小D出生的醫院裡，有一個寶寶出生時只有24週，如果他出生時以及住院期間沒有病症的話，存活率在九〇%以上；但是如果出現病症的話，存活率會顯著降低。

為什麼區分清楚這兩個概念如此重要呢？因為如果寶寶是「未發育成熟」，那就只是時間的問題，只需要給寶寶提供和子宮內相似的生存支援，等待寶寶慢慢發育即可；但如果早產寶寶「生病」了，那麼他未來的情況就很難預測，發育也更加緩慢，除了要為他提供生存支援外，還需要進行醫學干預。

記得小D住院期間，她的每個問題我們都很擔心。現在回想起來，「生病」的問題確實是需要擔心的，而「未發育成熟」的問題則是不需要過於擔心的。

哪些問題屬於「未發育成熟」

◆打點滴（脫水）

早產寶寶，特別是小月齡早產寶寶的肌膚非常薄，無法儲存水分，所以很容易脫水。小D剛出生時的肌膚薄到都能看到下面的血管。當時護理師鼓勵我們盡早幫寶寶進行換尿布等日常護理，我們有大概一個月都不敢做，害怕一碰就會弄破她的肌膚。小D一出生就有一個打點滴的管子連在她的臍帶上，為她補充營養和水分，以防止脫水。不過好消息是，皮膚是所有器官中成熟最快的，一般三到四週就不會再出現脫水的問題了。

◆住保溫箱（無法保持體溫）

早產寶寶的身體脂肪很少，再加上他們的大腦還沒發育到足以調節體溫的程度，所以很多寶寶都需要放在暖箱裡直到34週以後。記得小D離開保溫箱那一天，所有醫生和護理師都來祝賀我們，說小D「升官了」（promoted）。

◆呼吸暫停

這估計是早產媽媽聊得最多的問題之一。早產寶寶的呼吸節奏和足月寶寶不同，他們的呼吸沒有規律，時不時還會暫停一下。當停止呼吸超過二十秒以上，醫學上就稱之為呼吸暫停。寶寶的肺部需要在36週左右才發育成熟，很多早產寶寶出生時肺部還沒有打開，自然就會出現呼吸暫停的現象。醫生通常會給寶寶使用咖啡因，提醒他們呼吸，必要時還會使用呼吸器。但這和生病時出現的呼吸暫停是不同的，這種呼吸暫停在36週前後基本上就會消失。

◆無法餵食

儘管喝奶看上去很簡單，但其實寶寶的胃腸道消化系統是很複雜的。早於30週出生的寶寶，其腸胃無法消化食物，所以他們只能經由打點滴得到營養。30週以後，儘管寶寶的消化系統逐漸成熟，但他們還是無法直接吃母乳或者用奶瓶喝奶，因為他們還沒形成吞咽反射。這時候，需要用一個非常細的胃管把奶輸送進去。

以上這些是早產寶寶「發育未成熟」的典型例子。對於這類問題，早產寶寶的媽媽們不必過於擔心，時間是最好的治癒良藥。當然，有些問題會對今後的生活產生一些影響，比如寶寶因為錯過學習吸吮的機會，可能會導致今後餵養敏感，但這些問題都是可以解決的。

哪些情況是「生病」

◆使用呼吸器（肺部疾病）

這是早產寶寶很普遍的一種疾病。由於早產寶寶因發育未成熟導致呼吸暫停，大部分早產寶寶一出生都需要使用一段時間呼吸器。但如果肺部始終沒有打開，就屬於肺部疾病，而不是簡單的發育不成熟問題。這種情況下，使用呼吸器的時間就會比較長。而長期的呼吸器支持會提高寶寶肺部感染的機率，從而進一步惡化肺部疾病。小D一出生就有呼吸窘迫，過了36週還是無法去氧，她的情況就是有肺部疾病。在住院期間，她曾使用過四種不同類型的呼吸器。

◆打抗生素

感染是導致早產比較普遍的原因。小D就是因為感染而早產的。寶寶大部分的感染都來自母體，是媽媽傳染給寶寶的。由於寶寶的免疫系統還不完善，即使一點點感染，對於寶寶來說都可能是致命的。通常早產寶寶出生後，醫生都會做胎盤測試，通過血液培養和胸部X光檢查來判斷寶寶是否受到感染。那時，小D的血液培養要一兩週後才能檢出結果，但她的所有臨床跡象都顯示她受到了感染，所以她一出生醫生就使用了抗生素。

◆腦出血

腦出血一般出現在寶寶出生後一週，尤其容易發生在需要呼吸器支援的小月齡寶寶身上。對於比較輕的腦部出血，醫生不會太擔心；但如果出血面積比較大（通常是三級和四級出血），醫生會對這類寶寶格外留心。因為這可能會導致一些併發症，寶寶的復健過程也會更慢。小D是出生一週後發現左右腦分別有四級出血的，這導致她在NICU待了一百多天，其間還出現各種反覆的情況。這也是後來小D需要頻繁復健的原因。

當然，「未發育成熟」和「生病」並不是孤立存在的，有時會互相轉換，或同時存在。以使用呼吸器為例，可能寶寶一開始只是因為肺部「未發育成熟」而需要呼吸器支援，但長期的呼吸器支持又導致肺部感染，從而變成肺部疾病，也就是生病了。這類問題在NICU護理中非常普遍。

我想和那些寶寶正在NICU的早產兒父母說，我知道你們每天都很想知道寶寶在NICU的樣子；我也知道你們每天都要面對各種陌生又複雜的醫學名詞；我還知道因為未來的不確定性，你們會害怕、會擔憂。這些我都經歷過。如果這篇文章能夠給你們多一些希望，多一份力量，哪怕只是一點點，我的目的就達到了。要知道，寶寶們每時每刻都在努力奮鬥，期盼早日與你們團聚，就像小D當初那樣。

如果寶寶出現了生病的問題，媽媽們就需要認真對待，並且積極配合醫生進行治療。請記住，寶寶在NICU時，活下來是首要的問題，其他問題都是次要的，都要靠邊站。

美國醫生談早產兒媽媽不願提的腦性麻痺

提到腦性麻痺，相信很多人和我一開始的觀念一樣，認為腦性麻痺就意味著智力低下。其實這是個很大的誤解，大部分腦性麻痺的人只是動作能力受限。這個概念的劃分對於嬰兒是至關重要的。小寶寶剛出生頭一兩年很難判斷智力是否正常，導致很多父母錯過治療的最佳時期。

在所有早產兒媽媽的群組裡，「腦性麻痺」是一個禁忌的詞語，因為它太過於沉重，太過於讓人恐懼。大家都非常有默契地不提起，彷彿不提，它就不存在。我和老公好長一段時間都讀不了這個詞的英文發音，因為我們也選擇性地回避它。我之所以有勇氣把它寫出來，是希望大家可以正視這個問題，以便更加積極地對寶寶進行早期干預和協助。

小D出生後第二週的一個早晨，我們像平時一樣去了醫院。一進小D的房間，我們就發現氣氛不對，好多醫生和護理師都圍在小D的床邊。那天，醫生告訴我們一個最壞的消息：第一次腦部超音波顯示，小D的左右腦都有最高級別的出血。也是在那天，醫生問我們是否要放棄治療。那天我和老公不知道是怎麼度過的，我只記得，醫生想在電腦上打開小D的超音波報告給我們看時，老公說：「讓我們坐下來慢慢看，好嗎？」因為他當時雙腳發軟，幾乎站不住。

我們還是非常幸運的，小D出生在紐約最好的NICU，我們在那裡認識了很多頂尖的兒科醫生、兒童腦外科醫生、兒童神經科醫生和復健師。我向他們請教了很多關於腦性麻痺的知識，正是他們給了我最大的勇氣和希望。而且和醫生聊得越多，我越是發現，很多網上和民間流傳的關於腦性麻痺的認識是存在誤解的。在這篇文章中，我想從一個「腦性麻痺高風險兒童」媽媽的角度來談談我對腦性麻痺的理解。

一般人對「腦性麻痺」的四個誤解

〔誤解1〕腦性麻痺等同於弱智

提到腦性麻痺，相信很多人和我一開始的觀念一樣，認為腦性麻痺就意味著智力低下。其實這是個很大的誤解，大部分腦性麻痺的人只是動作能力受限。這個概念的劃分對於嬰兒是至關重要的。小寶寶剛出生的頭一兩年，很難判斷其智力是否正常，這就導致很多父母錯過了治療腦性麻痺的最佳時期。**最嚴重的腦性麻痺的確會導致殘疾或弱智，包括不能說話和吃飯。而輕度腦性麻痺的人，看上去幾乎和普通人一樣，只不過他們無法完成很多事情**，比如不能拿起一個非常重的水壺，不能自己梳頭髮等。所以，大家不要狹隘地認為「腦性麻痺」就是智力方面有問題，「腦性麻痺」也可能體現在其他方面。

〔誤解2〕核磁共振顯示腦部出血、腦部有軟化灶、腦部蛋白質損失，寶寶就是「腦性麻痺」

小D第一次核磁共振結果出來後，我問紐約最權威的兒童精神科主任（即小D的NICU主任）

和小D的腦外科醫生：這代表小D是腦性麻痺嗎？他們都說，任何造影診斷（包括超聲波、CT和核磁共振）都不能確診腦性麻痺。因為任何造影看到的都是腦部某個時間點的截圖，它告訴我們哪裡存在腦部損傷，但無法預測這個損傷是否會導致腦部發育不良，甚至最終變成腦性麻痺。腦性麻痺是需要經由長期的臨床表現來確診的。所謂的臨床表現，就是指寶寶的五大發育指標——大動作、精細動作、語言能力、社交能力和認知能力。

〔誤解3〕寶寶剛出生時就可以確診腦性麻痺

聽很多國內的早產兒媽媽說，好多腦部出血的寶寶，剛一出生就被扣上了「腦性麻痺」的帽子。為此我特地去諮詢小D的醫生：我家寶寶是腦性麻痺嗎？什麼時候可以確診？小D的醫生非常嚴肅地告訴我，所謂腦性麻痺是指寶寶的部分或所有發展指標都停滯不前。事實上，人的大腦是非常神奇的器官，尤其是寶寶的大腦。**出生後的第一年是寶寶的大腦高速發展的時期，如果給予正確的刺激和引導，寶寶的大腦是有修復代償功能的。**好多醫生都跟我們講過一個故事：美國有個寶寶出生時由於先天基因缺陷，沒有左腦，但她後來一切正常。醫生對她的腦部進行了研究，發現她的右腦把左腦應該負責的職能都掌握了。

腦性麻痺至少在寶寶2、3歲以後才能確診，有的寶寶1歲後會出現一些腦性麻痺的症狀。我們只能說，出生時有腦部出血的寶寶存在腦性麻痺的風險比較高，出血級別越高，風險就越大。美國對此有非常清晰的概念劃分，稱這類寶寶是「高危險兒童」，不是「腦性麻痺兒」。

〔誤解4〕高壓氧艙、打針、吃保健品，可以幫助修復腦部功能

如果寶寶在2、3歲時被確診為腦性麻痺，目前的醫療水準是無法根治的，只有一些輔助手段來減輕腦性麻痺帶來的痛苦。比如，藉由電療來放鬆緊張的肌肉，針對某些肌肉進行注射等。不過，已經有越來越多的調查研究發現，對於「高危險兒童」群體，早期干預，特別是盡早開始動作復健，對於腦部損傷有修復的功能。美國曾追蹤出生時有腦部損傷的寶寶進行調查，發現早期注重復健的「高危險兒童」，後來變成「腦性麻痺兒」的比例顯著降低。

據我所知，國內有高壓氧艙、打針等方法來治療腦性麻痺的寶寶。我在小D出生第一個月時聽說了這些方法，以為找到了希望，還疑惑為什麼這邊的醫生沒跟我們提過這些方法。我特地上網查資料，把打針的名稱翻譯成英文去詢問各個專家。可是，在美國我們得到的答案是，沒有任何醫學研究發現高壓氧艙、打針可以修復腦損傷。

目前經醫學研究發現並證實的唯一可以幫助腦部修復的方法，就是早期的復健訓練。復健和大腦修護是相輔相成的，復健給了大腦良性的刺激，以促進大腦加速修護；大腦在慢慢修護的過程中反過來也會加速復健的效果。而且這種復健越早開始越好，從預產期開始的前六個月是腦部修護的黃金期。我聽說一些曾有腦部出血的寶寶的父母，沒有為寶寶做任何評估和復健，寶寶到了4、5個月還不能抬頭，媽媽只是在媽媽群組裡問寶寶是否有問題、該吃什麼藥等。對此我感到很心痛，我想用自己的經歷告訴這些媽媽，與其擔心猶豫，不如行動起來。有過腦部出血的早產寶寶，過了預產期後就應該盡早去找專門機構做評估和復健，化被動為主動。如果真的錯過了前六個月的黃金期，現在開始也不晚，早做比晚做好，晚做比不做好。

早產寶寶出院後注意事項

早產寶寶從出生一直到矯正1個月，都要盡量靜養。
很多早產兒媽媽認識到運動對早產寶寶的重要性，
寶寶還沒過正常的預產期，媽媽們就開始讓寶寶看黑白卡，或訓練寶寶抬頭。
早產寶寶出院後的前一兩個月，要先理順餵養和睡眠的問題，才是健康成長的基礎。

小D在NICU的最後一段日子，我幾乎隔一天就問一次NICU主任：她什麼時候可以出院？後來，終於確定小D一週以後可以出院了，我和老公卻感覺有點兒措手不及：家裡是不是要像醫院那樣保持無菌的狀態？醫院一年四季都開空調，家裡是不是也要這樣？沒有了醫生和護理師，我們可以照顧好她嗎？這篇文章就專門聊一聊早產寶寶出院後的注意事項，以減緩早產兒家長們的焦慮情緒。

離開醫院前的準備工作

◆問清楚用藥的方法

如果你的寶寶出院後需要吃藥，請一定問清楚醫生什麼時候吃、每次吃多少。不要小看這一點，好多早產寶寶在醫院習慣了護理師的餵養方法，回家後就會感到不習慣。

◆一定要拿到出院須知

我建議家長把出院須知通讀一遍，如果有問題，要當面向醫生問清楚。然後，把這份須知複印若干份，在尿布袋和家裡顯眼處各放一份。畢竟父母不是專業醫生，而且好多之前的問題可能會被遺忘，這份須知可以用來提醒自己。此外，有了這份須知，以後帶寶寶看病時，如果醫生問起，家長也會有備無患。

◆問清楚寶寶的疫苗注射情況

在美國，早產寶寶的疫苗注射是按照實際年齡進行的。儘管大多數醫院和注射疫苗的保健單位已經聯網，但家長還是應該問清楚寶寶已經注射和尚未注射的疫苗，這樣心裡會比較有底。

回到家之後：讓寶寶熟悉家人，先把餵養和睡眠問題做好

在國內的NICU，家長不是每天都可以探視寶寶的，所以寶寶出院回家後第一件事就是讓寶寶熟悉家人，多和寶寶進行肌膚接觸。在小D住院期間，我和老公每天都讓小D光著身體趴在我們胸口，直接進行肌膚接觸，這種姿勢叫「袋鼠抱」。有研究表明，在住院期間，「袋鼠抱」能夠大大提高早產寶寶的存活率。小D回家後的前幾個月，我們也一直用這種抱法，讓她熟悉爸爸媽媽的氣味和呼吸，給她更多的安全感。

早產寶寶從出生一直到矯正1個月，都要盡量靜養。很多早產兒媽媽認識到運動對早產寶寶的重要性，寶寶還沒過正常的預產期，媽媽們就開始讓寶寶看黑白卡，或訓練寶寶抬頭，這樣太操之過急了。早產寶寶出院回家後的前一兩個月，需要先把餵養和睡眠的問題理順，這是寶寶健康成長的基礎。

關於寶寶的餵養

一般來說，早產寶寶剛開始餵養時，總是或多或少有些困難。媽媽們要把握一個大原則，即一開始就要建立正確的餵養方法，寧願一開始慢一點兒，也比今後矯正壞習慣好。比如，有的寶寶吸不動奶嘴，媽媽們寧可少量多次地讓寶寶學著吸，也不要直接用湯匙餵。否則對今後寶寶吃副食品和說話都會產生不好的影響。

小D在NICU住得太久，以至於她已經習慣了三小時喝一次奶，並且習慣了使用特定的奶瓶喝奶。出院回家後，我就按照之前的習慣來餵她，沒有特意去改變她的習慣。每個寶寶的習慣都不一樣，媽媽們需要仔細觀察。

◆注意寶寶嗆奶的問題，讓寶寶少量多次地喝奶

早產寶寶的吸吮能力和吞咽能力通常都會弱一些。足月寶寶喝奶的過程是「吸—咽—呼」，而很多早產寶寶喝奶的過程是「吸吸吸—咽咽咽—呼呼呼」。有時難免一口氣緩不上來，或者被嗆到。所以，媽媽們餵奶時要時刻注意觀察寶寶的臉色，特別是半夜餵奶時，最好開著小夜燈。

很多早產寶寶由於吸吮能力弱，個頭又小，吃奶時會顯得特別累。同齡健康足月的寶寶一口氣可以輕輕鬆鬆吃一百五十毫升奶，而早產寶寶可能吃八十毫升就不吃或睡著了，這是很正常的。對於早產寶寶來說，喝奶也是一種鍛鍊。一開始可以讓寶寶少量多次地練習，經過每天多次的鍛鍊，寶寶慢慢就會吃得越來越多。

關於寶寶的睡眠

◆睡得短，睡得多

通常早產寶寶的神經發育比足月寶寶慢，所以很多早產寶寶的睡眠問題更突出。一般小月齡的早產寶寶睡眠時間會比較短，睡的次數會比較多。好長一段時間內，小D白天每次只能睡四十五分鐘，而且醒後接著入睡非常困難。後來我不再強迫她接著睡，但會注意多安排幾個小覺，以便讓她充分休息。

◆適當使用白噪音

在醫院裡，無論白天、晚上都非常吵鬧，很多早產寶寶住院久了，習慣在吵鬧的環境下入睡。剛出院回家時，由於環境突然變得非常安靜，他們會感到不適應，所以可以在寶寶睡覺時使用白噪音，以幫助寶寶更好地入睡。

◆睡眠安全要重視

我建議寶寶從一開始就和父母分床睡，但要和父母同屋，這樣有利於培養寶寶良好的睡眠習慣。同時，寶寶的小床上一定不要放各種玩具或鬆散的毯子，以防蒙住寶寶的臉而發生窒息。

◆使用小夜燈

寶寶剛出院回家時，估計好多媽媽都和我當時一樣，半夜都不敢睡覺，害怕寶寶萬一停止呼吸怎麼辦。這種擔憂是正常的。我當時的做法，就是在小D旁邊一直開著一盞小夜燈，這樣方便半夜起來觀察情況。一段時間後，等媽媽安心了，就可以關掉小夜燈，只在半夜餵奶時打開。

家裡的環境

◆洗手非常重要

任何人在接觸寶寶之前，都要記得洗手。美國兒科醫生建議，在寶寶矯正1個月之前，大人洗完手後，還要用免洗消毒液進行消毒。研究表明，接觸是傳染病毒的第一大途徑。家裡有人來訪時，也要提醒他們先洗手，並且謝絕患流感或其他傳染性疾病的親友來訪。

◆打造無菸環境

如果家中有早產寶寶，特別是肺部有慢性疾病的早產寶寶，家裡要禁止吸菸、噴霧，還要避免出現油漆等刺激性東西。

◆家人要及時注射疫苗

和寶寶同住的家人，建議在冬天到來之前都接種流感疫苗和百日咳疫苗，以防止把病毒傳染給寶寶。經過頭一兩個月的磨合，寶寶的餵養和睡眠會逐漸規律起來，這時可以考慮帶寶寶出門。醫生建議寶寶矯正1個月後就可以帶出門，但注意不要讓寶寶暴露於太陽的直射下，以免曬傷寶寶的皮膚；還要避免去人多擁擠的室內場所，因為這些地方容易增加寶寶感染的機會。我在這方面比較謹慎，小D住院回家時是初冬，正值流感高發期，所以我們沒有很頻繁地帶她出門，最多是在家旁邊的公園裡走走。

家長的心理建設

寶寶早產對於家庭來說是一個很大的衝擊。寶寶還在NICU時，由於大家處在高壓狀態下，會把很多情緒問題暫時放在一邊。等寶寶出院回家後，心理上沒有之前那麼緊張了，很多之前的情緒就會慢慢浮上來。這在心理學中叫作「創傷後遺症」。

也許，你會質疑自己是不是合格的母親；也許，寶寶出院後又生病了，你因此而感到自責，把之前寶寶早產和現在生病等所有的問題都歸咎於自己；也許，你什麼都要自己做，覺得虧欠寶寶的都要彌補上……

這些情緒都是正常的，都是需要時間去消化的。要勇敢地面對這些情緒，並且試著接納和消化它。不要一味地逃避，因為這樣幫助不了你。小D出院後，有好長一段時間，我都是避諱談論

「早產」或小D的經歷。那時我告訴自己，希望今後小D不要因為戴著「早產寶寶」的帽子而拒絕或逃避做一些事情。後來我明白了，想讓小D做個正常的寶寶，我首先需要做一個「正常」的媽媽。小D早產已經是不可改變的事實，我們作為父母能夠影響她的，就是讓她學會正確看待這件事。

爭取外援支持

照顧早產寶寶會比照顧足月寶寶花費更多的精力。所以，媽媽們不要事無巨細都親力親為，不要覺得只有自己才能給寶寶最好的。其實媽媽們更需要好好休息。相信很多媽媽都和我一樣，因為寶寶早產，幾乎沒怎麼坐月子。所以，在照顧寶寶的很多事情上，媽媽們要學會放手，讓家裡的其他人幫忙照顧寶寶。要記住，開心的媽媽才能帶出開心的寶寶。

記得小D剛出院回家時，我既緊張又興奮。萬事起頭難，經過和小D最初幾個月的磨合，她越來越好帶了。經過那麼久的等待，你們的小鬥士也終於要回家了，請做好準備迎接他吧！

CHAPTER 9

【我的寶寶教我的事】

辣媽奶爸篇

養育孩子是父母的一場修行

本書最後一個章節，大 J 要分享小 D 教會她的事。
她在毫無預警的情況下迎接了寶寶的到來，
女兒的身體狀況是每一個父母都不願面對、也不希望的噩夢，
她卻選擇了不放棄，陪伴女兒度過每一個關卡。
她曾迷惘過、曾埋怨過老天、也曾遺憾自己失去的那些，
但她選擇了接受現狀，擁抱現狀，享受現狀，
找回屬於自己的幸福，懂得更愛自己，讓自己變得更好！
這一路以來的心路歷程，全都在本章。
願這章裡的每一個文字，能撫慰每個為人父母的心。

幸福媽媽的祕訣：找到自己的舒適狀態

當一個好媽媽，我需要先照顧好自己。只有照顧好自己，我才有能力去愛他人；只有自己的內心是充盈的，我才能去澆灌他人。

現在，我學會每天給自己創造一點小確幸，只是這麼一點點改變，我卻變得開心起來。這種內心的充足，換來的是心態更加平和地帶孩子，換來老公的舒心，何樂而不為？

我是愛思考的人，思考得多就容易糾結。在做全職媽媽的最初階段，我糾結過、焦慮過，也困擾過。兩年過去了，我終於和自己握手言和。

端正心態，認清定位：像對待工作一樣來對待「媽媽」這份工作

以前沒有小D時，每當工作受挫，我都會說：「算了，大不了辭職回家生孩子。」很多媽媽潛意識中也總是把全職媽媽當成自己的退路，當成工作做得不稱心的一種逃避方式。其實這種想法本身就認為做全職媽媽不須技術，是輕鬆的，是低人一等的。說實話，我一開始也是這麼認為的，始終覺得自己大材小用了。

直到有一天，當我被這個什麼都不懂的孩子折騰得筋疲力盡時，有一次半夜擠奶，我想起自

己之前的一名下屬。她是名校的畢業生，加入我的部門後，我讓她做一些資料整理的工作，建立資料庫。第二天，她跟我說，她不想做這份工作，覺得太大材小用了。當時我是這麼回答她的：「如果你真的覺得這份工作很簡單，請先把這份簡單的工作做好。當你能夠完全勝任這份工作時，我們再來談下一步你想做什麼。」事實證明，這份工作對於一個職場新手來說非但不簡單，反而特別考驗她的綜合技能和學習能力。

這時，我突然意識到當時所說的不就是自己現在的狀態嗎？是啊，與其每天糾結，不如先把當前的工作做好！想明白這一點之後，我的心態完全改變了，我把全職媽媽當成自己的新工作，唯一的區別只是工作環境改變了。做好一份工作是需要職業素養的，是需要學習知識和技能的，是需要有「做一行、愛一行、專一行」態度的，做全職媽媽也一樣。

心態決定行為，眼界決定格局，當你覺得自己「只是個帶孩子的」，當你自己都看低自己時，你的感覺一定不會好，你也一定不會覺得自己有價值，而這一切都會影響到你做好「媽媽」這份工作時的心態。因此，要想做一個好媽媽，首先就要端正心態，像對待工作一樣來對待「媽媽」這份工作。

不要有犧牲自我的想法，照顧好自己才有能力愛孩子

我從小受到的教育就是自己賺錢自己花。做了全職媽媽之後，因為不再有經濟收入，我感到有些心虛，不再捨得為自己花錢了。小D出生後第一年換季時，我有一次整理衣櫃，看著滿衣櫃曾經的套裝和高跟鞋，想想現在連一支口紅都捨不得買，我突然抑制不住大哭起來。

我並不是一個情緒激烈的人，但那次真的哭得很厲害。發洩完情緒之後，我對自己做了一次徹底的梳理。我曾經錯誤地以為，因為我做了全職媽媽，所以我要為這個家庭付出更多的心血，奉獻更多的自我，這樣才能得到應有的愛。但做全職媽媽這個職業，很難立竿見影地看出付出者的價值，很多時候你渴望得到表揚和認可，但男人看到的卻是你灰頭土臉的樣子，孩子帶不好，你自己的精神狀態也很差。這個世上哪有真正的無私奉獻，我之前所謂的「犧牲」其實都是有所求的，當所求沒有得到滿足，我的內心就會覺得委屈，這正是我大哭的原因。

我開始明白，當一個好媽媽，我需要先照顧好自己。只有照顧好自己，我才有能力去愛他人；只有自己的內心是充盈的，我才能去澆灌他人。現在，我學會每天給自己創造一點小確幸——享受一杯咖啡，跟著音樂跳一段舞蹈，每天早起十五分鐘給自己化個妝……當然，我還學會了厚著臉皮花一些老公的錢。只是這麼一點點改變，我卻變得開心起來，這種內心充足的感覺，換來的是心態更加平和地帶孩子，換來的是老公的舒心，何樂而不為呢？

學會找到自己的「舒適」狀態

我畢業後加入了一家知名外企做管理培訓生，管理培訓生是為培養我們成為公司高層的快速管道。那時全國申請管理培訓生的應屆大學生有幾十萬人，最後只錄取了十幾個。加入公司後，我們需要每八個月輪崗一次，還要參加考試，表現不好會直接被淘汰，可想而知競爭有多激烈。

第一次輪崗結束後，我參加考試時被問到的最後一個問題是，你中長期的職業目標是什麼？我說出了自認為的標準答案——做總經理。後來隨著自己工作年限慢慢增長，我開始明白，並不是每個人都想做總經理，比如我自己。

在我做了全職媽媽之後才發現，原來在全職媽媽這個領域，競爭也同樣激烈，而我，也並非想做最厲害的媽媽。當我覺得自己一邊帶娃一邊運動，身材恢復得不錯，儼然一名時尚辣媽時，我的朋友生了三個孩子，每天嚴格控制飲食，堅持運動，甚至練出了馬甲線；當我覺得自己帶小孩遊刃有餘時，我發現朋友圈有個全職媽媽不僅帶兩個孩子，還又學插花又做烘焙，最近還在玩攝影；當我覺得自己當了全職媽媽還能不斷讀書充電時，我發現鄰居一位媽媽一邊帶小孩，一邊修完了哥倫比亞大學的心理學課程……

我身邊的人尚且如此，更不要說網上的那些「全能媽媽」了。習慣了競爭的我，一開始看到這些時也會有壓力，也會感到焦慮和自卑。每每這時，我總是會想起自己初入職場的那個故事，也不是每個人都需要成為「全能媽媽」。人生最關鍵的就是找到自己的「舒適」狀態，學會安放自己。「舒適」不是和別人比，而是自己內心的一種狀態。我花了兩年時間才明白自己的「舒適」狀態是什麼，而我所有的努力都是為了滿足自己的「舒適」狀態。

當你找到自己的「舒適」狀態後，再看那些「全能媽媽」的傳奇，就不再感到有壓力，反而會淡然地說，她們真的好棒，但那不是我要的「舒適」狀態。大部分人的糾結、焦慮和不幸福，都是來自既不想受苦又什麼都想得到的矛盾心態。

我，30多歲，一個全職媽媽。時光流轉，我卻越來越愛現在的自己，這是我最好的時光，因為我找到了自己最舒適的狀態，希望每個媽媽都可以找到自己最舒適的狀態。

請別叫我家庭主婦，因為我是全職媽媽

在我看來，做全職媽媽是我的自主選擇，而不是一種被動的選擇，
因為我想停下來陪伴小D人生最初的幾年。
這其中既沒有妥協，也沒有犧牲，
是我遵循自己內心的呼喚而做出的選擇。

全職or上班，這是個問題？

小D出生後，對於是否做全職媽媽，我是有過糾結的。我們嘗試過找保母，我以前的公司老闆也給了我一些工作，想看看我是否可以兼職做一些工作，並逐步過渡到上班。「在家辦公」，聽上去是多麼理想的狀態，但是對我和小D真的不適合。小D總是想找媽媽，這就意味著我的時間會被無限地碎片化，結果既無法全心全意照顧小D，也無法高品質地完成工作。

嘗試過以後，有一天，我問了自己三個問題：

「如果工作暫停兩三年，我可以等嗎？我可以接受這個事業上的代價嗎？」

「如果錯過了小D人生的前兩三年，我會感到遺憾嗎？」

「家裡失去我這一份經濟收入，是否可以不影響生活品質而繼續運轉？」

當我把這三個問題寫下來後，我突然發現，自己糾結了幾個月的事，答案其實很清晰。於是第二天，我就和老公說了自己的想法。一週後，我遞交了辭呈。

我不是家庭主婦，而是全職媽媽

第一次帶小D去參加美國的社區活動時，我介紹自己是家庭主婦（housewife），後來有一個打扮非常精緻的二寶媽媽過來跟我說，你是全職媽媽（full-time Mom），不是家庭主婦。

家庭主婦是一種角色，意味著你所做的一切都是理所應當的。所以，你就應該二十四個小時圍著孩子轉，你就應該全年無休，你就應該蓬頭垢面、成為「黃臉婆」。

而全職媽媽是一份職業，和其他所有的工作一樣，這份職業也有上班、下班和休假的時間，做這份職業的人也應該關心自我的發展，也需要思考如何提高自己的工作效率。此外，既然是份職業，那麼全職媽媽是需要拿「工資」的，儘管很多時候這份「工資」並不是以金錢形式支付的，但是她的價值卻是應該被認可的。

做一行，愛一行，在你的位置上綻放

◆調整心態

很多全職媽媽的心態不好，最大的原因就是覺得自己犧牲了自我，成全了家人。在我看來，做全職媽媽是我的自主選擇，而不是一種被動的選擇，因為我想停下來陪伴小D人生最初的幾年。這其中既沒有妥協，也沒有犧牲，是我遵循自己內心的呼喚而做出的選擇。

◆技能培訓

既然全職媽媽是一份職業，我就需要用知識來武裝自己，以更好地勝任這份工作。在這份工作中，我也曾有過忙得焦頭爛額的時候，甚至全盤否定過自己。但換個角度想想，這只不過是「跨行業跳槽」帶給我的陣痛。

於是我開始學習，每天抽時間看書；每天結束時，我都會進行自我總結，反思哪些地方可以做得更好；抓住每次機會，去請教醫生和復健師……這才是全職媽媽該有的「職業素養」。如今，當我帶孩子越來越得心應手時，我覺得當初的一切努力都是值得的。

◆學會放手

儘管當全職媽媽是我自己的選擇，但也需要得到家庭的支援。記得我一開始帶小D時，手忙腳亂，根本沒時間做家務。老公回家看到髒衣服沒洗，第一句話就問：「為什麼不洗衣服？」很多媽媽都會羨慕「別人家的老公」懂得為妻子分擔壓力。其實，每個「別人家的老公」起點都是一樣的。

當你抱怨自己的老公什麼都不會做時，你是否想過，你有沒有放手讓老公去嘗試呢？有沒有向老公表達過你需要幫助呢？如果你從來沒有給過老公嘗試的機會，又怎麼能期望他在你需要的時候協助你呢？記得我第一次讓老公單獨帶孩子時，內心非常忐忑。但我知道要培養「奶爸」，就一定要懂得授權。只有在沒有退路的情況下，老公才會發揮主觀能動性，盡快進入狀態。那次我只出門了兩小時，回家時家裡像被打劫過一樣，但除了小D有些髒之外，其他一切都挺好的。不過從那天開始，老公體會到了全職媽媽的不易，也逐漸開始享受帶孩子這份痛苦並快樂著的甜蜜負擔。

◆打造專屬自己的時光

每個人都需要一些專屬自己的時光，全職媽媽也一樣。經過一段專屬自己的時光，全職媽媽能夠更高效率地回歸自己的崗位。每天小D入睡後，我都藉由讀書、運動、美容等來享受一段專屬自己的時光，給自己一個休息緩衝的時間。每個週末，我都會精心打扮一番，然後去逛街、看展覽、跳舞、和朋友見面，或者只是一個人在街角喝杯咖啡，發發呆。那時，我不是母親，不是妻子，我只是我，靜下心來和自己對話。

◆我的生命得到前所未有的豐富

以前的我很忙碌，曾經有一段時間，每個月有二十天需要去世界各地出差，好多次早上醒來躺在飯店的床上，我都需要想一想自己是在哪個國家。曾經的我推崇效率至上，所有的事情都要趕時間。有了小D以後，我發現原來慢下來也是一門學問。

小D剛開始做復健治療時，很長一段時間內沒有絲毫進展，我十分著急。後來大動作復健師告訴我「Slow is the new fast」（慢即是快）。我開始靜下心來幫助小D復健，這時才發現很多以前看不到的問題，而這些恰恰是小D復健的關鍵。慢慢地，我學會了跟隨孩子的節奏，用心去發現和理解孩子的問題，這樣才能真正幫助孩子。

如今，我每天都會帶小D去中央公園待一兩個小時。我發現，原來浪費時間也可以這麼美好。我們兩個有時什麼也不做，只是躺在草坪上感受風吹過，然後她看看我，我看看她，會心一笑。當自己的步伐和心態都慢下來後，我發現離自己的心更近了，更明白自己要什麼，以前很多糾結的問題也豁然開朗了。

記得初入職場時，我的導師對我說過一段話：「Embrace every possibility in your life and live to the fullest.All these efforts you put in won't be wasted; instead, it will shape who you are and become part of your quality.」（擁抱生命中的所有可能性，並努力做到最好。你付出的所有努力都不會白白浪費，它會變成你的一部分，造就今後更好的你。）

事實上，做全職媽媽的過程何嘗不是如此呢？努力去做好育兒過程中的每個環節，努力去關照自我的成長，最終就一定能收穫一個更好的寶寶和一個更好的自己。

生了孩子，不代表你要放棄美麗

我好怕自己也打著「無私奉獻」的幌子，對小D進行無形綁架。
誰說生完孩子就一定會胖，彷彿這樣才是世俗認為的「無私」媽媽的形象？
在我看來，媽媽的字典裡沒有「犧牲」，反而可以用更好的心態陪伴孩子的成長。
那麼，我要做的第一件事就是瘦身。

以前工作時，我每次給下屬分配工作任務前，都會花一些時間讓他們明白為什麼要這麼做，因為只有知道「為什麼」，才能激發做這份工作的動力。產後瘦身也是一樣的，關於瘦身方法和技巧，相信媽媽們已經看過很多，但最終成功的案例卻並不多。那麼，對於「產後瘦身」這項任務，我是如何成功達成的呢？

Step 1 尋找原動力——為什麼要瘦身？

對於任何人來說，瘦身的原動力都是自我接納。因為你還沒有強大到可以堅定地說「我的身體或外貌並不代表我自己」，相反，你始終覺得身體或外貌是自己非常重要的一部分。小D剛出生時，我的肚子看上去還像懷孕幾個月的樣子，我每天照常穿著孕婦裝，那種感覺糟糕透了。那時，我告訴自己要對自己好一點兒，如果我連自己都不愛，怎麼有能力去愛孩子、愛老公呢？

在中國，用來形容媽媽的詞語都是「偉大」「無私」等。我的堂姐有了寶寶後身材大幅走樣，她經常哀怨地跟兒子說：「你看看，媽媽為了你身材都毀了……」我好怕自己也打著「無私奉獻」的幌子，對小D進行無形綁架。誰說生完孩子就一定會胖，彷彿這樣才是世俗認為的「無私」媽媽的形象？在我看來，如果媽媽的字典裡沒有「犧牲」這個字眼，反而可以用更好的心態陪伴孩子的成長。那麼，我要做的第一件事就是瘦身。

Step 2 打消顧慮——現在可以瘦身嗎？

即使找到了瘦身的動力，你身邊可能還會有很多「豬隊友」在扯你的後腿：「不能健身啊，對身體不好。」「一運動奶就變少了，你都結婚生孩子了，幹嗎還這麼在乎身材？」我也被自己的媽媽和婆婆勸過不要瘦身，為此我特地諮詢了婦科醫生。

◆運動會讓媽媽的奶變酸嗎？

運動的確會讓身體產生乳酸，但我們不是運動員，運動的強度其實很小，普通人運動所產生的乳酸是很微不足道的，完全不會影響母乳的味道。

◆運動會讓媽媽的奶變少嗎？

運動本身不會影響母乳的產量，但的確有很多媽媽覺得一運動奶就減少了，這主要是因為沒有補充足夠的液體。由於運動時大量出汗會帶走身體的水分，而母乳的主要成分是水分，如果身體的水分供應不足，母乳自然就會減少。母乳餵養的媽媽運動時一定要注意及時補充水分。

◆產後多久可以開始運動？

通常在產後四十二天會進行產後複檢，如果複檢結果沒問題就可以運動，即使是剖腹產也是如此。不過需要注意的是，如果自己覺得身體狀態不行，就不要硬來，可以等自己對身體更有信心的時候再開始運動。

◆運動會讓腹腔內的器官下垂嗎？

當我向醫生諮詢這個問題時，她的眼睛睜得大大的，說：「What?!」（什麼?!）她說這是沒有科學依據的，唯一可能下垂的就是乳房。所以，媽媽們在運動時一定要戴運動胸罩，而且一定要選用支撐力好的款式。我當時選用的是全罩杯的運動胸罩，樣子不太好看，還很貴，但支撐效果特別好。

Step 3 制定目標——想達到什麼樣的瘦身效果？

在工作中，好的領導會給下屬能夠實現的目標，產後瘦身也是如此。好多媽媽對於產後瘦身抱有過高的預期，結果不是因為太餓而暴飲暴食，就是因為連續一個月體重沒變化而放棄。所以，請不要對照超模的身材，而是應該給自己一個合理的預期。比如我是個「吃貨」，忍受不了食物的誘惑，所以我不會藉由節食來減肥。

我為自己定下的目標是追求三圍變小，而不是體重降低。其實體重並沒有那麼重要，關鍵是看上去身材要有型。因此，我從一開始給自己定下的目標就是不追求減輕體重，只看重三圍，三圍是最直觀的「視覺體重」。事實證明，我體重五十四公斤時看起來反而比瘦身後五十五公斤時看起來胖很多。

Step 4 拆分任務——我的瘦身之路

◆第一階段——恢復期（產後四十二天～第四個月），耗時三個月

〔關鍵字〕飲食營養豐富＆恢復體力

產後四十二天我去做了婦科檢查，醫生說我一切恢復正常，之後我就開始運動了。產後半年是瘦身的黃金期，脂肪是有記憶能力的，孕期堆積的新脂肪在還沒變成頑固脂肪之前，是最容易減掉的。

我是母乳媽媽，並且我覺得剖腹產對我的身體損傷極大，所以我堅信一定要透過食補來恢復身體。我拒絕節食，堅持少食多餐，每次都在餓之前就進食，每頓吃到八分飽就停止，一天吃六到七頓，而且只吃有營養的食物。其實母乳媽媽本來就容易餓，這樣少食多餐，能夠滿足進食欲望，同時也提供了足夠的能量。

在運動方面，我堅持每晚跳一組鄭多燕的健身操。這套健身操曾經被我嘲笑為「廣播體

操」，但後來發現我錯了，因為一開始跳時我就無法完整地跳下來，每次都跳得大汗淋漓。鄭多燕的健身操有好多系列，我每天輪流做，因此也不覺得枯燥。就這樣跳了三個月，最明顯的變化就是體力恢復了，肚子從看上去像懷孕五個月變成了像懷孕三個月。

◆第二階段——加速期（第五個月~第十一個月），耗時六個月

〔關鍵字〕控制碳水化合物的攝入&提高有氧運動量

在這個時期，母乳供應量已經穩定下來，沒有之前那麼容易餓了。於是，我逐漸恢復了一日三餐，有時下午會吃一些點心。並且我開始改變飲食結構，晚餐不吃主食，以控制碳水化合物的攝入，加大蔬菜和肉類的攝入，其他兩餐都正常吃。體力恢復後，我開始加大有氧運動量。在這個階段，我主要是跟一個叫Nike Training Club的APP跳操。這個APP上的運動專案會根據不同的體力程度、目標和時間長度來進行分類。我每晚跳四十五分鐘，從初級開始跳，再慢慢地過渡到中級和高級。如果週末有時間，我也會去公園跑步。

這個時期結束時，我最明顯的變化是牛仔褲的腰圍大了，整個人小了一圈，而體重反而增長了。此外，由於已經養成了每天運動的習慣，如果哪天不運動，我反而覺得有些不舒服。

◆第三階段——塑形期（第十二個月至今）

〔關鍵字〕正常飲食&HIIT（高強度間歇訓練）和塑形穿插進行

我瘦身的目的並不是為了追求超模身材，所以從這個階段起，我慢慢開始恢復正常的飲食。我不是很有毅力的人，所以如果晚餐長期不吃碳水化合物，我的體重肯定會反彈。因此，我又恢復了正常的一日三餐，偶爾也會吃冰淇淋、蛋糕這些高熱量的食物。這時，運動減肥的好處就顯現出來了，我的新陳代謝明顯加快，所以不像以前那麼容易變胖了。

在運動方面，我將ＨＩＩＴ和局部塑形運動穿插著進行鍛鍊。ＨＩＩＴ是一種簡單粗暴的運動方式，在短時間內就可以讓心率迅速提高，好處是鍛鍊時間短，每天二十到三十分鐘就可以達到預期的效果。但如果你沒有運動基礎，不建議一開始就做這個，否則身體會吃不消。塑形運動方面，我做的都是自重訓練，比如深蹲、平板支撐、箭步蹲、俯臥撐等。這些運動平時帶孩子時也可以隨時來幾個，完全不受時間的限制。

◆第四階段：良性回饋——獎勵機制

瘦身是一項長期的計劃，偶爾給自己一些小小的鼓勵，能夠激勵自己更好地堅持下去。比如，買條小一號的牛仔褲，曬一張帶腹肌的照片，做一個健身前和健身後的對比圖等，就是一個小小的激勵，可以提醒自己原來已經走了這麼遠，絕不能輕言放棄。

如今，運動已經成為我每天生活的一部分。我剛開始運動僅僅是為了瘦身，但現在它已經成為我每天精神和身體排毒的過程，是不可多得的一段「放空」時光。在做全職媽媽的路上，千萬不要迷失了自己，而找回身材是找回自己的第一步。

我如何將「豬隊友」培養成「超級奶爸」？

我以前是個急脾氣，小D出生後卻把我的急脾氣治好了。
因為對於這樣一個聽不懂話的「小嬰兒」，我再急也無濟於事，只能靜下心慢慢引導。
對於老公，其實也是同樣的道理，
因為對於「爸爸」這個角色而言，他就像個小孩，也是需要被引導的。

當我們抱怨老公時，到底在抱怨什麼？

家裡有了小寶寶以後，許多新手媽媽都抱怨自己的老公幫不上忙，我也是如此。但後來我發現，我們抱怨的根源其實在於雙方進入父母角色的速度是不一樣的。女人經過十月懷胎的準備才進入母親的角色；但男人基本上沒有經過任何準備，幾乎在一夜之間就轉變為父親的角色。女人之前的長期準備，再加上母親的本能，使得我們在照顧寶寶方面自然很容易上手。所以，我們想當然地認為我們的隊友也應該具備與我們水準相當的技能，結果卻發現，老公只是扯後腿的「豬隊友」。

如果只是這個原因也還好，關鍵是媽媽們還會有心理落差。結婚前或者沒孩子之前，媽媽還是「小公主」，有了孩子之後，就變成了「老媽子」，老公不僅不幫忙，而且也不像之前那樣疼愛自己了。如果你和我一樣，骨子裡還有那麼一點兒小驕傲，認為討來的疼惜我不要，他真的疼惜我就應該自覺對我好，那麼這無疑就成為摧毀夫妻感情的最後一根稻草。

培養奶爸上位，像引導孩子那樣引導老公

在無數個夜晚，我的內心百轉千回、徹夜難眠，而我的隊友卻照樣呼呼大睡；而且在惡補了各種當媽的心靈雞湯後，我的生活並沒有發生改變，仍然是大吵小吵、冷戰抱怨互相交疊。

直到有一天，當我又和閨蜜痛斥老公的罪行時，我的「毒舌」閨蜜幽幽地拋過來一句：「過不下去就分了唄。」「啊，分了？那還不至於吧。」我當時脫口而出。就在這句話說出來的一剎那，我突然間想明白了，如果還沒有到真的過不下去的地步，我要麼接受現實，要麼改變現狀。否則即使我覺得自己再受傷，也是無濟於事的。就此，我開始了培養奶爸之路。

我以前是個急脾氣，小D出生後卻把我的急脾氣治好了。因為對於這樣一個聽不懂話的「小嬰兒」，我再急也無濟於事，只能靜下心來慢慢引導她。對於老公，其實也是同樣的道理，因為對於「爸爸」這個角色而言，他就像個小孩，也是需要被引導的。

我一開始犯的錯誤就是，覺得教他做還不如我自己做更快。結果導致他什麼都不會做，我什麼都攬上身；他做什麼都被我指責，我做得很累就會抱怨。後來，我開始有意識地讓他先做一些簡單的事情，比如寶寶洗澡後我跟他一起給寶寶做撫觸。在做的過程中，還要多給予正向的引導，比如「寶寶好喜歡爸爸為她做撫觸啊」「你看，寶寶對你笑了」。我一邊慢慢地「迷惑」他，一邊悄無聲息地給他加大任務的難度，接下來可以是換尿布、餵奶，再接下來就是單獨帶孩

子幾個小時。

不得不說，這是一項長期的「投資」。一開始我覺得與其花費那些口舌，還不如自己動手來得更快。但從長期來看，這項「投資」的報酬率非常高。我花了三個多月的時間來引導，最終換來的是老公能夠獨自帶孩子一整天都沒有問題。

給另一半及時的正面強化

媽媽們要記得，只要老公肯做，不管做成什麼樣，你都要大大地表揚他。其中最有效的表揚方式是具體、及時的表揚，並且要強調他們行為所造成的影響。比如，今天老公陪著小D玩了半個小時，我就對小D說：「哇，今天爸爸不玩電腦，陪你玩了這麼久，你是不是特別開心啊？」然後，我又對老公說：「你看，寶寶還是喜歡和你玩啊，看來女兒天生就和爸爸比較親。」這樣的表揚不僅肯定了老公的行為，還強化了女兒愛爸爸這個資訊。其實沒有無緣無故的愛，爸爸對孩子的愛也是經由長期的相處才培養出來的。而男人在這方面天生接受度就比較差，所以需要媽媽們透過不斷強化來鼓勵老公的行為。

不命令，多求助

男人骨子裡都具有「英雄主義」的情結，他們很期待那種被需要的感受。因此，當媽媽們要求老公幫忙時，不妨多從自身感受出發向老公求助，而不是用命令的語氣跟老公說話。

比如，如果你想讓老公幫忙帶孩子幾個小時，你不要說：「你來帶孩子吧。」更不要說：「你在家閒著，就不能幫忙帶一會兒孩子嗎？」你可以從自身的需求出發，告訴老公：「我好累啊，你能不能帶一會兒孩子，讓我出去喘口氣兒？」這樣能夠激發老公的保護欲，輕輕鬆鬆就讓老公幫你把工作做了。

可以吵架，但不要進行人身攻擊

在育兒過程中，夫妻難免會出現吵架的情況，這是很正常的現象。但要記得，吵架時一定不要進行人身攻擊，吵架後也不要持續冷戰。要做到這一點其實也不難，關鍵在於每次吵架時都著重談自己的感受，而不是去數落對方。

例如，不要說：「我每天帶孩子這麼辛苦，你下班回來就知道玩電腦，沒有一點兒當爸爸的樣子。」而應該說：「你每天下班後就坐在電腦前，不和我說話，也不和寶寶玩，這讓我覺得很難受，好像你根本就不關心我們。」其實這兩句話表達的意思是一樣的，但後者是從自身感受出發，沒有過多評價對方，因此不會引起對方的反感，而且這樣說更能讓老公明白他的行為對你造成了什麼影響。

附錄1

我們的第一年

二〇一四年的春天，我早上起床有一點兒見紅，便去找我的婦產科醫生。她檢查後說問題不大，但為以防萬一，建議我去醫院打點滴。於是，我和老公說說笑笑來到了醫院。沒想到，到醫院十分鐘後，我身邊出現了五六個醫生和好幾個護理師，其中一個最年長的醫生神色凝重地對我說：「孩子在你肚子裡很危險，我們現在就要進行緊急剖腹產。」他只是通知我們，根本沒讓我們做選擇。接著，我就被推入了手術室，二十分鐘後寶寶就出來了。但我們還沒有來得及見到她，甚至連她的哭聲也沒聽到，她就被送入了新生兒重症病房。我們的女兒小Ｄ——一個僅有28週、體重不足一公斤的早產兒，就這樣著急地來到了這個世界上。

由於病毒感染，小Ｄ出生時非常虛弱，沒有自主呼吸，心臟和肺部都發育不良。她出生的當天下午，我手術之後還不能下床，她的主治醫生就過來和我們說：「寶寶現在還是很危險，我們不怕孩子早產，最怕早產兒感染，而且你的寶寶在你肚子裡已經跟病毒抗爭很久了，如果不是她自己發出這麼強烈的求救信號，她是無法來到這個世界上的。」她還暗示我們，如果可以，要盡早去看她，因為這可能是最後一面。那一整晚，兩個兒科醫生輪流站在保溫箱旁為她輸氧氣做心肺復甦。沒想到，那天晚上她挺過來了。

之後，她的生理體徵慢慢穩定。正當我們剛要鬆一口氣時，她的左右腦出現了最高級別的出血，醫生無法確定這樣嚴重的腦部損傷意味著什麼，但她今後殘疾或智力低下的可能性很大。當醫生問我們是否要放棄時，我們回答「絕不放棄」，醫生堅定地說，只要你們不放棄，我們就一定全力以赴。接下來，小D在醫院待了一百一十五天，做了一個腸道穿孔手術，闖過了呼吸關、心臟關、餵養關，克服了眼睛疾病等諸多問題。她就這樣變成醫院裡的「釘子戶」和「大姐大」，以至於我們經常跟剛住院的早產兒家長分享醫學知識和心路歷程，因為這些我們都經歷過。現在每次抱著小D，看著她對我笑，我還能記起她剛出生時手臂還沒有爸爸的一個拇指粗；還能記起我抱著她時她突然呼吸暫停，皮膚發紫；還能記起在醫院時每天無數次的點滴、抽血……

等她終於出院了，我們本以為她從此會慢慢好起來，但我沒想到她又出現嚴重的胃食道逆流。餵奶對於她和我們來說都是一種折磨，她無休止地哭泣，我們則需要非常耐心地一邊哄一邊餵，其中還穿插著嘔吐、換衣服等，每次餵她喝奶都需要一個半小時。情況最嚴重的時候，她拒絕喝奶，一天只喝一百毫升。我們怕她脫水，只能用小針管每次一毫升一毫升地把奶滴進她嘴裡。我們那時都叫她「小熊貓」，因為只有國寶才會享受這樣的待遇啊。後來她好了，一個每次喝奶都撕心裂肺哭鬧的寶寶，終於對我笑了，並且一天要喝近九百毫升奶。

由於腦部損傷，小D的上肢肌張力低，大概有三個月的時間，她趴著時無法抬頭，全身軟綿綿的，每天都需要做復健訓練。所幸我們遇到了幾個非常好的復健師，他們都和小D非常投緣。每次復健訓練時，雖然小D會哭、會不開心，但每次總能達到復健師的要求。平時只要她醒著，我和老公就會和她一起訓練。慢慢地，她能抬頭了，可以俯臥撐了，可以翻身了，會爬了。每次學會一個新技能，我們總能從她臉上看到自豪的表情。有時她特別艱難地完成一個動作後，剛準備哭，我和復健師對她拍手說：「Good job!」（幹得好！）她馬上就會笑起來。

小D出院後，一直在看腦外科醫生。由於之前腦出血導致腦積水，她的小腦還有個囊腫。我和老公都特別不喜歡那個腦外科醫生，他每次不看核磁共振結果，就跟我們說，根據他幾十年的從醫經驗，對於小D這種情況，有九五%的機率需要做手術，現在只是手術大小的問題。幾個月後再去見他時，他難以置信地說，從最新的核磁共振結果看，小D的腦部正在朝好的方向發展。他盯著小D看了很久，還是不敢確信，就讓我們把小D放到檢查床上檢查她的動作能力發展情況。當小D一碰床就自己翻過去，並把身體撐起來，頭抬得高高地看著他時，他對小D說：「So you've proved I'm wrong, right?」（你證明了我是錯的，對嗎？）

記得小D出院時，好多醫生和護理師都說，你的女兒是個奇蹟。他們沒想到她能熬過來，並且這麼快出院。出院後我們偶爾去拜訪，醫生和復健師又說，他們沒想到腦部出血這麼嚴重的寶寶，肌張力會慢慢恢復，而且她對外面的世界會那麼好奇。但我一直不覺得那是奇蹟，所有的一切都是這個小生命自己一點一點奮鬥得來的。記得小D剛會翻身時，她在晚上閉著眼睛還在做俯臥撐。有一次，我們和一個朋友家的寶寶一起玩，這個寶寶從出生起就待在床上，但他6個月時已經能夠坐得穩穩的。我和老公都感到特別驚訝：難道不用放在遊戲墊上訓練嗎？因為我們一直以為，別人家孩子的動作能力發展和小D一樣，也是需要訓練的，只是程度不同而已。那時我才知道，對正常寶寶來說輕而易舉的動作，小D卻要經過幾百上千次的練習才能學會。

小D很小的時候就已經顯現出倔強的性格，熟悉她的醫生都和我們說：「She has a really strong personality!」（她的個性很頑強！）我有時候也會為她的臭脾氣感到惱火，但轉念一想，如果不是這種倔脾氣，估計她也不會走到今天。

這一年好長，我有時還會覺得自己是在做夢。剛開始最難熬的那幾個月，醫院隨時會打電話告訴我們她可能不行了，或者又要做手術了。那時我們清楚地知道，這是一場馬拉松，光哭是沒有用的。但情緒需要有宣洩的出口，於是我給小D開了個部落格，每天寫日記，一邊哭一邊寫，哭完擦乾眼淚，繼續解決問題。後來部落格的位址被同事和朋友知道了，我們發出一個請求，請大家寄明信片給小D，介紹自己以及所生活的城市。接下來，我們每天都收到好多來自世界各地的祝福明信片。一位朋友透過她的媽媽群收集了二十多封國內各地的祝福明信片；另一位朋友出差每到一個地方，就會寄給小D一張明信片；還有一些我們沒見過的陌生人，寫明信片來說，他們把對小D的祝福放進全家每天的餐前祈禱……小D住院期間，多虧這些明信片，因為有了這些祝福，我才不至於每次去她床邊哭。

後來小D的情況慢慢好轉，生存已經不是問題了，我走在路上會特別關注那些坐輪椅的人。說來奇怪，我突然發現周圍有好多坐輪椅的人，為什麼以前沒有發現呢？有一天，我看到一個非常漂亮的年輕女孩，她少了一條腿，但她妝容精緻，穿戴得體，最讓我難忘的是我為她扶了一下門時，她對我的笑容是那麼溫暖和幸福。那天我對老公說，我已經準備好以後推著輪椅帶小D去看世界了。當我做好了最壞的打算，接下來發生的任何事情對我來說都是中彩票。之後，我開始靜下心來看新生兒餵養、早產兒復健、父母之道等育兒書籍。

我大學畢業後進入了一個非常好的公司。最初的三年，我在那裡學到的就是如何解決問題，如何找到對的人問對的問題，如何面對不確定因素。沒想到這些技能現在竟然派上了用場。每次遇到小D要做手術或是需要做出生死抉擇而跟醫生會面時，總是有一個心理諮詢師在場，以防家長情緒失控。一次會面結束後，諮詢師問我和老公是不是醫生，並說我們是她見過的最有專業知識也最冷靜客觀的家長。其實我們只不過是覺得情緒化無法幫助解決問題而已。每次跟醫生會面的前一晚，我和老公都會先開個會，討論要問醫生什麼問題，有時還會用issue tree（問題樹狀圖）把複雜的問題理清楚。我們如今常常自嘲，我們可以算得上半個兒科醫生、半個腦外科醫生、半個腸胃醫生、半個大動作復健師、半個精細動作復健師、半個語言與餵養復健師以及半個兒童認知訓練師了。有時見到一個孩子，經由觀察他的行為、動作和表情，我就會條件反射地去分析他哪些方面正常、哪些方面超前以及哪些方面落後。

畢業後我曾工作了九年，其中有一半以上的時間是做市場調查工作。如今我的研究樣本只有一個，就是我的女兒。我每天觀察這個不會說話的寶寶，觀察她的動作、性格、語言，然後把觀察的結果拿去跟兒科醫生和復健師們進行交流。初入職場時，一位導師跟我說：「有一些你現在做的覺得很沒用的事情，說不定將來有一天會幫助你。那時你回頭看就會發現，那些散落的點竟然連成了線。」我從來不曾想過，我在職場生涯上學到的東西竟然也可以用在女兒身上。從另一個角度看，也許我現在的個人經驗對我以後的工作也會有所幫助。

現在小D還在做復健，一週九次，未來是什麼樣，我們都不敢確定。但有一點是肯定的，那就是最壞的事情已經過去了。感恩有這麼一個小生命陪伴我們，她徹底改變了我們的人生軌跡。參與一個小生命的奮鬥，讓我更加懂得珍惜，讓我明白原來呼吸、心跳也不是本來就該存在的，只要活著就是美好的事情；陪伴一個小生命的成長，讓我覺察自己的不足，豐盈自己的內心。

儘管一直不願意承認，我到現在還有創傷後遺症。有時小D午睡時間過長，我還是會去看一下她是否有呼吸；有時國內的朋友剛知道這件事過來問候，我總是抗拒回答，因為每說一次，心裡就會痛一次。今天，當我選擇把這些分享出來，至少代表我在慢慢痊癒。如果未來有一天我們相遇，我想我會自豪地向你介紹，她是我的女兒小D，她是早產兒，她是個fighter（鬥士）！

後記

我們的第二年

二〇一四年的四月份，小D提前三個月急急忙忙地來到這個世界上。第一年，我們完全是為了「活著」而奮鬥。那時，我的願望就是希望她能夠活著，可以不用做開顱手術，就是這麼簡單。第一年過去了，小D不僅「活著」，而且情況越來越好了。我們不用每週去看各種專科醫生，不用每月去做一次睡眠測試、核磁共振和那些大大小小的檢查了。人真是健忘又貪心的動物。當我和小D吹滅她1歲生日的蠟燭時，我希望她不僅可以「活著」，還可以高品質地「活著」。就這樣，我們開始了牽著蝸牛慢慢走的第二年。

牽一隻蝸牛去散步／張文亮

上帝給我一個任務，
叫我牽一隻蝸牛去散步。
我不能走太快，
蝸牛已經盡力爬，為何每次總是那麼一點點？

我催牠，我唬牠，我責備牠，
蝸牛用抱歉的眼光看著我，
彷彿說：「人家已經盡力了嘛！」
我拉牠，我扯牠，甚至想踢牠，
蝸牛受了傷，牠流著汗，
喘著氣，往前爬……

小D就是這樣一隻蝸牛。她練習三個月才會抬頭，練習六個月才會爬；花了四個月才學會「蒙臉躲貓貓」，花了五個月才明白如何用手指來表達意思……我們日復一日地進行復健，卻沒見到什麼明顯的進步，我曾著急過、沮喪過，甚至還對她說：「就是這樣抬頭，你為什麼不會啊？」那時我不明白，那些看起來非常簡單的事情，為什麼她總是做不到？對於習慣了追求績效的我來說，那段時間我有一種深深的無力感。

直到有一天晚上，看到小D閉著眼睛還在嘗試抬頭，我的眼睛濕潤了。我突然間明白，原來她真的已經盡力了。一直以來我都太快了，我應該慢下來，陪著她一起走，而不是一味地在後面催促她。

於是，我放慢了腳步。當我慢下來以後，我學會更多地從小D的角度思考問題，並且內心得到了從未有過的平靜。平靜的心態帶來的最直接好處是我更加專注了。我以前的精力都是分散的，我花了太多時間去焦慮，去拿小D和其他孩子比。如今我的精力都收回來了，我只關注當下。這時，我發現自己可以更好地看清問題、發現問題和解決問題。

這就是慢養的力量——給孩子足夠的時間，讓他們慢慢地變得更好。人生是一場馬拉松，不怕蝸牛走得慢，關鍵在於它一直在正確的道路上前行。

真奇怪，
為什麼上帝叫我牽一隻蝸牛去散步？
「上帝啊！為什麼？」
天上一片安靜。
「唉！也許上帝抓蝸牛去了！」
好吧！鬆手了！
反正上帝不管了，我還管什麼？
讓蝸牛往前爬，我在後面生悶氣。

咦？我聞到花香，
原來這邊還有個花園，
我感到微風，
原來夜裡的微風這麼溫柔。
慢著！我聽到鳥叫，我聽到蟲鳴。
我看到滿天的星斗多亮麗！
咦？我以前怎麼沒有這般細膩的體會？

我忽然想起來了，莫非我錯了？
是上帝叫一隻蝸牛牽我去散步。

小D從矯正3個月開始，就有一位認知老師每週三次和她一起做遊戲，以提高她認知能力的發展，但一開始效果並不好。在接近1歲時，小D對於玩具的認知還是停留在啃的階段。後來有一次，我邀請了一個和小D月齡相仿的孩子來家裡玩，當時小D和她並沒有任何互動。但兩天後，我發現她自己會把積木從盒子裡拿出來並疊起來，而這正是兩天之前那個小寶寶在我家玩積木時所做的事情。

那一刻，我突然明白了，一味地灌輸和教是沒用的，激發孩子求知的主動性和積極性才是關鍵。這就好比「放養」和「圈養」的道理，有經驗的放牧人都知道把羊群帶到肥美的草地，讓羊盡情地吃草，這樣它們才能長得更好。而我們要做的，就是給孩子準備好那塊肥美的草地——學習不該只發生在家裡和課堂上，家長應該為孩子提供更加廣闊的認知空間。

於是，我帶小D去公園，在那裡，她感受到四季的交替，觸摸樹葉和草地，認識各種顏色；我帶小D去圖書館，在那裡，她和其他寶寶一起聽故事、唱歌，還學會從書架上選擇自己喜歡的繪本，拿過來讓我讀，她愛上了親子閱讀；我帶小D去動物園，在那裡，她看到了繪本上的各種動物，興奮地一邊指著動物，一邊模仿動物的叫聲；我帶小D去超市，在那裡，她學會了做出選擇——「要」「不要」，學會了和收銀員打招呼、說再見。

當我帶著她走出去之後，才發現原來她之前的活動範圍是這麼小，成長方式是這樣單一和枯燥。我對她使用了自認為「最好的」的圈養方式，卻束縛了她的成長和發展。當我向她展示外面這個廣闊的天地後，小D變得更加快樂、更加主動，也更加積極地參與其中了，很多認知發展、語言發展在不經意間就得到了提高。

所謂「放養」，並不是放任不管，而是為寶寶提供更多的可能性。在幼兒時期，讓孩子少上幾次補習班，讓孩子多去廣闊的天地學習。不要用圈養的方式讓兒童的生命失去意義與光彩。

小D脾氣倔強、自主意識強，也許這正是她能夠頑強生存下來的原因之一。1歲後的小D，處處顯示出想自己做主的意願，各種性格和行為問題也隨之浮出水面。我有過被她氣得情緒失控的時候，也有過看了很多育兒書籍，還是對付不了這個「倔孩子」的時候。

我的一個朋友曾經說過一句話：「如果吼叫有用，驢早就一統天下了。」的確，在管教孩子的問題上，吼叫完全沒有用。當我大吼時，小D會哭得更大聲，我也變得更生氣，最終只能是兩敗俱傷。為什麼我會朝她吼叫呢？因為我覺得我是母親，我應該控制孩子，我不能讓她哭……所有的想法都是以「我」開始，這是多麼可怕啊！

慢慢地，我開始改變了。每當小D有任何淘氣的情況出現時，我不再從「我」的角度出發，而是學會換位思考：她想向我表達什麼？是因為嘗試幾次還無法把積木搭好而感到沮喪嗎？是因為我剛剛在廚房忙，沒有關注她而感到傷心嗎？是因為我無法理解她想表達的意思而著急嗎？當我開始從她的角度考慮問題時，我發現自己變得更加心平氣和，解決問題時也更加有效率了。

我想，這就是「順養」的力量吧。**順養不是溺愛，不是孩子想幹什麼就讓他幹什麼。順養的本質是父母先要放下自己的身段，全然地尊重孩子，從他們的角度去解讀問題。**

這就是我們的第二年，小D這隻「小蝸牛」一直在努力、倔強地往前走，而且最近越走越快了。因為女兒，我變得更加積極：我透過健身換來了馬甲線，透過閱讀充實了自己的內心，透過化妝、保養讓自己變得更加美麗和優雅。而要做到這些，我需要自制自律，需要有很強的執行力。我做這一切，都是用行動在告訴小D如何做人，如何做一個女人。而小D也在用她的行動告訴我什麼是對生命的尊重和敬畏，什麼是「踏實」和「努力」，什麼是「堅韌」和「不放棄」，從而潛移默化地影響著我的生命。

最後，我想用一首小詩來表達我與小D的這場母女之情。

我想，所謂母女一場，
最好的關係莫過於此，
你慢慢長大，我優雅變老，
你我互相滋養著彼此的生命。
直到有一天，
你和我揮手告別，
我目送你遠去。
但我們都知道，
你的身體裡保留著我的烙印，
我的生命裡有你的片段。

後記

以愛之名——「超級奶爸」是怎樣練成的

小D剛一出生，大J就開始看各種育兒書籍。我也不甘落後，開始關注各種育兒論壇，閱讀育兒書籍。但是我發現，有太多的文章討論如何調整媽媽的心態，對爸爸這個很重要的角色卻隻字不提，甚至還有某個早產媽媽論壇謝絕男士加入。網上還有一個傳言：「媽媽生，外婆養，爸爸回家就上網。」現在，兩年的時間過去了，我可以很自豪地說，我除了會上網以外，還會做很多育兒方面的事情。想知道我這個「超級奶爸」是如何練成的嗎？

聰明地分擔媽媽的工作

小D剛出院那段時間，大J幾乎包攬了所有的事情，因為她不放心，覺得我幫不上忙。結果她越來越忙，我也越來越達不到她的標準。後來我和大J坐下來做了一項關於日常帶孩子的價值流分析。我們把一天當中需要為小D做的所有事情都羅列出來，一起討論哪些必須由大J做，而且對小D來說是增值的（比如給小D讀繪本，做復健等）；哪些是大J不必做但又不得不做的（比如洗奶瓶、倒垃圾等）；哪些是既不增值也不必需的（比如重新佈局家居，以減少來回跑動的時間，把需要的東西變得觸手可及等）。大J的任務就是做那些必須由她來完成且對小D最重要的事情，而我會在上班之前和下班之後去做那些不增值但又必須做的事情，來緩解大J每天的壓力。

轉變思想，能力不強意願補，有了意願，就更容易進入角色

◆設置Daddy's Day（父女日）

自從有了小D，我每次都跟同事說：「After having a baby，working days are my weekends，and business trip is my vacation.」（自從有了寶寶，工作日對我來說就是週末，出差對我來說就是休假。）然而對於全職媽媽而言，每天都是工作日，而且全年無休。

為此，我和大J約定，每個週末將其中一天設置為Daddy's Day。這一整天，大J可以完全不用照顧小D，去過「單身生活」，去跑步、練瑜伽、逛街、約朋友吃飯等。當然，前提是大J必須接受週末的小D邋遢一點兒，副食品吃得少一點兒，家裡亂一點兒。但收穫的卻是精神滿滿、心情大好的媽媽。Happy Mom，Happy Baby。媽媽快樂，寶寶才快樂，這對小D是非常有益的。而從我的角度來看，透過Daddy's Day，我更能體會大J作為全職媽媽的艱辛，同時也可以享受一段父女的親密時光。

態度決定能力，以前那些我覺得無法勝任的事情，其實完全可以做到

◆陪伴品質遠比陪伴時間更重要

由於工作原因，我時常需要出差。平時即使不出差，我看到小D的時間也是有限的。以至於

每次我看到小D都會驚呼她的進步之大，大J就會在旁邊冷冷地說：「好像她不是你的孩子一樣，你怎麼什麼都不知道。」後來我想，既然我陪伴小D的時間有限，那我就盡力在有限的時間內更專心地陪她玩、陪她瘋。出差期間，我每天都在固定的時間跟小D視訊，給小D讀她最喜歡的繪本，或者唱歌給小D聽，而大J會在螢幕那邊和小D一起做手勢來呼應我。雖然每次只有十到十五分鐘的時間，卻是一段特別親密的家庭時光。

如果我每天只有一個小時陪伴小D，我還有什麼理由在陪她的時候玩手機、想工作呢？

如今我這個奶爸已經上崗兩年多了，我有時會想，如果我能鑽到小D的腦子裡，問她爸爸是什麼？我猜小D的答案是，爸爸是個大玩具。小D每次看到我，都會拿起我的手指來回端詳，然後冷不防地放進嘴裡啃起來；她還會含情脈脈地看著我，用手輕輕摸著我的臉，突然搶走我的眼鏡；當我把她高高舉起時，她會咯咯大笑，接著一注口水就流到了我的臉上……

我也許永遠無法做到像大J一樣細緻入微地照顧小D，但我時刻明白，爸爸在孩子心中具有不可替代的作用。我在成為奶爸的路上努力著，並且會繼續努力下去。當小D第一次對著我叫「爸爸」時，我就深深地意識到，「超級奶爸」不是負擔，而是一份甜蜜的責任。

小D爸爸

書 名

姓 名 □女 □男 年齡

地 址

電 話 手機

Email

□同意 □不同意 收到野人文化新書電子報

學 歷 □國中(含以下)□高中職 □大專 □研究所以上
職 業 □生產／製造 □金融／商業 □傳播／廣告 □軍警／公務員
□教育／文化 □旅遊／運輸 □醫療／保健 □仲介／服務
□學生 □自由／家管 □其他

◆你從何處知道此書？
□書店：名稱 ______ □網路：名稱 ______
□量販店：名稱 ______ □其他 ______

◆你以何種方式購買本書？
□誠品書店 □誠品網路書店 □金石堂書店 □金石堂網路書店
□博客來網路書店 □其他 ______

◆你的閱讀習慣：
□親子教養 □文學 □翻譯小說 □日文小說 □華文小說 □藝術設計
□人文社科 □自然科學 □商業理財 □宗教哲學 □心理勵志
□休閒生活（旅遊、瘦身、美容、園藝等） □手工藝／DIY □飲食／食譜
□健康養生 □兩性 □圖文書／漫畫 □其他 ______

◆你對本書的評價：（請填代號，1. 非常滿意 2. 滿意 3. 尚可 4. 待改進）
書名 ____ 封面設計 ____ 版面編排 ____ 印刷 ____ 內容 ____
整體評價 ____

◆你對本書的建議：

野人文化部落格 http://yeren.pixnet.net/blog
野人文化粉絲專頁 http://www.facebook.com/yerenpublish

廣　告　回　函
板橋郵政管理局登記證
板橋廣字第143號

郵資已付　免貼郵票

野人

23141
新北市新店區民權路108-2號9樓
野人文化股份有限公司 收

請沿線撕下對折寄回

野人

書號：0NFL0175